Wetterregeln, Bauernweisheiten und alte Bräuche

Weltbild Buchverlag, Augsburg

Buchgestaltung durch Bücher-GmbH, Bayreuth,
aus deren Archiv auch die Bildvorlagen stammen
Satz- und Reproarbeiten: Typo-Studio Lehner, Weiden

Einbandgestaltung: Beatrice Schmucker, Augsburg
Titelillustration: Milan Generalic, Frühling,
© Kunsthandel und Edition Luka Basic, Wien

Druck und Bindung: Offizin Andersen Nexö, Leipzig
Printed in Germany

ISBN 3-89604-619-5

Diethard H. Klein

Wetterregeln, Bauernweisheiten und alte Bräuche

Weltbild

Inhaltsverzeichnis

Januar

Januar
Neujahrs- und Dreikönigsbrauchtum .. 7

Februar

Februar
Faschings- und Fastnachtsbrauchtum .. 31

März

März
Frühlingsfeste, Gregorstag 57

April

April
Karwochen- und Osterbrauchtum 85

Mai

Mai
Maitänze, Himmelfahrt und Eisheilige 117

Juni

Juni
Pfingsten, Fronleichnam, Johannis 135

Juli
Prozessionen und Schützenfeste 161

Juli

August
Gedenktagsbräuche und Sommerfeste . . 183

August

September
Vielfältige Erntebräuche und -feiern . . . 205

September

Oktober
Weinlese und Kirchweih 227

Oktober

November
Totengedächtnis, Martini, Andreastag . . 253

November

Dezember
Advent, Nikolaus, Weihnachten 277

Dezember

Vorbemerkung

Eine wahre Fundgrube zu den in seinem Titel genannten Themen ist das vorliegende Buch: An die eintausendeinhundert Wetterregeln sind hier neben weit über dreihundert Bauernweisheiten, Hinweisen auf die „verworfenen Tage“ und die Anwendung von Kräutern bei Gesundheitsproblemen sowie unzähligen Schilderungen alter Bräuche zusammengetragen, ergänzt durch gut einhundertsechzig alte Illustrationen, vorwiegend Darstellungen schöner früherer Trachten, die vom Schmuck der Anmerkungsspalte bis zu ganzseitigen Abbildungen reichen.

Die Gliederung folgt dem Jahreslauf: Den Monatskapiteln – siehe Inhaltsverzeichnis – sind die Wetterregeln sowohl für den Monat insgesamt als auch für die jeweiligen Lostage (bekannte Beispiele: Johanni, Mariä Geburt, Martini) zugeordnet sowie Schilderungen des Brauchtums, das gewöhnlich in den entsprechenden Zeitraum fiel oder auch heute noch gepflegt wird. Allgemeine Wetterregeln haben wir in annähernd alphabetischer Reihenfolge ebenso auf den Band verteilt wie die Bauernweisheiten, letztere geordnet nach ihren Hauptstichworten von Acker und Ähren bis zu Zaum und Zwiebel.

Im Register auf den beiden letzten Seiten mit seinen über zweihundertfünfzig Stichworten sind nicht nur die Heiligennamen und -feste mit ihrem jeweiligen Datum aufgeführt, also die sogenannten Lostage, sondern auch sowohl früher geübte Bräuche als auch Traditionsveranstaltungen, denen man heute noch beiwohnen kann.

Eine Anmerkung ist erforderlich zu den Lostagen, üblicherweise Heiligenfesten. Die dafür genannten Daten entsprechen alter Übung; bei den Reformen des Heiligenkalenders der katholischen Kirche in den Jahren 1955 und 1969 wurden nicht nur viele Namensfeste auf gänzlich andere Termine verlegt, sondern es verschwanden selbst populäre Heiligenfeste völlig aus dem sogenannten „Generalkalender“. Gelegentlich lassen sich Wetterregeln, die sich mit bestimmten doppelt auftretenden Heiligennamen wie etwa Margarete oder Vinzenz verbinden, heute nicht mehr völlig eindeutig zuordnen.

Abschließend empfehlen wir noch die Anmerkungsspalte der besonderen Aufmerksamkeit, denn wir haben dort nicht nur Worterklärungen und Erläuterungen untergebracht, sondern auch viele ergänzende Informationen gerade zu auch heute noch geübtem Brauchtum und zu den Terminen von Veranstaltungen wie Pferdeprozessionen, Fischerstechen oder dem Drachenstich in Furth.

Diethard H. Klein

Januar

Feld- und Gartenarbeiten im Januar

Aus dem Lahrer Hinkenden Boten (um 1835)

Man reinigt die Obstbäume von den dürren Ästen und Raupen, schlägt Mist um die entblößten Wurzeln derselben; fällt Holz zu Weinpfählen, Zäunen, wie auch Reife zum Faßbinden und sonderlich Bauholz; düngt Äcker, Wiesen, drischt die Frucht, läßt den Wein ab, wirft das Korn und versetzt die Immen. Wenn der Erdboden etwas trocken wird, sät man frischen Salat, wohl auch Zwiebeln und Artischockensamen; nach dem neuen Jahr legt man Mistbeete an für Melonen, Gurken und Kopfsalat. Wenn der Frost einfallen will, müssen die vor Winter gelegten Erbsen, Knoblauch, Blumenzwiebeln und andere zarte Gewächse mit Moos oder langem Schüttelstroh bedeckt werden.

Man muß jetzt gute Aufsicht über das Viehfutter halten. Das vorhandene Futter und Stroh muß man sorgfältig einteilen, damit nicht bei unverhofften Fällen Mangel entstehe.

Der schon seit 1800 in der badischen Kleinstadt Lahr zu Füßen des Schwarzwalds erscheinende „Lahrer Hinkende Bote“ war vor allem für die Landbevölkerung eine wahre Institution (Auflage 1894: eine Million!).

Thüringer Neujahrsbrauchtum

August Witzschl (1866)

Wer in der Neujahrsnacht zwischen 11 und 12 im Freien einen Kreis um sich zieht und in denselben tritt, kann sein Schicksal fürs kommende Jahr erfahren. Er darf sich aber vom Bösen nicht aus dem Kreis locken lassen, weil er ihm sonst verfällt.

Man kann sein Schicksal im künftigen Jahre hören, wenn man in dieser Nacht an dem mittelsten der drei Fenster eines Zimmers lauscht.

Wenn man am Silvesterabend ein Licht in die Stube bringt und von den Schatten der Anwesenden einen ohne Kopf sieht oder mit zwei Köpfen, so stirbt der, dessen Schatten so erscheint, im kommenden Jahr.

In derselben Nacht setzt man so viel Häufchen Salz auf den Tisch, als Personen zur Familie gehören, und bezeichnet ein jedes Häufchen mit dem Namen eines Familienmitgliedes. Wessen Häufchen am Morgen eingefallen ist, der muß in dem Jahre sterben.

In der zwölften Stunde dieser Nacht setzen sich die Leute vor die Haustüre, ziehen den einen Schuh aus und werfen ihn über die entgegengesetzte Schulter rückwärts ins Haus. Fällt der Schuh mit der Spitze hinein, so bleiben sie das Jahr über im Hause; im umgekehrten Falle müssen sie das Haus verlassen.

Wer den Namen der Heiligen Drei Könige auf Papier geschrieben bei sich trägt, ist vor allen Seuchen und jedem Unglück bewahrt. Ein Mädchen wird damit eine glückliche Heirat tun.

Ein ***Erbschlüssel*** *mußte ein tatsächlich ererbter Schlüssel sein; vom abergläubischen Umgang damit (und auch ererbter Scheren und Siebe) wird schon im 16. Jahrhundert berichtet.*

In der Neujahrsnacht zwischen 11 und 12 Uhr gießt man durch einen Erbschlüssel geschmolzenes Blei schweigsam in Wasser, über welches Tauf-, Hochzeits- und Leichenzüge gehen; aus den Gestalten des Bleies kann man erkennen, was die Zukunft bringt. Namentlich ersehen die Mädchen daraus das Handwerkszeug oder andere Standesanzeichen ihres künftigen Mannes.

In derselben Nacht decken die Mädchen den Tisch, setzen zwei Teller darauf, legen Messer und Gabel daneben und stellen zwei Stühle dazu. Mit dem zwölften Glockenschlage erscheint der künftige Mann und nimmt seinen Platz am Tische ein.

Sie gehen auch in den Holzstall, nehmen stillschweigend einen Arm voll Holz, tragen es in die Küche und werfen je zwei und zwei Scheitchen ab. Bleibt von diesen zuletzt ein Paar übrig, so ist gewiß, daß sie im kommenden Jahre heiraten; bleibt ein Scheit übrig, so haben sie in dem Jahre keine Aussicht auf Heirat; ist aber zuletzt ein Scheit und ein Span da, so reichen sie einem Witwer ihre Hand. Auch am Neujahrsmorgen während der Frühkirche wird Holz in die Küche getragen. Die Mädchen erblicken bei dieser Arbeit ihren künftigen Bräutigam.

In der Umgegend von Schmalkalden gilt als ein sicheres Mittel gegen Krankheitsfälle das Essen einer Hagebutte in der Neujahrsnacht. Deshalb suchen und pflücken viele Leute diese Frucht in der Nacht und reichen sie Freunden und Bekannten, Eltern besonders ihren Kindern, ohne eine Wort dabei zu reden, durchs Fenster, damit sie stillschweigend die Frucht essen und dadurch gegen jeden Unfall das Jahr hindurch sich sichern. Dieser Brauch und Glaube ist auch im Werratal zu Hause.

Viele der hier für Thüringen notierten Neujahrsbräuche waren natürlich auch in anderen Gegenden Deutschlands verbreitet.

Wetterregeln für den Januar

Auf den Januar insgesamt bezieht sich eine ganze Fülle von Wetterregeln, in denen sich langjährige Beobachtungen und Erfahrungen niedergeschlagen haben:

__Jänner__ nennen den Januar vor allem die Österreicher, aber auch in der Schweiz und in Süddeutschland ist der früher häufiger benutzte Ausdruck noch gängig.

Anfang und End' vom Januar
zeigen das Wetter für's ganze Jahr.

Auf kalten, trocknen Januar
folgt oft viel Schnee im Februar.

Der Jänner – ist ein Holzverbrenner.

Donner im Winterquartal
bringt uns Kälte ohne Zahl.

Ein Jahr, das schlecht will sein,
stellt sich schwimmend ein.

Ein Januar ganz ohne Schnee
tut Bäumen, Bergen, Tälern weh.

Januar – macht die Butter rar.

Eis und Schnee im Januar –
künden ein gesegnet' Jahr.

Ein Januar wie März,
ist dem Bauer ein schlechter Scherz.

Ein kalter Januar – bringt ein gutes Jahr.

Eine gute Decke von Schnee
bringt das Winterkorn in die Höh'.

Fährt der Bauer im Januar Schlitten,
muß er im Herbst um Sä-Frucht bitten.

Hat der Januar viel Regen,
bringt's den Früchten keinen Segen;
nur die Gottesäcker werden gedüngt,
wenn er viel Regen bringt.

Heulen die Wölfe
und bellen die Füchsee,
so kommt noch größere Kälte.

Ist der Januar hell und weiß,
wird der Sommer sicher heiß.

Ist der Januar frostig und kalt,
lockt uns bald der grüne Wald.

Ist der Januar hell und weiß,
kommt das Frühjahr ohne Eis
und der Sommer wird recht heiß.

Ist im Januar dick das Eis,
gibt's im Mai ein üppig Reis.

Januar weiß, der Sommer heiß,
Januar warm, daß Gott erbarm!

Januar muß vor Kälte knacken,
wenn die Ernte soll gut sacken.

Je kälter ist der Januar,
je freudiger das ganze Jahr.

Je kälter der Januar und je heller,
desto voller die Scheunen
und die Fässer im Keller.

Januar Schnee zuhauf –
Bauer, halt den Sack auf.

Regen im Januar –
bringt der Saat Gefahr.

Regen im Januar,
heißt Schneefall im Mai gar.

Im Januar sieht man lieber den Wolf
als einen Bauern in Hemdsärmeln.

Ist der Januar feucht und lau,
wird das Frühjahr trocken und rauh.

Ist der Januar ohne Schnee und Frost,
bringt auch der März geringen Trost.

Ist der Januar gelind,
der Frühling sich oft spät einfind't.

Je näher die Hasen dem Dorfe rücken,
desto ärger sind des Eismonds Tücken.

Knirscht im Januar Eis und Schnee,
gibt's reiche Ernt' an Korn und Klee.

__Eismond__ ist eine weitere alte Bezeichnung für den Januar.

Läßt der Januar Wasser fallen,
läßt der Lenz es gefrieren.

Reichlich Schnee im Januar,
macht Dung fürs ganze Jahr.

Sind im Januar die Flüsse klein,
gibt's im Herbst einen guten Wein.

Soll der Frühling lachen,
muß der Jänner krachen.

Wächst die Frucht im Januar,
so wird sie gemeiniglich teuer.

Wächst das Korn im Januar,
wird es auf dem Markte rar.

Wenn die Tage langen,
kommt erst der Winter gegangen.

Wenn der Januar zu naß,
so bleibt leer des Winzers Faß.

Damit der Spruch sich schön reimt, ist hier __langen__ gesetzt für „länger werden“.

Nebel im Januar bringt nasses Frühjahr.

Soll sie der Winterschlummer laben,
muß die Erd' ein gutes Bettuch haben.

Eine alte Bezeichnung für den Januar ist Hartung, eine noch ältere Hartmonat.

Soviel Tropfen im Januar,
soviel Schnee im Mai.

Tanzen im Januar die Mucken,
muß der Bauer nach dem Futter gucken.

Wächst das Gras im Januar,
wächst es schlecht das ganze Jahr;
wächst die Frucht auf dem Feld,
wird sie teuer in aller Welt.

Wenn der Maulwurf wirft im Januar,
währt der Winter bis zum Mai wohl gar.

Wenn die Mücken spielen im Januar,
so sind die Schafe in großer Gefahr.

Wenn's im Januar donnert überm Feld,
so kommt später große Kält'.

Der Rumpeltopf im Anhaltischen

Victor Lommer (um 1880)

Im Anhaltischen zogen die Kinder zu Neujahr oder zwischen Weihnachten und Neujahr mit dem Rumpeltopf herum. Sie hatten zu dem Zweck eine Schweinsblase über einen Topf gebunden, in die Mitte ein Loch gemacht und ein hohles Rohr hindurchgesteckt. Dieses wurde mit Wachs eingefettet und dann mit der Hand auf- und abgerieben, so daß ein brummender Ton entstand. Die Kinder sangen dabei ein Lied:

Wir treten hierher ohne allen Spott,
Einen schönen guten Abend, den geb' Euch Gott,
Einen schönen guten Abend zur fröhlichen Zeit,
Die unser Herr Christus hat bereit.
Wir wünschen dem Herrn einen goldenen Tisch,
Auf allen vier Ecken 'nen gebratenen Fisch
Und in der Mitte ein Fläschchen Wein,
Damit er auch kann fröhlich sein.
Wir wünschen der Frau einen goldenen Ring (einen Rosmarinstengel)
Und übers Jahr ein kleines Kind (einen tüchtigen Bengel).
Wir wünschen dem Sohne einen goldenen Wagen,
Damit er kann zur Hochzeit fahren.
Wir wünschen der Tochter 'nen goldnen Kamm (ein goldenes Lamm);
Und übers Jahr 'nen Bräutigam.
Wir wünschen der Magd eine kupferne Kann,
Und über Jahr 'nen buckligen Mann.
Sie haben uns eine Verehrung gegeben,
Der liebe Gott lasse Sie lange leben (schenke Ihnen ein langes Leben),
Ein langes Leben immerdar,
Das wünschen wir Sie zum neuen Jahr.

Der Umgang mit dem Rumpeltopf, anderswo Rummeltopf, Rommelsdopp oder Rummelpott genannt, wurde unter anderem auch im Rheinland und in Norddeutschland geübt.

Der Rumpelpott ist noch bekannt in Bernburg, Groß- und Kleinmühlingen und Steutz. Den Namen Brummbaß führt das Instrument in Mosigkau, Fraßdorf, Teufelsgeige (Dewelsgeie, Deibelsgeie) in Badeborn, Bründel, Güsten, Wedlitz, Meilendorf, Dessau usw. Doch scheint die Teufelsgeige sich zu einer Abart des Lärminstruments entwickelt zu haben, die auch auf Jahrmärkten käuflich ist.

Dieses Neujahrssingen war somit eine ganz allgemeine Sitte. Daß sie ausartete, beweisen Verordnungen, zu denen sich die Obrigkeit veranlaßt sah. So schritt schon 1577 der Rat der Stadt Köthen dagegen ein.

Die Taglänge:
An Neujahr um einen Hahnenschritt,
An heilig Dreikönig um einen Hirschensprung,
An Sebastian um eine ganze Stund,
An Mariä Lichtmeß merkt man erst was drum.

Brauchtum in Franken zwischen Neujahr und Dreikönig

J. Ludovicus Gotofredus (1649)

Über diesen frühen Beschreiber fränkischen Bauchtums, der seinen Namen J. Ludwig Gottfried latinisierte, ist nichts Näheres bekannt.

Am Neujahrstag tauschen Bekannte und Verwandte ihre Glückwünsche aus; sie schütteln sich die Hand und wünschen sich ein glückliches Neujahr. Den ganzen Tag bringen sie dann unter Zechen und Tanzen zu; auch schicken sie nach altem Brauch einander Neujahrsgeschenke zu.

Am Heiligdreikönigtag wird in jedem Haus ein großer Festkuchen gebacken aus Weizenmehl, Honig, Pfeffer und sonstigen Gewürzen. Es wird nun einer auf folgende Art zum König gewählt: Die Hausfrau macht den Teig zurecht und versteckt, während sie ihn knetet und rührt, eine Silbermünze hinein. Ist der Kuchen fein säuberlich gebacken, dann teilt sie ihn mit dem Messer in so viele Stücke, als die Familie Köpfe zählt. Drei Stückchen werden auf die Seite gelegt; davon gehört eines dem Erlöser, das andere der Jungfrau Maria, das dritte den Heiligen Drei Königen, die als erste von den Heiden Christum angebetet haben. Diese drei Stückchen werden dann an arme Leute gegeben, die übrigen in der Familie selbst verzehrt. Wer nun das Stück bekommt, in dem die Münze versteckt ist, wird „König"; er muß sich auf einen Sessel setzen und wird dreimal in die Höhe gehoben, wobei die Anwesenden mit freudigem Zurufen ihm huldigen. Sooft der „König" in die Höhe gehoben wird, malt er mit einem Stück Kreide jedesmal ein Kreuz an die Zimmerdecke.

In den zwölf Tagen zwischen Weihnachts- und Dreikönigsfest werden alle Häuser in ganz Franken mit Weihrauch und anderen Wohlgerüchen ausgeräuchert; dies hat den Zweck, die Hexen fernzuhalten.

Wetterregeln für die Lostage im Januar

Sogenannte Lostage, die sich üblicherweise mit Heiligennamen verbanden, waren im Januar neben dem Neujahrs- und Dreikönigstag der 2. (Makarius), der 8. (Erhard), der 10. (Paulus der Einsiedler), der 17. (Antonius der Einsiedler), der 20. (Fabian und Sebastian), der 22. (Vinzenz), der 25. (Pauli Bekehrung) und der 30. (Martina). Für diese Tage waren die folgenden Wetterregeln geläufig:

Der 1. Januar wurde erst 1691 durch Papst Innozenz XII. verbindlich als Tag des Jahresbeginns festgelegt.

Neujahrsnacht still und klar
deutet auf ein gutes Jahr.

Wenn's um Neujahr Regen gibt,
um Ostern oft der Schnee noch stiebt.

Wenn am Neujahrsabend die Umgeher recht schmutzig
werden, so gedeiht im nächsten Jahr der Flachs gut.

***Umgeher** steht hier für Sternsinger.*

Wie das Wetter an Makarius war,
so wird der September: trüb oder klar.

Ist's an Dreikönig sonnig und still
der Winter vor Ostern nicht weichen will.

Dreikönigsabend hell und klar,
verspricht ein gutes Weinerntjahr.

Sankt Erhard mit der Hack'
steckt die Feiertag in den Sack.

St. Paulus klar, bringt gutes Jahr,
hat er Wind, regnet's geschwind.

Am zehnten Jänner Sonnenschein,
das bringt viel Korn und bringt viel Wein.

Wenn an Sankt Anton die Luft ist klar
gibt es ein recht trockenes Jahr.

An Fabian und Sebastian
fängt der rechte Winter an.

Fabian Sebastian
Läßt den Saft in die Bäume gahn.

Vinzenzen Sonnenschein
Füllt die Fässer mit Wein.

Am St. Vinzentius-Tag sollen die Vögel sich paaren.

Wie das Wetter um Vinzenz war
wird es sein das ganze Jahr.

Ist zu Pauli Bekehr das Wetter schön,
wird man ein gutes Frühjahr sehn.
Ist's an dem Tage jedoch schlecht,
dann kommt es spät als fauler Knecht.

Das Fest Pauli Bekehrung am 25. Januar galt als Mitte des Winters; der war also „halb herum".

Pauli Bekehrung, halb hinum, halb herum.

Ist an Pauli Bekehrung schön Wetter,
so hofft man ein gutes Jahr, wenn schlechtes, ein spätes.

Bringt Martina Sonnenschein,
hofft man auf viel Korn und Wein.

Die Sternsinger im Oberinntal

Ignaz Zingerle (um 1860)

Von Weihnachten bis Dreikönig ist im Oberinntal das Sternsingen gebräuchlich. Drei Knaben, mit Ruß geschwärzt und mit papierenen Kronen auf dem Haupt, ziehen in die Häuser umher. Zuerst tritt einer in die Stube und rezitiert:

König Kaspar bin ich genannt,
Komm daher aus Mohrenland,
Komm daher in großer Eil,
14 Tag 500 Meil.
Melchores, Melchores tritt du herein!

Nun stellt sich Kaspar in die Ecke. Melchior tritt ein und spricht:

Ich tret herein durch diese Tür
Und mach das heilig Kreuz dafür,
Das heilig Kreuz mit göttlichem Segen,
Das uns Gott Vater vom Himmel gegeben.
Balthores, Balthores, tritt du herein!

Melchior tritt zu Kaspar in den Hintergrund und Balthasar kommt und singt:

Ich tret herein mit der Goas,
Möcht' wissen, wie die Hausfrau hoast.
Die Hausfrau hoast Frau Pfefferkearn,
Weihnachtszelten essen mar gearn.

Weihnachtszelten: *Weihnachtslebkuchen*

Nun stellen sich alle drei zusammen und singen:

Wir heiligen drei König mit inserm Stearn,
Wir wellen jetzt singen und Jesum vereahrn.
Wir finden ein Kindelein nackend und bloaß
Und legen's Maria der Muater in Schoaß.

Das Sternsingen war weit verbreitet; da wir bei unseren Brauchtumsschilderungen die verschiedensten deutschsprachigen Regionen berücksichtigen wollen, haben wir hier eine Schilderung aus dem Oberinntal aufgenommen.

Herodes schaut zum Fenster hinaus:

Was ist denn das für a schwarz Gesicht?
Das schwarze Gesicht ist ins wohl bekannt,
Es ist ein König aus Mohrenland.
Itzt ist's halt g'sungen, itzt ist's halt gar,
Itzt wünschen mir a nuis glückseliges Jahr,
Glückseligs nuis Jahr ist a fröhliche Zeit,
Die gibt Gott Vater, Gott Suhn und Gott Geist.

I hab schon g'heart in Schlüssel klingen,
Man weard ins bald zwei, drei Kreuzer bringen,
Zwei, drei Kreuzer sein no nit gnua,
Es keart a Stuck Zelten und a Schnaps a darzua.

Es fliegt a Vögele übers Feld,
Mir nehmen nix als Fleisch und Geld,
Mir nehmen kuan Meahl, mir haben kuan Sack
Und die heiligen drei König haben nie kuan Pack.

Schließlich werden die Könige bewirtet, und dann geht ihr Weg in ein anderes Haus.

Ein anderes Lied, das von Sternsingern vor den Häusern gesungen wird ist folgendes:

Die heiligen drei König mit ihrem Stern
Ziehen früh aus,
Vor dem Herodes sein Haus;
Herodes schaut zum Fenster heraus.
Und wenn ihr was gebet,
So gebt es uns gern
Und gebt es uns bald.
Wir müssen heut noch durch finstern Wald
Bei Mondschein und Stern
Nach Bethlehem zu unserm Herrn!

Die heiligen drei Könige werden nun ins Haus geladen und dort beschenkt.

Allgemeine Wetterregeln

Abendrot ist ein Gutwetterbot'
doch Morgenrot mit Regen droht.

Wir haben die Fülle dieser allgemeinen Regeln in alphabetischer Reihenfolge auf die Monate verteilt.

Alltäglicher Regen kommt ungelegen;
aber zuweilen ein Regen ist ein rechter Segen.

Auf dicke Wolken folgt meist schweres Wetter.

Auf Donner folgt gern Regen.

Auf Hagelschloßen folgt die Kälte.

Aus einer großen Wolke kommt oft nur ein kleiner Regen.

Bei hellem Abend und trübem Morgen
ist der Wanderer gut geborgen.

Bei rotem Mond und hellem Sterne
sind Gewitter nicht gar ferne.

Bellt der Fuchs im grünen Wald,
stellt sich ein der Regen bald.

Besser ein ordentlicher Regen,
als ein stetiges Tröpfeln.

Bevor es Sturm gibt, schreien die Gimpel.

Gimpel: Finkenart

Viele Wetterregeln gehen zurück auf den „Hundertjährigen Kalender", verfaßt von Mauritius Knauer (1612-1664), Abt des fränkischen Klosters Langheim.

Blitze, die abseits vom Wetter entstehen,
sind als die gefährlichsten anzusehen.

Dampft das Strohdach nach Gewitterregen,
kehrt's Gewitter wieder auf anderen Wegen.

Dem Morgenrot ist nicht zu trauen.

Der Abend rot, der Morgen grau
gibt das schönste Tagesblau.

Der Blitz trifft mehr Bäume als Grashalme.

Der Hahn ist der Bauern Uhr und Kalender.

Der Himmel voller Sterne ist:
gar große Kält' nicht ferne ist.

Der Morgen grau, der Abend rot,
ist ein guter Wetterbot.

Der Nordwind ist ein rauher Vetter,
aber er bringt beständig Wetter.

Der Ostwind hört nicht auf zu wehen, bis es regnet.

Der schönste Tag beginnt
mit einer stillen Morgenröte.

Der stärkste Regen fängt mit Tropfen an.

Der Wind, der sich mit der Sonne erhebt und legt,
bringt selten Regen.

Der Wind vom Aufgang
ist schönen Wetters Anfang.

Die Erde will Regen.

Die Krähe ruft den Regen.

Die Mücken tanzen, es gibt gut Wetter.

Die Sonne, die schon sehr früh brennt,
nimmt kein gutes End.

Die Wahl des Bohnenkönigs an Dreikönig

Otto von Reinsberg-Düringsfeld (um 1870)

In der Eifel wird ein Königskuchen gebacken und in denselben zwei Bohnen, eine schwarze und eine weiße, gelegt. Wer in seinem Stück die schwarze Bohne findet, wird König, die weiße Bohne bestimmt die Königin.

Die Bedeutung des Dreikönigstages (Fest der Erscheinung des Herrn) war früher weit höher als heute; in Süddeutschland galt er als „Großneujahr" vielfach als der eigentliche Jahresbeginn.

Vor alten Zeiten war es jedoch Brauch, Zettel zu machen und zu verlosen. Wer den Zettel zog, worauf „König" geschrieben stand, mußte eine Zeche geben, wie dies an vielen Orten am Rhein noch der Fall ist.

Bei den Bauersleuten ist es ziemlich allgemeine Sitte, daß die Person, welche an diesem Abend zuerst in die Schüssel langt, König oder Königin wird, weshalb sich alle, die um den Tisch sitzen, anfangs weigern, in die Schüssel zu langen, bis sie, des Scherzes satt, es gleichzeitig tun.

In einigen Dörfern war es hierbei üblich, daß der zweite, welcher in die Schüssel fuhr, Vizekönig wurde und ein Drittel, der König aber zwei Drittel der Kosten des Gelages zahlen mußte.

Hilarius- und Antoniustag

Anlässe für besondere Bräuche waren auch der Hilariustag am 13. und der Antoniustag am 17. Januar. An ersterem, je nach Landschaft Kläres- oder Glärestag genannt, wurde oft von bestimmten Gruppen ein gemeinsames Mahl ausgerichtet, das einerseits eine Art von „Selbstbelohnung" für die zusammen geleistete Arbeit im Vorjahr war, andererseits der sozusagen „offiziellen" Aufnahme neu hinzugekommener Mitglieder galt. Solche Gruppen konnten das Gesinde eines Ortes sein oder die Frauen, die in der Spinnstube zusammenkamen oder auch die Männer des Dorfes für sich.

Der heilige Antonius, Patron des Hausviehs und oft mit einem Schwein dargestellt, lieh den „Antonssäuen" seinen Namen. Diese waren für die Armen bestimmt, durften frei herumlaufen und mußten von jedem gefüttert werden. Am 17. Januar gab es nach dem Gottesdienst ein üppiges Schweinebratenmahl für die Bedürftigen, was vor allem im Rheinland der Brauch war. Als besonders heilkräftig, vor allem auch für Tiere, galt das aus den diesem Tag aus Weizen gebackene Antoniusbrot.

Die Kunkelstube im Fränkischen

Eduard Fentsch (um 1865)

Die Kunkel – oder Rockenstube hat ihren Namen von der Kunkel oder dem Rocken, Bezeichnungen für die Spindel.

Der Winter bringt wie anderswo so auch im Frankenland die Kunkel- oder Rockenstube, welche noch auf einem großen Teil des katholischen wie protestantischen Plattlandes und der Landstädtchen volle Berechtigung genießt. Im Weißenburgischen gesellt sich regelmäßig eine kleine Zahl von Dirnen des Dorfes zusammen, ihrer drei bis sechs, und wählen ein Haus aus, in welchem den Winter über gesponnen wird. Auch unter den Burschen, welche sie bei dieser Gelegenheit heimsuchen dürfen, wird besondere Auswahl getroffen. Über diesen bestimmten Kreis hinaus darf niemand Anteil nehmen. Die letzte Kunkelstube, welche anderwärts die Bezeichnung „Abrupf" führt, heißt hier die Letztnacht.

Eine alte Darstellung der Kunkel – oder Rocken – oder eben einfach Spinnstube.

Am Sebastianstag feiern die Schützen

Otto von Reinsberg-Düringsfeld (um 1870)

Sehr feierlich ward ehemals der Sebastianstag (20. Januar) begangen. Denn der heilige Sebastian, der einst, an einen Baum gebunden, heidnischen Schützen zum Ziel ihrer Pfeile gedient und so den Märtyrertod erlitten hatte, war der Schirmer und Patron der Schützengilde, welche sich nach ihm auch Bruderschaft des heiligen Sebastian nannte, und sämtliche Schützen oder St. Sebastiansbrüder feierten das Fest ihres Schutzheiligen, dessen Bildnis sie auf ihren Fahnen führten.

Die Einrichtung des Schützenwesens und der damit verbundenen Ordnungen und Gesetze hat mit dem Ursprung der Städte selbst ihren Anfang genommen, doch die eigentlichen Schützenbrüderschaften rühren meist aus dem 14., 15. und 16. Jahrhundert her.

Denn je mehr die Macht und das Ansehen des Adels sank, um so kräftiger erhoben sich die Gemeinden der Städte, und je mehr die Turniere der Edlen in Abnahme kamen, um so zahlreicher wurden die Schießfeste der Bürger. Fast in jeder Stadt, auf jedem Dorfe bildeten sich Schützengesellschaften, sei es mit Bogen und Armbrust, oder mit Büchsen. Jede Schützengesellschaft wählte aus ihrer Mitte einen Hauptmann und Schützenmeister, einen Kleinodienmeister und einen Pritschenmeister. Die beiden ersteren wurden jährlich durchs Los bestimmt, zum Pritschenmeister gehörte Humor und Witz, der König verdankte seine Würde seiner Geschicklichkeit.

Die meisten Gesellschaften besaßen ein silbernes Bild ihres Schutzheiligen, an welchem die Pfeile zu Haltern der silbernen Schilder mit den Wappen der Könige, Schützen- und Kleinodienmeister dienten, und das der Kleinodienmeister nebst den Festpokalen und Armbrüsten in Verwahrsam hatte. Die Fahne blieb beim Hauptmann, und der Pritschenmeister, der seinen Namen von seiner Pritsche, einem klatschenden Kolben von Holz oder Messing hatte, war der Lustigmacher der Gesellschaft, ahndete mit Pritschenschlägen die Ungebühr und Ungeschicklichkeit einzelner Schützen, verspottete Fehlschüsse und hielt die Zuschauer in Ordnung. Nach ihm hieß der letzte Schuß Pritschenschuß.

Bäuerliche Weisheiten und Sprichwörter

In diesen bäuerlichen Weisheiten sind Lebenserfahrungen prägnant formuliert, die oft innerhalb der Familie weitergegeben wurden.

Wer den Acker pflegt, den pflegt der Acker.

Schwere Ähren und volle Köpfe neigen sich.

Alte Kuh gar leicht vergißt, daß sie Kalb gewesen ist.

Alte Vögel sind schwer zu rupfen.

Wer in der Jugend einen Weinberg anlegt,
hat im Alter Trauben.

Ein fauler Apfel steckt hundert gesunde an.

Arbeit und Sparen macht reiche Knechte.

Lust und Liebe zu einem Ding
macht die schwerste Arbeit gering.

Wo Arbeit das Haus bewacht, kann Armut nicht hinein.

Arbeitsschweiß an Händen hat mehr Ehre
als ein goldener Ring am Finger.

Der Argwohn riecht den Branten,
ehe das Kalb noch gestochen ist.

Arme haben die Kinder, Reiche die Rinder (Japan).

Die Armen helfen die Füchse fangen,
die Reichen in den Pelzen prangen.

Wer den Armen sein Ohr verstopft,
den hört Sankt Peter nicht, wenn er klopft.

Man glaubt einem Auge mehr als zwei Ohren.

Besser gut ausruhen als schlecht arbeiten.

Kleine Bäche machen große Ströme (Frankreich).

Stirbt der Fuchs, so gilt der Balg.

Wer barfuß geht, soll keine Sorgen säen (Niederlande).

Es ist kein Messer, das schärfer schiert,
als wenn der Bauer ein Edelmann wird.

Hat der Bauer Geld, hat es die ganze Welt.

Dann wollen wir, sagt der Bauer – wenn er muß (Eifel).

Ein fleißiger Bauer ist edler als ein fauler Edelmann.

Auch der Stolz auf den Bauernstand gegenüber Bürgertum und Adel kommt hier selbstbewußt zur Geltung.

Ein verständiger Bauer ist mehr wert
als ein ratloser Bürger.

Wer einen Bauern betrügen will,
muß einen Bauern mitbringen.

Ein Baum fällt nicht von einem Streich.

Alte Bäume lassen sich nicht biegen.

Man muß an jungen Bäumen,
wenn sie gerade wachsen sollen,
gelegentlich etwas abhauen.

Ein ostfriesischer Winterbrauch: das Klootschießen

Hermann Meier (1868)

Es war an einem grimmig kalten Montag, als uns weder Post noch Omnibus mehr unserm Ziele zuführen konnten und wir also gezwungen waren, des Schusters Rappen anzuspannen. Der Fingerbieter (Fingerbeißer), wie wir eine schneidende Kälte zu nennen pflegten, trieb uns rasch vorwärts, und in Gedanken versetzten wir uns bereits an den warmen Ofen im anheimelnden Stübchen unseres harrenden Gastfreundes.

Todesstille ringsum! Kein Mensch, kein Tier auf dem öden Wege, nur hie und da eine bessere oder schlechtere Hütte, deren aufsteigende Rauchsäule wir mit einer gewissen Art von Mißgunst betrachten.

Vor uns liegt das Dorf W. und verspricht uns Labung, innerliche wie äußerliche. Es ist bald erreicht, und am gewaltigen Torffeuer tauen wir unsere erfrornen Glieder wieder auf. Wir haben Recht! Dem Schulmeister geht's wie einem blechernen Gefäß: es ist leicht warm, leicht kalt.

Die Wirtsstube – ostfriesisch Jagdweide – birgt eine ganze Schar junger Burschen, die ihr lebhaftes Gespräch durch die Ankunft eines Fremden in keinerlei Weise stören lassen. „Klootscheten! Inholden!“ Diese und andere sich häufig wiederholende Ausdrücke beweisen uns zur Genüge, daß sich die Debatte um das Vergnügen des morgigen Tages dreht. Endlich ist man fertig geworden, und ein Teil der Gesellschaft bricht auf, nachdem noch zuvor die kurzen Pfeifen gestopft und mit einer glühenden Kohle angezündet, die Kragen der kurzen Jacke aufgeschlagen und ein Tuch um Mütze und Ohren gebunden ist. Sie sind aus einem benachbarten Dorfe deputiert und haben die jungen Burschen von W. zum Zweikampf auf morgen aufgefordert. Dieser ist angenommen, und die Bedingungen sind aufs genaueste stipuliert. Dreierlei besonders mußte bestimmt geregelt werden:

Deputiert: *abgeordnet;* ***stipuliert:*** *festgelegt*

1) Sollen die Kugeln leicht oder schwerpfündig sein?
2) Wie viele Personen jeder Partei sollen tätig auf dem Kampfplatze erscheinen?
3) Wie hoch gilt der Preis?

Eine alte Darstellung des hier geschilderteten Brauchs

Der Städter ist nur selten in der Lage, solche echten Volksvergnügen zu sehen, weshalb wir es vorzogen, die Nacht hier zu verweilen, um am folgenden Tage diesen nationalen Feste beizuwohnen. Zu gleicher Zeit haben wir ja dann hinreichende Gelegenheit, über die vorbereitenden Verhandlungen des heutigen Abends unsere Erkundigungen einzuziehen.

Von einem etwa eine Stunde entfernten Dorfe wären am heutigen Abend sechs stämmige Burschen ins hiesige Wirtshaus gerückt, hatten sich rund um den Herd gesetzt, sich häufig geräuspert, noch häufiger ins Feuer gespuckt, als ob ihnen die helle Flamme im Wege sei, am häufigsten aber seitwärts die anwesenden Jünglinge W. gemustert, bis endlich einer der Auswärtigen mit gravitätischem Ernst in die tiefe Hosentasche gefahren war und eine hölzerne, mit Blei durchgossene Kugel auf den Tisch gedrückt hatte mit den herausfordernden Worten: „Wi hangt den Kloot up!", d. h.: Wir fordern euch zum Klootschießen heraus! Die einheimischen Burschen, denen längst der Zweck jenes Besuches bekannt war, hatten bis dahin alles mit größter Gemütsruhe beob-

Gravitätisch: *würdevoll-steif*

A. U. Hansen schreibt 1858 zum gleichen sportlichen Wettbewerb: „Ein in Dithmarschen und den friesischen Marschdistrikten sehr beliebtes Wintervergnügen ist das Eisboseln.“

achtet, aber jetzt schien plötzlich doppeltes Leben in sie zu fahren; einige Sekunden leises Geflüster – dann ergriff einer die Kugel und sagte: „Wi nehmt den Kloot up!“ d. h.: Wir nehmen die Herausforderung an! Das gab Leben in dem Hause und außerhalb desselben, wo die halberwachsene Jugend mit kaum bezwingbarer Sehnsucht das Resultat erwartete, um es dann schleunigst von Haus zu Haus zu verkünden, daß morgen dieses und jenes Dorf sich im Klootschießen messen werde. Freunde der Sache nehmen nun gleich die Angelegenheit in die Hand, und in kurzer Zeit ist ein Sümmchen Geld zusammengebracht, um am folgenden Tage als Preis zu dienen. Während dessen wurden da drinnen die oben erwähnten Fragen verhandelt und nach langer Debatte beschlossen: Beim Kampf gelten nur schwerpfündige Kugeln, das sind solche, die zwei bis drei Mal durchbohrt und mit Blei ausgegossen sind, so daß sie wenigstens ein Pfund wiegen, während nicht so schwere leichtpfündige heißen. Von beiden Seiten werfen drei Mann hin und zurück von Dorf zu Dorf; der Preis beträgt zehn Taler von jeder Seite. Die Anzahl der Werfenden rief eine lange, heftige Debatte hervor, ernster und hartnäckiger, als die der preußischen Abgeordneten über zwei- oder dreijährige Dienstzeit, denn das eine Dorf hatte nur zwei gewiegte Klootscheeters, während W. drei in seiner Mitte barg. Wenn bei dieser Debatte sich auch manche Kehle heiser schrie und dann und wann die Krüge und Gläser von den derben Faustschlägen auf dem Tische tanzten, so siegte doch letztere Ansicht, und einige Krüge Warmbier besiegelten den Vertrag. –

Vor allen Dingen ist die Stelle, von wo aus man den Wettstreit zu beginnen beabsichtigt, mittels Spaten und Hacken zu ebnen und eine lange Strohmatte daraufzulegen, die vorn durch untergelegte Säcke angemessen erhöht wird, damit die Kämpfenden beim Werfen eine feste Stütze haben und nicht ausgleiten können. Daß bei diesen Vorbereitungen die liebe Jugend die erste Violine spielt, ist gewiß selbstredend.

Früher als sonst kommt heute das Mittagsmahl auf den Tisch, um ja nicht den Anfang des Kampfes zu versäumen.

Von hüben und drüben versammelt sich allgemach eine große Menschenmasse, und manche Wette, das Resultat des Kampfes betreffend, wird noch gemacht.

„Nirgends wird mehr und leidenschaftlicher Schlittschuh gelaufen als in Friesland“, heißt es zur nebenstehenden Abbildung.

Plötzlich tiefe Stille! Die Gladiatoren haben die Arena betreten und setzen sich in Positur, nicht nur die eigene, sondern auch die Ehre des ganzen Dorfes zu vertreten.

Bahnwieser und Stocklegger stehen auf ihren Posten. Jener zeigt durch einen emporgehaltenen Stock die Richtung und zugleich eine ausgesuchte Stelle für das Niederfallen der Kugel an; dieser bewacht die gegnerische Kugel in ihrer Ruhe und legt seinen Stock davor, damit weder Tritt noch Stoß sie weiter befördere. Würde das geschehen, so wäre ja eine allgemeine Prügelei unausweichlich, und dazu ist noch später Zeit und Gelegenheit. Die erste Kugel saust durch die Luft. Um mit voller Kraft und ohne jegliches Hindernis werfen zu können, haben die Kämpfenden sich ihrer Oberkleider und Holzschuhe entledigt und solche dem kleinen Volke zum Aufheben übergeben. Wer dieser Ehre gewürdigt wird, wächst plötzlich um eines Hauptes Länge.

„Hierher!“ schreit der Bahnweiser, „Halwer.“ Der Werfende macht nach verschiedenen blinden endlich den wahren Anlauf, beschreibt mit dem Arm eine Kreislinie, und fünfzig bis sechzig Schritt entfernt fällt die Kugel auf eine glattgefrorene Fläche nieder, um alsdann hüpfend und rollend noch mehrere Schritte zu durchlaufen. Seine Partei bricht in einen nicht enden wollenden Jubel aus, ihr Held aber wirft sich stolz in die Brust und schaut geringschätzend auf seine Gegner. Diese haben beim ersten Wurf entschieden Pech, denn ihre Kugel bleibt ruhig auf der Stelle liegen, wo sie niedergefallen ist. Eine solche Kugel heißt eine „tote". Der zweite Mann beider Parteien tut nur seine Schuldigkeit, während dessen stärken sich diejenigen, die bereits teilweise ihrer Pflicht nachgekommen sind, mit einer kräftigen Mettwurst.

So geht's ohne große Unterbrechung fort bis zum nächsten Dorfe, und sodann wieder zurück nach W. Jeder nimmt nun den Kloot der Gegenpartei auf und wirft von da aus, wo derselbe liegt und umgekehrt; dadurch wird natürlich das richtige Verhältnis wieder hergestellt. Selten geschieht es, daß eine Partei an ihrem Sieg verzweifelnd, sich vor beendetem Kampf ergibt. Es wird zurückgeworfen bis zum Ausgangspunkte, und wer am weitesten voraus, und wäre es nur der Raum einer Spanne, der hat gewonnen.

Lauter Jubel verkündet den Sieg derer von W. Diese nehmen nun die gewonnen Taler in Empfang, wogegen sie die von ihnen gesammelten Gelder den Gebern mit freundlichem Dank zurückerstatten.

Die Besiegten werden großmutsvoll zum Klootschetelbeer auf den nächsten Sonntag eingeladen, und ergötzt man sich alsdann an Warmbier, Gesang, Tanz und Prügelei in der Väter Weise. Längst nach Mitternacht kehrt die Gesellschaft heim; hat auch dieser einen blutigen Kopf, jener eine zerquetschte Nase – alle meinen einstimmig: 's ist doch ein famoses Vergnügen, das Klootschießen!

Die „verworfenen Tage"

Nach uralter Überlieferung gab es bestimmte Tage im Jahr, an denen man nichts Neues beginnen sollte, möglichst auf Reisen verzichtete und vor allem auch keine Aderlässe vornahm („schröpfte"). Diese Tage bezeichnete man als „verworfenen Tage" oder Schwendtage; schon der römische Kalender kannte sie unter dem Namen „dies atri", also „schwarze Tage". Als solche Schwendtage galten im Januar der 2., 3. und 4. und dann wieder der 18.

Februar

Feld- und Gartenarbeiten im Februar

Aus dem Lahrer Hinkenden Boten

Man vertilgt die Maulwürfe; säet auf warme Mistbeete Kukumern, Salat, Sellerie, Petersilie, Kohl, Mangold; auf kalte: Monatretticheme mit Salat, Gelbrüben; ins freie Land: Erbsen, Salat, Zwiebelsamen, Lauch, Sauerampfer, Früh-Erbsen, Skorzoneren, Spinat, Kohl, Körbelkraut. In einer leichten Erde sät man drei Wochen früher, als in einer schweren oder starken; auch muß man auf die Witterung und Gegend bedacht sein, und eher die Saat bis in den April verschieben, als vergebens säen. In diesem Monat muß man Bäume versetzen, in Spalt pfropfen, Raupennester verbrennen, die im Herbst versetzten Bäume abstutzen, wenn es nicht zu kalt ist.

Kukumern: *Gurken;* ***Skorzoneren:*** *Schwarzwurzeln*

Die Reinlichkeit der Getreideboden ist wohl in acht zu nehmen, damit kein Staub oder Unreinlichkeit aus den Scheunen durch die Träger oder andere Zufälle darauf komme. Wo Zinsgetreide gewöhnlich ist, da ist es gut, solches mit dem Mahl- und Futtergetreide auf einen besondern Boden zu bringen, auch besondere Säcke dazu zu halten, wodurch vielmal dem Kornwurm am besten vorgebeugt wird.

Der Februar zählte noch zur Zeit der „Bauernferien“, in denen zur Hauptsache Arbeiten in Stall und Haus anfielen.

Lichtmeß

Georg Landau (1857)

Der Lichtmeßtag, vierzig Tage nach der Geburt Christi, erinnert an den Besuch Mariens im Tempel (Darstellung des Herrn).

Das Fest der Lichtmeß oder Kerzweihe (2. Februar), von dem an diesem Tag in der alten Kirche üblichen Herumtragen geweihter Kerzen so genannt, entstammt dem römischen Heidentum. Die Römer hielten an diesem Tag feierliche Umgänge mit brennenden Fackeln, um sich dadurch von ihren Sünden zu reinigen, und nannten dies februare (reinigen), und davon wurde der ganze Monat Februar genannt. Die christliche Kirche konnte diesen Brauch nicht abstellen, und Ende des fünften Jahrhunderts wurde das Fest ausdrücklich als ein christliches anerkannt. Nach der Meinung des Volkes verläßt der Dachs heute sein Winterlager, erblickt er aber seinen Schatten, d. h. findet er Sonnenschein, so kehrt er wieder in seine Höhle zurück, und es bleibt noch vierzig Tage kalt. Dagegen sagt man auch

Lichtmeß, hell und klar,
Gibt ein gutes Weinjahr.

Ein weiterer Spruch, der sich auf seinen Tag bezieht, ist:

Auf Lichtmeß,
Da können die Herren bei Tage ess,
Die Reichen, wenn sie wun (wollen),
Die Armen, wenn sie's hun (haben).

oder:

Lichtmeß,
Kommt die Winterweise,
Da längert der Tag,
Da kürzet der Faden,
Da kalbet die Kuh,
Da können die Herren bei Tage essen.

*Die **Metze** war eine alte Hohlmaßeinheit, die als Sechzehntel eines Scheffels in Preußen etwa dreieinhalb, in Sachsen jedoch etwa sechseinhalb Liter faßte; der bayerische Metzen maß jedoch über sechsunddreißig, der österreichische sogar über sechzig Liter.*

Eine besondere Bedeutung hat jedoch dieser Tag für den Flachs. Im Ebsdorfer Grund werden Schnitzen und Wurst zu Mittag gespeist, weil dann der Flachs gedeihen soll. In der Schwalm aber ißt man Erbsen und Rippenfleisch, und zwar von letzterem soviel als nur möglich, hebt die abgenagten Rippen auf und steckt sie in die Leinsaat, denn so viele Rippen, so viele Metzen Lein werden geerntet. Zu demselben Zweck steckt man auch wohl ein Stück Speck in den Leinsack, der dann dem Sämann zufällt. Dasselbe geschieht auch Aschermittwoch. Man hat ferner im Schwalmgrund die Regel:

Ist's Lichtmeß hell,
Sät man den Flachs in die Dell,
Ist's dunkel, wohin man well.

Lichtmeß – einer der wichtigsten Lostage

Wenn's an Lichtmeß stürmt und schneit,
ist der Frühling nicht mehr weit.
Ist es aber klar und hell,
kommt der Lenz wohl nicht so schnell.

Gibt's an Lichtmeß Sonnenschein,
wird's ein spätes Frühjahr sein.

Um Lichtmeß Lerchengesang,
macht um den Lenz nicht bang.

Sonnt sich der Dachs in der Lichtmeßwoche,
geht er auf vier Wochen wieder zu Loche.

Lichtmeß im Klee ist Ostern im Schnee.

Lichtmeß dunkel, macht den Bauer zum Junker.

Lichtmeß, Winter gewiß.

Lichtmeß hell und klar, gibt ein gutes Flachsjahr.

Auf Lichtmeß hat der Bauer lieber den Wolf im Stall
als die Sonne.

Lichtmeß
spinn'n vergeß,
bei Tag z' Nacht eß,
's Rädle hinter d' Thür,
d' Hacke herfür!

Lichtmeß im Klee,
Ostern im Schnee

Im Kirchenjahr endet erst mit Lichtmeß der Weihnachtsfestkreis.

Auch für Knechte und Mägde war Lichtmeß ein wichtiger Tag; sie konnten zu diesem Stichtag entweder die Stelle wechseln oder eine Woche Urlaub nehmen.

Um Lichtmeß kalbt die Kuh,
dann legt das Huhn,
dann zickelt die Geiß,
dann macht der Bauer am allermeist.

So lange die Lerche vor Lichtmeß singt,
So lange schweigt sie nach Lichtmeß still.

Wenn der Nebel zu Lichtmeß fallt,
wird's gewöhnlich sehr lange kalt.

Wenn's an Mariä Lichtmeß nur so viel schneit,
daß man's auf einem schwarzen Ochsen sieht,
so wird's bald Sommer; ist's hell und klar,
so dauert der Winter länger.

Iß am Lichtmeß kein Fleisch,
wenn du gesund bleiben willst.

Agatha – Patronin gegen Feuersgefahr

Lucian Reich (1853)

Wenn am St.-Agatha-Tag sich das Gesinde am Herd versammelte, um den Rosenkranz zu beten, so geschah es, weil diese Heilige als Patronin gegen Feuersgefahr angerufen wird. Dieser Beziehung verdankte zum Beispiel auch das alte Heiligenbild unter dem Gewölbe des Niedertors zu Villingen sein Dasein, vor welchem Bilde früher alljährlich am genannten Tage Lichter angezündet und öffentliche Gebete verrichtet wurden; und zwar soll dies seit der Zeit geschehen sein, wo (im 13. Jahrhundert) die Stadt durch einen großen – der Sage nach durch eine vom Niedertor hereingeflogene feurige Kugel (Aerolith) verursachten – Brand bis auf wenige Häuser in Asche gelegt wurde.

Die am Palmsonntag von Knaben zur Kirche getragene und da geweihte Palme wurde – wie heute noch – vor dem Hause aufgesteckt als Schutz gegen Blitz und Ungewitter; während der von Mädchen zum Altar gebrachte (in früheren Zeiten lediglich nur aus Heilkräutern bestehende) Kräuterbüschel im Stall das Vieh vor Krankheiten behüten soll.

Das Fest der heiligen Agathe wird am 5. Februar begangen.

Die heilige Agatha – Abbildung aus einem alten Heiligenbuch

Fastnacht in Hessen

Georg Landau (1857)

Zu den fröhlichsten der in reicher Zahl die Frühlingszeit ausfüllenden Feste gehört die Fastnacht ... Ich will übrigens hier weder von der kirchlichen Bedeutung des Festes noch von den grotesken Aufzügen reden, die ehemals in manchen großen Städten stattfanden und auch heute noch fortbestehen, sondern werde mich nur an das halten, was ich aus dem mir abgegrenzten Gebiet mitteilen kann.

Bezeichnungen wie die unsinnige taube Woche, die Narren-Kirchweih, der Freßmontag und ähnliche bezeichnen auch schon für frühere Zeiten den Charakter des Festes. Selbst die heute gewöhnliche Benennung weist darauf hin, denn dieselbe ist ursprünglich nicht Fastnacht, sondern Fasnacht (Faselnacht), was soviel wie Schwärmnacht bedeutet, so daß das jetzt übliche Wort gerade das Gegenteil von dem bezeichnet, was man ursprünglich darunter verstand. Es war das Fest der tollsten Ausgelassenheit. Alle Bande der Ordnung wurden gelöst. Sogar die Pforten der Klöster öffneten sich, und Mönche und Nonnen überließen sich den rohesten Ausschweifungen. In den Städten und den Dörfern sammelte man sich zu gemeinsamen Gelagen, auf denen es oft wild genug herging, und allenthalben begegnete man vermummten Gestalten, deren Treiben oft nicht nur die Grenze des Schicklichen überschritt, sondern in frevelndem Übermut auch manches Unglück hervorrief. Auch allerlei Spiele wurden aufgeführt, und selbst Seiltänzer zeigten im 16. Jahrhundert ihre Künste. In einem undatierten Bericht aus dieser Zeit heißt es: Es würden in dieser Jahreszeit, bis auf die Fastnacht hinauf, allerhand Üppigkeiten, so in den letzten Jahren auch auf den Dörfern eingerissen, mit unterschiedlichen Fastnacht- und Affenspielen, Schwert- und Bügeltänzen, Mummereien und dergleichen Dingen mehr geübt.

Mummereien: *Verkleidungen*

Wie das Volk, so nahmen auch die Großen teil an der Lust. Man lud seine Mannen und seine Nachbarn zur Fastnacht ein und turnierte und tanzte, schmauste und trank. Schon im 15. Jahrhundert läßt sich dieses von den hessischen Fürsten nachweisen, zahlreicher aber noch aus dem 16. Jahrhundert. Landgraf Philipp ließ selten eine Fastnacht ohne Einladung vorübergehen. Überhaupt sind die Fastnachts-Gastereien in jener Zeit so legal, daß man nichts darin fand, die Kosten derselben sogar aus den Gemeindekassen zu bestreiten. Jetzt ist man freilich bescheidener. Auch jetzt wird auf den Dörfern noch Fastnacht gehalten, zuweilen sich auch noch vermummt, aber mit alledem hat die Gemeinde nichts mehr zu schaffen. Die zu einer Spinnstuben-Genossenschaft gehörigen Burschen und Mädchen gehen um und sammeln

Brot, Wurst, Mehl usw., backen Kuchen und verzehren das bereitete Mahl bei Lust und Tanz. In Külte wird die Fastnacht sogar begraben. In feierlichem Zug wird eine Puppe auf einer Bahre durchs Dorf getragen und unter Gesang beerdigt. Nicht selten wird sie jedoch am nächsten Tag wieder ausgegraben, und nun geht die Lust nochmals los und dauert bis zum zweiten Begräbnis. Natürlich gehören zur Fastnacht vor allem auch Kuchen. Es ist das durch ganz Deutschland üblich. In Hessen, Thüringen usw. sind dieselben in ihrer Bereitung gleich und werden „Kreppeln" genannt.

Eine andere Bezeichnung für ***Kreppeln*** *ist Krapfen.*

Im nördlichen, insbesondere sächsischen Hessen und Waldeckischen ziehen Kinder auf den Dörfern zahlreich herum, mit einem dolchähnlich geschnitzten, etwa einen Fuß langen Holz in der Hand, und erbitten sich singend Gaben (Würste usw.), die sie dann mit ihrem Holz aufspießen.

In der Gegend von Grebenstein erscheint auch der Mühlenbursch, klopft mit seinem mit einem Band geschmückten Mühlenhammer an die Türen seiner Kunden und empfängt, nachdem er einen Spruch hergesagt, einen Schnaps und eine Wurst oder, was jetzt gewöhnlicher ist, eine Geldgabe. Ebenso schmücken die Schäfer ihren Hirtenstab und ziehen bei den Schafherden, d. h. denjenigen herum, die Teil am Pfirchrecht haben, empfangen einen Schnaps und eine Knackwurst und hängen diese an ihrem Stab auf. Im siebzehnten Jahrhundert sammelten im Ebsdorfergrund sogar die Schullehrer Fastnachtsbraten und Eier, und es wird dies als eines der besten Stücke ihres Einkommens bezeichnet.

Das sprachlich vom Schafpferch abgeleitete ***Pfirchrecht*** *bezeichnet das Weiderecht.*

*Das **Fizeln** (auch Fitzeln oder Fizzeln geschrieben) war in ganz Süddeutschland verbreitet.*

Eine eigentümliche Fastnachtssitte besteht in der Grafschaft Schaumburg. Schon im sechzehnten Jahrhundert sieht man die Mägde zur Fastnacht vor den Grafen von Schaumburg mit Ruten sich einfinden, um sie zu „futteln", und diese sich mit einer Gabe, die „Futtelgeld" genannt wird, loskaufen. In Süddeutschland nennt man es „fizeln", augenscheinlich dasselbe Wort, was nichts anderes bezeichnet als „mit Ruten schlagen". Im Schaumburgischen sagt man jetzt „fuën". Man nimmt dazu die stacheligen Zweige der immergrünen Stecheiche, bindet diese zusammen und nennt diese Bündel „Fuësträuße" oder auch „Hülsen". Am Fastnachtsabend ziehen die Burschen durch die Dörfer und peitschen, in die Häuser dringend und niemand, selbst die Gutsherrschaft und die Pfarrer und deren Angehörige nicht verschonend, Frauen und Mädchen die Waden unter dem Spruche:

Fuë, fuë Faßlahmt (Faselabend),
Wann du geeren (gern) geben wutt (willst),
Schast (sollst) du sau langen Flaß (Flachs) hebben,

wobei sie eine Bewegung machen, die die Länge des Flaches anzeigen soll. Es wird ihnen dagegen Wurst und Branntwein gereicht. Am nächsten Tag übernehmen aber die Mädchen das fuën.

Wie man im Schaumburgischen durch das Futteln oder fuën auf das Gedeihen des Flachses einwirkt, so sucht der Bauer an der Schwalm und in Oberhessen dasselbe, obwohl auf andere Weise, am Aschermittwoch zu erreichen. In der Schwalm bringt die Hausfrau wieder, und zwar in einem neuen Topf gekochte Erbsen mit Rippenbraten auf den Mittagstisch, und die Rippen werden wieder sorgfältig gesammelt in die Leinsaat gesteckt. Auch wirft man sich gegenseitig irdene Töpfe an die Türen, eine Sitte, die durch ganz Hessen und bis zum Westerwald hin verbreitet ist. Alles das soll auf das Gedeihen des Flachses wirken.

Die Fastnachtstage als Wetterboten

Wenn Faßnacht läuft das Wasser im Wagenreif,
so wächst der Flachs lang wie Pferdeschweif.

Fastnacht braucht jeder seine Pfanne selber.

Eine Gans, die Fastnacht erlebt hat,
taugt nichts mehr.

Gibt's in der Fastnacht viele Stern
so legen die Hennen recht.

Geht die Sonne am Fastnachtsdienstag frühe auf,
so gerät die Frühsaat, merk wohl darauf.

Wenn an Fastnacht die Sonne scheint,
so kommt ein Winter nachgereicht.

Fastnachtsschnee – tut der Saat weh.

Wenn an Fastnacht die Sonne scheint,
soll's Korn gut geraten.

Der Eiszapfen um Fastnacht,
dem Flachs lange Zöpfe macht.

Gibt's in der Fastnacht viele Sterne,
dann legen die Hühner gerne.

Wenn die Mücken an Fastnacht geigen,
müssen sie über die ganzen Fasten schweigen.

Kurze Fastnacht – lange Fasten.

Der Beginn der vierzigtägigen Fastenzeit am Aschermittwoch und damit das Datum der vorhergehenden Fastnachtstage wird vom Osterfest bestimmt. Es kann sowohl noch vor Mitte Februar, als auch erst in der zweiten Märzwoche liegen.

Die westfälischen Fastnachtsgilden – eine ernsthafte Sache

Friedrich Kampmann (1880)

Daß die Fastnacht nicht nur der Ausgelassenheit diente, sondern auch eine wichtige Rolle für das Gemeinschaftsleben spielte, zeigt der folgende Beitrag.

Die freiwilligen Vereinigungen zu gegenseitiger Wehr und Hilfe nennt man in Westfalen Fastnachtsgilden und Nachbarschaften. Ist die Landgemeinde oder Bauerschaft groß und dicht bevölkert, dann teilt sie sich in zwei, drei oder mehrere Fastnachtssprengel, andernfalls umschließt alle Insassen das gemeinsame Band. Die einzelnen Fastnachtssprengel sind wieder in Nachbarschaften gegliedert. Not, plötzliche Unfähigkeit, dem Geschick mit eigener Hand zu trotzen auf der einen, uneigennützige Nächstenliebe auf der anderen Seite und in stetem Wechsel, haben die Pflichten der Nachbarschaft ausgestaltet und sie zu Gesetzen erhoben, die strenger befolgt werden, als wenn sie durch den Staat erlassen worden wären. [...]

Einmal im Jahr, und zwar am Fastnachtssonntag oder an einem Sonntag vorher, versammeln sich die Mitglieder der Fastnachtsgilde zur Gerichtssitzung und Verhandlung über vorgekommene Fälle in den einzelnen Nachbarschaften und im Fastnachtssprengel. Diese Versammlung ist zugleich ein Fest mit Tanzvergnügen und Schnaps- und Bierausschank, das der Reihenfolge nach bald in diesem, bald in jenem Bauernhaus gefeiert wird. Auch die Frauen und erwachsenen Töchter, die Mägde und Knechte haben Zutritt zu dieser Festlichkeit. Da wird flott getanzt und gezecht, gejubelt und gesungen, und selbst bejahrte Männer und Frauen, deren Glieder schon steif und ungelenkig sind, versuchen es mit der Jugend auf der langen Diele aufzunehmen. Das ganze Fest hat einen ausgeprägten familiären Charakter, und tatsächlich ist ja auch die Fastnachtsgilde gleichsam nur eine große Familie, die Freud und Leid, Lust und Sorge miteinander teilt. Gegen Abend wird der „Fastnacht ausgemacht“, das heißt Gerichtssitzung gehalten. Der Scheffer (Obmann) ruft die Mitglieder auf der Diele zusammen und erstattet Bericht. Alle Vergehen und Verstöße gegen die Gesetze der Nachbarschaft und der Fastnachtsgilde werden unnachsichtig und ohne Ansehen der Person abgeurteilt und nach vereinbarten Normen bestraft. Jeder einzelne ist berechtigt, Klagen vorzubringen, Einwendungen zu erheben oder seine Sache zu verteidigen. Selbst der Scheffer unterliegt der Gerichtsbarkeit, auch bezüglich seiner Amtspflicht, und wenn ihm irgendwie eine Lässigkeit in der Pflichterfüllung nachgewiesen werden kann, dann verfällt er ebenfalls der Strafe. Da geht es denn mitunter hart her, doch niemals kommt es zum Streit, der eine Feindschaft im Gefolge hat, noch weniger zu Tätlichkeiten; denn jeder fügt sich der Ordnung und beugt sich dem Willen des Gesetzes. Man nennt die Gerichtssitzung auch wohl „Täggelstunde“, und mancher, der nicht frei von Schuld und Fehle ist, fürchtet mit gutem Grund die ihm in Aussicht stehende Zurechtweisung mehr als die Strafe. Auch der Mann in Wams und Kittel hat nämlich ein zartes Gefühl für Recht und Gerechtigkeit.

__Täggeln__ bedeutet nörgeln; ein Heuerling war ein Pächter von landwirtschaftlichen Kleinstellen, ein Leibzüchter jemand, der von seinem Altenteil lebte.

Sind Familien aus anderen Fastnachtssprengeln eingewandert oder aus der Fremde zugezogen oder haben im eigenen Sprengel Trauungen stattgefunden, dann müssen die Betreffenden sich in den Fastnacht einkaufen. Die Aufnahmegebühren sind ebenfalls gesetzlich festgelegt; in der Regel ist es so, daß der Bauer eine ganze, der Eigentümer eine halbe, der Heuerling oder Leibzüchter eine viertel Tonne Bier ausgeben oder das Geld dafür erlegen muß. Ein gewisses Quantum Bier, nach Verhältnis der Mitgliederzahl bemessen, wird zu dem Fest überhaupt herangefahren. Wird der Kostenpunkt durch Aufnahmegebühren und Strafgelder gedeckt, dann ist die Zeche frei, andernfalls muß jedes Mitglied seinen Teil dazu beitragen; Überschüsse werden fürs nächste Jahr zurückgelegt. Zum Schluß ist noch der Scheffer fürs nächste Jahr zu wählen beziehungsweise zu benennen, denn auch hier wird die Reihenfolge streng innegehalten. Der Scheffer hat bei jedem Leichenbegängnis persönlich zugegen zu sein oder sich vertreten zu lassen. Sein Amt ist es, darüber zu wachen, daß alles den Gesetzen gemäß sich vollzieht. Kann eine Familie aus irgendeinem Grund an der Begräbnisfeier nicht teilnehmen, dann muß das Haupt derselben sich vorher bei dem Scheffer entschuldigen, andernfalls verfällt er der Strafe.

Sobald die Verhandlung zu Ende geführt ist, fällt die Musik ein, und alles rüstet sich wieder zum Tanz, der mit kurzen Unterbrechungen häufig bis zur Morgenstunde fortgesetzt wird.

Das Schowdüvellopen

Otto von Heinemann (1858)

Gewerk steht hier für Gewerbe und Handwerk, aber auch Innung oder Zunft.

Eine Volksbelustigung, die fast allen niedersächsischen Städten gemeinsam war und von der sich noch heute Spuren bei der Bevölkerung finden, war das Schauteufellaufen (Schowdüvellopen). Zur Zeit der Fastnacht hatten nämlich die Burschen und Lehrlinge der verschiedenen Gewerke das Recht, in ihrer eigentümlichen Kleidung nicht nur die Kunden ihrer Meister, sondern jeden, der ihnen auf der Straße begegnete, um eine Gabe anzusprechen. Später blieb diese Sitte besonders bei den Schornsteinfegern im Gange, die, schwarz gekleidet und mit berußten Gesichtern, Fackeln in den Händen, die Straße, durchliefen, die vorübergehenden Männer und Frauen umstellten und nicht eher freiließen, bis jene sich durch eine kleine Gabe, diese aber dadurch gelöst hatten, daß sie mit einem der Schauteufel den Rundtanz aufführten. Noch heute bieten die Dörfer im Lüneburgischen und Hildesheimischen, ja die größeren Städte des Landes einen letzten Rest dieser Sitte dar. Die Burschen der Gewerke durchziehen am Fastnachtsabend, mit bunten Bändern geschmückt und mit Büschen von Buchsbaum oder der stachligen Steineiche bewaffnet, die Straße, empfangen von den Kunden ihrer Herren eine Gabe und belustigen sich, die Mägde mit ihren Büschen zu kitzeln, was sie „fuën" nennen. Auf dem flachen Land geht dieser Gebrauch noch weiter; hier unterliegt jede Hausfrau, bis sie sich mit Schinken, Wurst und Bier, und jede Magd, bis sie sich durch einen Kuß löst, den Rutenstreichen der Gesellschaft.

Die nebenstehenden Abbildungen zeigen Hansele von der Baar, *siehe dazu Seite 49.*

Wetterregeln für die weiteren Lostage im Februar

Lostage im Februar sind der 2. (Mariä Lichtmeß), der 3. (Blasius), der 5. (Agathe), der 6. (Dorothea), der 9. (Apollonia), der 12. (Eulalia), der 14. (Valentin), der 22. (Petri Stuhlfeier) und der 24. (Matthias). Doch auch für die kalenderabhängige Fastnacht, die brauchtumsmäßig diesen Monat beherrscht, gab es feststehende Wetterregeln.

St. Blasius stößt
dem Winter die Hörner ab.

An Agathe Sonnenschein
bringt viel Korn und Wein.

Agatha, die Gottesbraut,
macht, daß Schnee und Eis gern taut.

Sankt Dorothee gibt den meisten Schnee.

Ist's an Apollonia feucht,
der Winter erst sehr spät entfleucht.

St. Eulalia Sonnenschein
bringt viel Obst und guten Wein.

An Sankt Valentein
frieren Rad und Mühle ein.

Hat St. Peter das Wetter schön,
soll man Kohl und Erbsen sä'n.

Wenn's friert auf Petri-Stuhl-Feier,
friert's noch vierzehnmal heuer.

St. Petri du Kohl pflanzen sollst,
weil dann vor Raupen du ihn schonst.

Petri Stuhlfeier kalt,
Die Kält'n noch länger anhalt.

Taut es vor und auf Mattheis,
geht kein Fuchs mehr übers Eis.

Wenn neues Eis Matthias bringt,
so friert's noch vierzig Tage;
wenn noch so schön die Lerche singt,
die Nacht bringt neue Plage.

Matthias hab' ich lieb,
gibt dem Baum den Trieb.

Wenn Matthias kommt herbei,
legt die Gans das erste Ei.

Mattheis bricht das Eis – hat er keins,
so macht er eins.

Der heilige Blasius ist volkstümlich durch den am Sonntag nach seinem Fest (3. 2.) erteilten Blasiussegen (Abbildung aus einem alten Heiligenbuch).

Der Fastnachtsschimmel – ein bayerischer Brauch

Johann Nepomuk Sepp (1895)

„Vor Zeiten ist der Fastnachtsschimmel überall der Brauch gewesen, von Lenggries weiß ich's bis Murnau, da habe ich ihn selber gemacht." So erzählte mir 1850 ein 74jähriger Wetzsteinhändler von Ohlstadt, der mit mir von Murnau über den Berg von Schwaiganger nach Schlehdorf ging. Es stehen dabei zwei Mann rücklings aneinder, mit einer Plane überhangen, und stellen einen Schimmel vor. Der dritte sitzt oben auf, liest den Spruch ab, auch wenn er ihn auswendig kann, und macht allerhand Jux dazu. Es bedeutet, daß es in dem Jahre gut wächst und die Leute, die zuhörten, glauben, daß es wieder bessere Zeiten gäbe, wenn der Umzug noch vor sich ginge.

Der Fastnachtsschimmel ward in Benediktbeuren in der Weise aufgeführt, daß die paar Burschen unter der Decke fort und fort nach beiden Seiten gnappten, während ein oder zwei andere sich auf sie schwangen, daß die Schaukler und Gaukler Schweiß tropften. Man meinte, es sei ein großes Tier, das vorn und rückwärts einen Kopf hatte. Dies geschah am Fastnachterchtag im Beisein zahlreichen Volkes, und die Reiter teilten Birnen oder auch Schneeballen an die Zuschauer aus. Dann wurde am Bachfleck, einem Platz in der Mitte des Dorfes Laingrub, und zuletzt noch vor dem Wirtshaus getanzt und auch eine Bauernhochzeit aufgeführt und zu dem Zwecke eine Stange voll Bretzen und ein Banzen Bier mitgenommen.

Gnappen: *mit dem Kopfe nicken*

Banzen: *Faß;* ***Ziehe:*** *Zügel*

Um Parsberg bei Miesbach ritten die Buben als Fastnachtsblaßel. Blaßel heißt der Schimmel, hier mit einer breiten, strohgeflochtenen Ziehe, einen Roßschweif am Hinterteil, am Kopfende klingende Schellen und rote Bänder. Sie sangen oder schrien:

I' reit' daher also fest,
Grüß' den Bauern und seine Gäst,
Wenn i' den ein grüß' und den andern nicht,
Gäb's für mich Reiterlein ein saures G'sicht.
Bauer und Gäst' gar hoch gebor'n!
In unserm Land wächst Wein und Korn.
Bäuerin laß' Dir a was sagen,

I soll' Di zur Hochzeit laden,
Gibt's a Stück'l von der Henna,
Könnt' ich und der Schimmel recht renna,
Gibt's a Stück'l von der Sau,
Tät's mich freuen, liebe Frau.
Krieg ich auch noch Bier und Wein,
Dann, Schimmel, kannst du Juchhe schrei'n.

Beim Aufzug in Tölz lautete vor Zeiten der Spruch:

Schlampampen: *Schlaraffenland;* ***Wampen:*** *Bauch*

Wir kommen von Schlampampen,
Haben 33000 Nudeln in der Wampen,
Ich komm daher von Wangen,
Weiß nicht ist's geritten oder gangen,
Grüß mir der Herr all' meine Gäst.
Unser Apotheker ist hochgebor'n,
In unserm Land wächst Wein und Korn,
Fleisch essen wir alle Tag,
Und die Haut geit Hosen ab.
Bald ich zu morgist früh aufsteh,
Heb' i' den Schimmel beim Schweif in d' Höh':
Schimmel wistahe!

In Tölz bedeutet der Spruch: Einen Fastnachtsschimmel machen oder abgeben so viel, als verkehrt aufgestutzt und aufgeputzt sein, oder sich hänseln lassen. Wer dächte, daß hier eine Vorstellung aus der deutschen Heidenzeit sich forterhalten hat! Der ursprüngliche Sinn war längst nicht mehr begriffen, wie schon die später eingemengten rohen Späße verraten. Eigentümlich ist, daß wie in der Religion Jehovas von der Haltung der Gebote der Segen von oben abhängig gemacht wird, bei unseren Vorfahren die Jahresfruchtbarkeit mit der Begehung der Festbräuche im Einklang stehen sollte.

Religion Jehovas: *Judentum*

Wüete ist Wodan, Bartel Doll (?) sein Beiname Bartold. Die Reiter kommen aus dem Schlaraffenland, wo alles im Überfluß gedeiht. Der Blaßel ist Sleipnir, Wodans Grauschimmel, welcher mit beginnendem Frühjahr umreitet und allenthalben Segen verbreitet. Wer ihn hat, kommt zu seinem Glück, wie schon der Spruch sagt: Wer weiß, wem Gott Vater (oder der Kaiser) seinen Schimmel schenkt. Unter dem Kaiser ist Wodans Stellvertreter, Karl der Große, gemeint. Dies „schleifende" Roß Gottes hat acht Füße, eine Gestalt, „als wenn zwei Gäule aneinander gewachsen wären", wie die Erzählung von Wildg'fahr (wüetige Jagd) bei Naturns sich erhält. Die Religion der alten Bayern trug überall Lebenslust und Fröhlichkeit zur Schau, und sie führten in mannigfachen Aufzügen den Naturgott ein mit all den Beigaben, welche der Bauernglaube mit sich brachte.

Wetterregeln für den Februar

Die weiße Gans im Februar
brütet Segen fürs ganze Jahr.

Soviel Nebeltag im Februar,
soviel kalte Tag im August.

Wenn's der Februar gnädig macht,
bringt der Lenz den Frost bei Nacht.

Wenn die Katz im Februar liegt in der Sonne,
so muß sie im März hintern Ofen.

Ein kurzer Hornung ist ein Lauerer.

Wenn's im Hornung nicht recht wintert,
so kommt Kälte um Ostern.

Im Februar müssen die Stürme fackeln,
daß dem Ofen die Hörner wackeln.

Februar mit Kot – bringt Krankheit und Not.

Februar-Tau bringt Nachtfrost im Mai.

Wenn im Februar die Mücken schwärmen,
muß man im März die Ohren wärmen.

Regen im Februar bringt flüssigen Dünger für's Jahr.

Hornung *(gelegentlich verkürzt zu Horn) ist der alte Name für den Februar.*

Im Hornung will der Bauer lieber einen hungrigen Wolf als einen Mann im Hemde auf dem Felde arbeiten sehen.

Wenn's im Februar regnerisch ist,
hilft's so viel wie guter Mist.

Der Hornung macht Dreck,
und der März holt ihn weg.

Singt die Lerche schon im Februar hell,
geht's dem Bauern an das Fell.

Wenn im Hornung die Schnaken geigen,
müssen sie im Märzen schweigen.

Im Februar muß die Lerch' auf die Heid'
mag's ihr lieb sein oder leid.

Kalter Februar – bringt ein gutes Jahr.

Alle Monate im ganzen Jahr
verwünschen den schönen Februar.

Zwei weitere Darstellungen der „Hansele", die noch heute die alemannische Fastnacht prägen

Im Hornung hat's der Bauer lieber,
wenn ihm der Wolf zum Fenster
hineinschaut als die Sonne.

Das Hansellaufen auf der Baar

Aus „Badenia" (um 1840)

Unter den althergebrachten Sitten und Gebräuchen des Schwarzwälders zeichnen sich wie anderwärts die Fastnachts- und Kirchweihfreuden, Hochzeitsfeste und Tänze aus. In den Städten der Baar zum Beispiel herrscht in der Faschingszeit das Hansel-Laufen, etwas Ähnliches, was im alten Nürnberg der „Schembart" war. Das Narrenkostüm besteht aus einem eng anschließenden buntbemalten Kleide, in einer Kapuze mit hölzerner Larve und hinten herabhängendem Fuchsschwanz, und aus zwei kreuzweis über Brust und Rücken geworfenen Lederriemen mit größern und kleinern Schellen. Diese Hansel suchen jede zugängliche Gesellschaft auf und necken die Leute mit allem, was ihnen zu Gebote steht, witzig und ergötzlich genug, sehr oft aber auch auf gemeine und boshafte Weise, da sich in neuerer Zeit nicht selten Leute aus der ungebildetsten Klasse des Hansellaufens bemächtigt haben. An manchen Orten hält man auch sogenannte Narrenbücher, worin alle Torheiten und dummen Streiche, welche das Jahr hindurch zur Kunde der Narrenrichter kamen, getreulich verzeichnet und am Fastnachtstage von der Bühne des Narrengerichts herab öffentlich verlesen werden.

Der Perchtenlauf

Ignaz Zingerle (1857)

Die Perchten werden betrachtet als Wetterdämonen und Helfer der Regen und Sonne spendenden Wolkenfrau Berchta, die der norddeutschen Frau Holle entspricht.

Am letzten Faschingsabend war früher das Perchtenlaufen üblich. Es war eine Art Maskenzug. Die Vermummten hießen Perchten. Man unterschied sie in schöne und schieche (häßliche). Erstere waren schön gekleidet, mit Bändern, Borten und ähnlichem geschmückt; letztere zogen sich so häßlich als möglich an, behängten sich mit Mäusen und Ratten, Ketten und Schellen. Alle Perchten trugen Stöcke. Die der schönen waren mit bunten Bändern geziert, die der häßlichen endeten oben in einen Teufelskopf. So ausgestattet sprangen und liefen die Perchten über die Gassen und kamen auch in die Häuser. Unter den schiechen Perchten war auch ein Aschenschütz, der mit einer Windbüchse Asche und Ruß den Leuten ins Gesicht schoß. Die schönen Perchten teilten manchmal Geschenke aus. So ging es laut und fröhlich her, wenn die wilde Perchte nicht selbst darunter kam. Mischte sich dieses Gespenst darunter, so war das Spiel gefährlich. Die Anwesenheit der wilden Perchten erkannte man, wenn die Perchten ganz wild und rasend tobten und über den Brunnenstock hinaussprangen. In diesem Falle liefen die Perchten bald voll Furcht auseinander und suchten das nächste beste Haus zu erreichen. Denn sobald eine innerhalb der Dachtraufe war, konnte ihnen die Wilde nichts mehr anhaben. Im andern Fall zerriß sie jene, deren sie habhaft werden konnte. Noch heutzutage bezeichnet man Stätten, an denen von der wilden Perchta zerrissene Perchten begraben liegen. In einigen Orten z. B. in Oberlienz lebt die Sitte des Perchtenspringens noch teilweise fort.

Haberfeldtreiben im Eichstättischen

Aus „Das Bayerland“ (1890)

Wie in gewissen oberbayerischen Gegenden das „Haberfeldtreiben“ so war in der Umgebung von Eichstätt der „Döll“ eine Art Volksjustiz, die wegen häufiger Überschreitungen des Maßes der Ordnung von der Eichstätter Regierung verboten wurde.

Typische Perchtengestalt

Das Haberfeldtreiben war in Bayern und Österreich verbreitet; im ehemals fränkischen Bistum Eichstätt entsprach ihm der Umgang mit dem „Döll", und vergleichbares Brauchtum ist auch aus anderen Regionen bekannt.

Zur Fastnachtszeit machten die Burschen eines Ortes einen Strohmann und kleideten ihn ganz anständig. Das war der „Döll". Mit diesem zog das junge Volk von Gasse zu Gasse, von einem Gasthaus in das andere und trieb so ziemlich harmlosen Mutwillen. Aber zur bestimmten Stunde kam es anders. Der Döll wurde vor Gericht gebracht, das aus maskierten Beisitzern bestand und wie vor alters im Ringe saß. Der Ankläger verkündete alle Skandale, alle bekanntgewordenen Torheiten und lustigen Streiche, die während eines Jahres in den umliegenden Orten vorkamen, und alles dessen wurde der arme Döll, den der Büttel am Strick führte, beschuldigt. In Anbetracht seines hartnäckigen Schweigens und seiner Verstocktheit wurde Döll verurteilt, entweder zum Strange oder, wenn die Zahl seiner Verbrechen groß war, zum Feuertod.

Was das Kräuterweiblein riet

Bitt' St. Veit, wenn schmerzt ein Glied,
die Krankheit dann flieht.

Geh' in den Grund, nimm Wasser in den Mund,
spei' es wieder rund, deine Zähne sind gesund.

Bei Durchfall grabe bei Mondschein Fliederwurz,
vorbei ist es dann mit dem Schnurz.

Liegt ein Kind an Masern nieder,
Kreuzschnabel bringt ihm G'sundheit wieder.

*Der **Kreuzschnabel** ist eigentlich ein Vogel; das Wort steht hier wohl für das in der Volksmedizin verwendete Kreuzkraut, auch Vogelkraut genannt.*

In Milch zwei Löffel Kohlenstaub,
das hilft der Leber, daran glaub.

Leg' in den rechten Schuh Wermut und Flieder,
dann kommt der Appetit wieder.

Nimm drei Tropfen Blut im Hühnerei,
dann wirst du von der Blutung frei.

Ein zerstoßenes Schwalbennest,
gibt der Bräune gleich den Rest.

***Bräune:** Diphterie*

Quittenkern in Nachtschattensaft,
nimmt deinen Frostbeulen die Kraft.

Schwarzer Rettich 6–8 Stück,
lassen den Stein im Harn zurück.

Plagt die Gicht in Bein und Arm,
tu' Erde drauf, halt sie warm,
pflanz darin eine Rübe dann,
geht diese auf, ist heil der Mann.

Das Herze wird gesund,
wenn du sprichst mit deinem Mund:
Schlage ruhig, hab' keine Angst,
wenn Gott es will, steht es nicht still.

Iß' nüchtern früh ein Gänseei,
dann ist's mit Hämorrhoiden vorbei.

Machst deiner Frau es nimmer recht,
nimm einen lebenden dicken Hecht,
schütt' ihm dein Wasser in das Maul,
dann bist im Ehebett nicht faul.

Plagt dich Krampf im Magen,
brauchst nicht zu verzagen,
Arrak tropf in Sesamöl,
trink's, dann kann es nicht mehr fehl.

Arrak: *Branntwein*

Plagt dich Gicht und Zipperlein,
nimm Königskerzenkraut im Wein.

Wer nicht Wasser lassen kann,
brennt ein Bündel Hasenhaare an,
streut die Asche auf sich hin,
gleich fließt er wieder, der Urin.

Fastnacht im Paderborner Land

Annette von Droste-Hülshoff (um 1840)

Lieber als eine Hochzeit ist dem Paderborner noch die Fastnacht, an derem ersten Tag (Sonntag, Estomihi) der Bursche dahersteigt, in der Hand, auf goldenem Apfel, einen befiederten Hahn aus Brotteig, den er seiner Liebsten verehrt oder auch der Edelfrau, nämlich, wenn es ihm an Geld für die kommenden nassen Tage fehlt. Am Montag ist der Jubel im tollsten Gang, selbst Bettler, die nichts anderes haben, hängen ihr geflicktes Bettuch über den Kopf und binden einen durchlöcherten Papierbogen vors Gesicht, und diese machen, wie sie mit ihren, aus der weißen Umrandung blitzenden Augen und langen Nasenschnäbeln die Mauern entlang taumeln, einen noch grausigeren Eindruck als die eigentlichen Maskenzüge, die in scheußlichen Verkleidungen mit Geheul und Hurra auf Ackergäulen durch die Felder galoppieren, alle hundert Schritte einen Sandreiter zurücklassend, der ihnen wüst nachjohlt, oder als ein hinkendes Ungetüm ins Dorf zurückächzt.

Estomihi *(nach dem Anfang des lateinischen Messetextes): Sonntag Quinquagesima = siebenter Sonntag vor Ostern*

Der Schwerttanz der Tuchknappen in Chemnitz

Aus Lehmanns „Chronik der Stadt Chemnitz"

Die Zünfte für die einzelnen Berufsgruppen spielten, wie weitere Texte dieses Bandes zeigen werden, für die Brauchtumspflege eine wichtige Rolle.

Am 18. Februar 1613 führten die Tuchknappen zur Feier des Faschings auf dem Markte zu Chemnitz den Schwerttanz auf. Dieser Schwerttanz ist noch heutzutage unter den Salzknappen Halleins und Hallstadts üblich, und er wurde von neun Tänzern, zwei Pfeifern, einem Trommler und zwei Hanswürsten aufgeführt, welche mit dem Spruch auftraten:

Wir treten herein ganz edel und fest,
Und grüßen alle anwesenden Zuschauer aufs Best';
Grüßten wir einen und den Andern nicht,
So möchtens meinen, wir wären die echten Schwerttänzer nicht;
Die rechten Schwerttänzer sind wir genannt,
Wir tragen das Schwert in unserer Hand.
Spielmann, mach' auf den rechten Schwerttanz!

Nun begann der Tanz, indem jeder die Spitze des Schwertes von seinem Nebenmann faßte, mit einem Rondo; alsdann Springen über Schwerter. Darauf legte man die Schwerter nieder, tanzte herum, hob sie wieder auf und bildete eine Schnecke, die sich wieder auseinander winden mußte, ohne daß ein Tänzer die Schwertspitze seines Nachbars losließ. Dann trat ein Hanswurst in den Kreis und kniete nieder. Die Tänzer hielten ihre Schwerter auf ihn, der Vortänzer schwang sich auf diese Schwerter und sprach folgenden Spruch:

__Vertunlich:__ verschwenderisch

Da bin ich heraufgestiegen,
Wär' besser, ich wär' unten blieben;
Der Fasching ist ein vertunlicher Mann,
Hat all sein Hab und Gut vertan;
Er hat vertan sein Hab und Gut,
Bis auf einen alten zerrissenen Hut.
Er reist das Land wohl auf und nieder,
Was er bekommt, versäuft er wieder;
So spring' ich aus dem grünen Kranz,
Spielmann, mach' auf den lustigen Schwerttanz.

Nun ward wiederum ein Rondo getanzt, aber schneller als der erste; die Tänzer traten einer nach dem andern ab, bis Vor- und Nachtänzer allein waren, die sich noch ein paar Mal herumdrehten, mit den übrigen die Schwerter zusammenschlugen und so unter dem Jubelruf der Zuschauer schlossen.

Suwendfeuer bei Füssen

Friedrich Panzer (um 1850)

Das Scheibenschlagen geschah am Sonntag nach Fasching. Jeder wollte eine schöne Scheibe haben, weshalb sie von Wagnern gemacht wurden. Diese Scheiben erhielten allerlei schöne Formen, meistens auswärts gehende Spitzen, wie die Sterne oder die strahlende Sonne abgebildet werden. Der zackige Rand wurde mit einer Lage von Pech nach den aus- und einwärts springenden Winkeln der Spitzen belegt und dann darüber Stroh gebunden. Die Scheibe wurde aufrecht aufgestellt, angezündet, dann unter derselben ein Hebel mit einem Stützpunkt so angebracht, daß, wenn auf das andere Ende des Hebels ein Schlag geführt wurde, die Scheibe hoch in die Luft sprang und in der Nacht einen Bogen mit schönen Figuren bildete. Auf die schönste Scheibe und den größten Bogen wurden Wetten gemacht.

Suwendfeuer *heißt natürlich Sonnwendfeuer; der ursprünglich an die Daten der Sonnenwende (21. Dezember bzw. 21./22. Juni) geknüpfte Brauch wurde, wie unser Text zeigt, jedoch auch zu anderen Terminen geübt.*

Der Peterstag im Werragrund

August Witzschel (1866)

Annen sind unbrauchbare Teile des Flachses.

Am Peterstag (22. Februar) ist es im Werragrund Brauch, daß gute Freunde und Nachbarn einander den „Petersdreck" bringen. Sie füllen einen Topf mit Leinsamen oder den Annen vom Flachse, auch wohl mit Kehricht aus der Spinnstube, schleichen sich damit in des Nachbarn Haus und werfen den Topf mit den Worten: „So hoch soll der Flachs werden!" in die Stube oder vor die Stubentür. Je höher der Topf geworfen wird, desto höher wird auch der Flachs. Wer den Topf wirft, muß sich in acht nehmen, daß er nicht gefaßt und ergriffen wird, denn er bekommt dafür sein Gesicht geschwärzt. Der Petersdreck gilt dem, welchem er gebracht wird, als gute Vorbedeutung für Wachsen und Gedeihen der Leinsaat. Deshalb sehen es die Leute gern, wenn ihnen am Fastnachtsabende Töpfe wider die Tür geworfen werden.

Der Spuk-Leuwert

Vincenz von Zuccalmaglio (1870)

Die Nacht des 25. Februar heißt im Oberbergischen Spuk-Leuwert. Man erzählt sich, daß man in dieser Nacht alle Hexen erforschen, daß man den Teufel bannen und mit ihm einen Vertrag abschließen könne. Zu diesem Ende begibt man sich auf, einen beliebigen Kreuzweg und führt einen Eimer voll frischen Wassers und ein reines Handtuch mit sich. Mit dem Glockenschlag zwölf zur Mitternacht wäscht man sich dann mit dem Wasser des Eimers und trocknet sich ab. Nach dieser feierlichen Waschung ziehen dann alle Hexen der weiten Umgegend in glänzendem Zuge vorbei und hinter ihnen her zieht der Teufel, hält vor dem Kreuzweg und fragt höflich, womit er dienen könne, was man von ihm begehrt. Wahrscheinlich stammt dieser Glaube, der bis 1750 in allem Ernste im Oberbergischen im Schwange war, weniger von damaligen Teufelsbannern (abenteuernden Betrügern) als vielmehr von althergebrachten heidnischen Festen, die eine solche nächtliche Waschung sowie einen solchen nächtlichen Umzug bedingten.

Im Februar galten als „verworfene Tage" (siehe Seite 30) der 3., 6., 8. und 16.

𝔐ä𝔯𝔷

Feld- und Gartenarbeiten im März

Aus dem Lahrer Hinkenden Boten

Wenn die Kälte vorüber und die Erde getrocknet ist, fängt man an, solche zu bearbeiten. Man sät Petersilie und Sellerie: ferner, an einer warmen Mauer oder in Beeten: Frühkraut, Kohlrüben und halbharten Blumenkohl, um solche im Anfang des Mai versetzen zu können. Man legt Knoblauch, Schalotten, Sommerzwiebeln; legt Keime von Meerrettich ein; setzt Schnittlauch, Frühkraut, Kohlstöcke, gelbe Rüben, die Samen tragen sollen. Man setzt die kleinen Steckzwiebeln. Doch müßte man alle ebengenannten Verrichtungen im freien Lande weiter hinausschieben, wenn es bis Ende des Monats noch schneit oder friert. Man kratzt das Moos von den Bäumen ab nach einem Regen, versetzt noch Bäume, begießt die blühenden Bäume bei trockener Witterung; auch muß man die Erde um die Bäume bearbeiten, ehe sie zu blühen anfangen. In diesem Monat soll der Schnitt an den Bäumen vollendet werden, und die Anbindung geschehen.

__Schalotten__ (so genannt nach der Stadt Askalon in Palästina): kleine Zwiebeln; __raufen:__ rupfen

Man berauft die Gänse zum erstenmal und wiederholt es alle sechs bis acht Wochen. Gänse und Hühner werden zum Brüten angesetzt; erstere brauchen dazu vier, letztere aber drei Wochen Zeit. Man räumt die Hühner- und Taubenhäuser, den Mist im Hof, den in Fahrten und vor den Scheunen läßt man in Haufen schlagen und wirft ihn, wenn er getrocknet ist, zu besserer Fäulung unter den andern.

Regeln und Sprüche zur Fastenzeit

Zum Beginn der Fastenzeit siehe die Anmerkung auf Seite 39.

Sind die Fasten trocken,
gibt's reichliche Brocken;
ist aber feucht und faul der März
bekommt der Bauer ein schweres Herz.

In den Fasten –
mag der Pflug nicht rasten.

Trockene Fasten –
füllen die Kasten.

Fasten ohne Regen
verkünden ein Jahr mit viel Segen.

Langes Fasten ist nicht Brot sparen.

In der Fasten
leeren die Bauern Keller und Kasten.

Wenn die Mücken an Fastnacht geigen,
müssen sie über die ganzen Fasten schweigen.

Kurze Fastnacht – lange Fasten.

Fränkische Frühlingsfeiern

Fritz Heeger (1925)

Die Feiern, mit denen unsere Vorfahren den Lenz begrüßten und ihm zum Siege verhalfen, mit denen sie die Fluren segneten, haben sich auch in christlicher Zeit erhalten, ja sie wurden vielfach in äußerer Form dem kirchlichen Glauben angepaßt. So finden wir heute, daß die alten Frühlingsfeiern hauptsächlich an kirchlichen Feiertagen stattfinden.

Schon der Peterstag gilt in gewisser Hinsicht als Ende des Winters und erster Frühlingsbeginn. Am Vorabend dieses Tages laufen im Dörflein Buch bei Amorbach die Knaben um alle Gebäulichkeiten, Ställe und Scheunen und machen mit alten Gießkannen und Ketten einen Heidenlärm. Dabei rufen sie:

Morge, morge is Peterstag!
Da muß man die Schlange und Krotte verjag
naus die birkene Hecke,
draus solle se ---!

In anderen Orten des bayerischen Odenwaldes ziehen die Buben am Peterstag selbst umher und rufen vor jedem Hause:

Heut ist Peterstag!
Greift nei 'm Bauer sein Hutzelsack!
Hutzel raus! Schnitz eraus!

In dem ersten Brauche lernen wir eine Form des Winteraustreibens kennen, die uns in der Walpurgisnacht noch einmal begegnen wird.

Durch den Lärm vertreibt man die bösen Winterdämonen. Auch die Heischegänge wiederholen sich im Frühjahr des öfteren.

In anderer Beziehung wird der Peterstag in Unterleinach bei Würzburg gefeiert. Hier versammelt sich die Gemeindeverwaltung zu einer öffentlichen Sitzung: es ist Peters Gerichtstag. Da werden die Gemeindedienste, soweit sie nicht dauernd festgelegt sind, neu vergeben, Mängel gerügt und allerhand Anordnungen getroffen. Ferner hat jeder Einwohner das Recht, besondere Wünsche und Anträge vorzubringen; dafür ist Peterstagssitzung!

Wieder anders wurde der Peterstag in Bischofsheim vor der Rhön festlich begangen. Hier fand der Umzug mit dem Pfluge statt. Dieser eigentümliche Brauch wurde früher folgendermaßen geübt: In den meisten Orten holten die Burschen am Aschermittwoch alle Mädchen zusammen, die das Jahr über den Tanz besucht hatten, und spannten sie wie Pferde vor einen Pflug, auf dem ein Musikant saß. Die Mädchen zogen nun den Pflug unter Flötenblasen in den Fluß oder in einen Weiher. – Es handelt sich bei diesem Brauch um einen über ganz Europa verbreiteten Fruchtbarkeitszauber, der die Felder, um die der Pflugzug geht, segnen soll und dadurch erhöht wird, daß Jungfrauen dabei beteiligt sind.

Wir haben gesehen, daß der Pflugzug gewöhnlich an Fastnacht stattfand. In dieser Zeit feierten unsere Altvordern das Fest der wiederkeh-

Weil der Termin, auf den der Ostersonntag fällt (siehe dort), sehr unterschiedlich sein kann, können auch bestimmte Tage (Aschermittwoch als Beginn der Fastenzeit und die vorhergehenden Fastnachtstage) manchmal noch in den Februar fallen, manchmal aber auch in den März. Da wir aber den Fastnachtsbräuchen kein Übergewicht einräumen wollten, beschränken wir uns im folgenden hauptsächlich auf Schilderungen der für den März so typischen Frühlingsfeiern.

renden Sonne und heute fallen in diese Zeit die eigentliche Vorfrühlingsfeiern des Volkes. Mit dem ersten Lenzahnen beginnt auch der segenspendende Feuerzauber, der sich an Ostern wiederholen wird. Daran erinnert vor allem die Feier des Hutzeltages, die in den ehemals fuldaischen Rhönorten besonders begangen wurde. An diesem Tag sammelten sich die Dorfjungen Stroh in den Häusern, banden es in Büschel und verbrannten diese unter fröhlichem Gejauchze, indem sie auf den Höhen hin und herliefen und mit den flammenden Wischen funkensprühende Räder schlugen. Wenn die Strohfackeln verglüht waren, zog die Dorfjugend Hutzeln heischend durch den Ort und sang ein Lied, von dem das erste Gesetzlein hier wiedergegeben sei:

Hutzeln: *gedörrte Birnenschnitze*

Silles, kale Erbes
mit Huitzelbrüh g'schmelzt!
Wenn d'r uns kei Huitzel gat,
soll der Baum kei Birna mehr troa,
Schäba hi, Schäba her,
gat'r uns die besten Huitzel her.

Mit dieser Hutzeltagfeier nahe verwandt ist ein Brauch, der ebenfalls in der Fastnachtszeit geübt wird und nach dem Berichte des alten Johannes Böhm auch in Franken im Schwange war. Er schilderte ihn in seinem schon erwähnten Werke so: Ein altes hölzernes Rad wird mit Stroh umflochten und von einer großen Schar junger Leute auf einen hohen Berg gebracht. Dort treibt man tagsüber, wenn es nicht zu kalt ist, allerlei Scherz. Wenn es aber dunkel wird, zündet man das Rad an und rollt es brennend von der Höhe ins Tal hinab. Das gibt ein wundersames Schauspiel, so daß manche, die es noch nicht gesehen haben, meinen, Sonne oder Mond falle vom Himmel.

Solche Feuerräder oder auch Feuerscheiben treffen wir in fast allen süddeutschen Mittelgebirgen und in der Schweiz. In vorchristlicher Zeit betrachtete man sie als Abbilder der Sonne. Dadurch, daß man sie über die Fluren ins Tal schleudert, will man die jungen Saaten, „locken", indem man sie gleichsam mit künstlichen Sonnen bestrahlt.

Eine andere Art von Sonnenkult wurde bis in die letzten Jahrzehnte in Amorbach ausgeübt. Dort wurde im Faschingszug das mit allerlei Leckerbissen behängt, „Faschelrädle" mitgetragen, um das man auch Tänze aufführte. Auch in diesem Rädlein dürfen wir ein Sonnensymbol, ein Bild des großen Sonnenrades sehen.

Im Hochstift Eichstätt treffen wir schon an Fastnacht einen Brauch an, der sonst in Franken erst an Lätare beim „Todaustragen" Bedeutung gewinnt, nämlich das Winterverbrennen. Hier führte man bis Ende des 18. Jahrhunderts eine Strohmann durch die Straßen der Stadt und hielt auf dem Marktplatz förmlich über ihn Gericht. Alles, was in der Stadt, in Markt und Dorf Übles oder Ungereimtes sich zutrug, hielt man dem armen Strohmann vor, der dann schließlich für schuldig befunden und dem Flammentode preisgegeben wurde.

__Lätare__ wird nach dem Beginn des entsprechenden Meßtextes der vierte Fastensonntag genannt; weitere Namen sind Rosensonntag und Brotsonntag.

Auch im Oberfränkischen wurde mit dem Winter an Fastnacht gewaltsam Schluß gemacht und der Winter in eigentümlicher Gestalt verbrannt. Dem Mädchen nämlich, das zu dieser Zeit noch spann, zündeten die Burschen den Rocken an und riefen:

Zünd de Mäd'n Rock'n o(n),
daß se nimma spinne ko(n).

In diesem Brauch verkörpert das Spinnrad, das Hauptarbeitsgerät an den Winterabenden, gleichsam die winterlichen Mächte, die, wenn sie nicht gutmütig weichen, eben mit Gewalt vernichtet werden müssen.

Die Vorstellung eines Kampfes zwischen Sommer und Winter, zwischen Licht und Finsternis, zwischen guten und bösen Mächten während der Frühjahrszeit, ist in unserem Volksglauben tief eingewurzelt. Das das Volk auf seiten des Lenzes steht, ist leicht begreiflich und tritt in den Frühlingsbräuchen immer wieder in den Vordergrund, wenn auch das eigentliche Kampfmotiv längst verklungen ist.

Das Winterverbrennen fand früher nicht nur auf dem Land, sondern durchaus auch in manchen Städten statt. Teils huldigte man diesem Brauch an Fastnacht, teils verband er sich mit dem Frühlingsbrauch des „Todaustragens“ an Laetare.

Die Zeit der Mittfasten und besonders der Lätaresonntag gilt nach fränkischem Volksbrauch als eigentliches Frühlingsfest. In den bayrischen Odenwald herein dringt die pfälzische Feier des Sommertages. In dieser tritt der Kampf zwischen Sommer und Winter deutlich hervor. Zwei Knaben schreiten dort in den Ortschaften um Miltenberg als „Sommer und Winter“ durch das Dorf. Der erstere ist mit immergrünem Fichtenreisig und Efeu umkleidet, der andere mit Stroh verhüllt. Es kommt schließlich zwischen beiden zum Kampf, bei dem der Winter unterliegen muß. Vorher findet ein so beliebter Frühjahrsheischegang durch das Dorf statt, bei dem die Jugend Eier, Schmalz und Mehl für Pfannkuchen sammelt. In Weilbach (ähnlich auch in Beuchen) erklingt dabei das alte pfälzische Sommertagsliedlein:

Heut ist Mitten in der Fasten,
da leeren die Bauern die Kasten.
Wenn die Bauern die Kasten leer'n,
gibt's eine gute Ern(te).
Eier, Schmalz, Mehl raus!
Der Sommer und der Winter sein haus.

Im eigentlichen Franken wurde der Lätaresonntag mit dem „Todaustragen" gefeiert, in dem wir eine besondere Form des Winteraustreibens zu erblicken haben. Schon der alte Böhm kennt diesen Brauch und berichtet über ihn etwa folgendes: Zu Mittfasten, da man in der Kirche Lätare singt, wird von der Jugend ein Strohgebilde geformt, das den Tod darstellt. Es wird an eine Stange gehängt und unter Geschrei in die nächsten Ortschaften getragen. Auch Oberthür beobachtete um 1780 in einer fränkischen Stadt diesen Brauch. Da wurde der „Tod" zuletzt verbrannt, wie der Eichstätter Strohmann an Fastnacht. Man wähnte dort, daß ohne Todaustragen ein allgemeines Sterben anheben würde. Auch glaubte man, daß in dem Hause, vor welchem der Tod stehen blieb, jemand sterben müsse. Beim Umzug sang man ein Heischelied, das mit der Drohung schloß: Sonst tragen wir den Tod ins Haus.

__Mittfasten__ kennzeichnet die Mitte der Fastenzeit, genauer vor allem Mittwoch und Donnerstag vor Lätare.

Die Sitte des Todaustragens hat sich im Aisch-, Ehe- und Zenngrund bis in die neuere Zeit erhalten; ebenso in einigen Dörfern des unteren Maingrundes (Faulbach, Stadtprozelten, Dorfprozelten). Hier führten am Sonntag nach Mittfasten die Buben den „Toten Mann", eine Strohfigur auf langer Stange, durchs Dorf. Dabei sangen sie:

Hajo!
Toter Mo(n)
hat e verrißne Hosen o(n).

Doch wurde hier der Strohmann nicht verbrannt, sondern er fand in den Fluten des Maines einen jämmerlichen Tod.

Wetterregeln für den März

Ein grüner März
erfreut kein Bauernherz.

Der Märzmonat
kein'n Tag wie den andern hat.

Schlägt im Märzengrün der Fink,
ist das ein gefährlich' Ding.

Der März – hat Gift im Sterz.

Wer seinen Mist will verscherz',
der muß fahren im März.

März ist der Lämmer Scherz,
April treibt sie wieder in die Still'.
März kriegt den Pflug beim Sterz,
April hält ihn wieder still.

Amsel zeitig – Bauer freudig.

Säst du im März zu früh,
ist's oft vergebene Müh'.

Im März viel Regen –
im Sommer wenig Segen.

So viel Nebel im März,
So viel Regen im Sommer.

Märzensonne – kurze Wonne.

Wenn draußen stürmt der März,
blüht drinnen das Herz.

Soviel Nebel im März,
soviel Fröste im Mai,
soviel Gewitter im Sommer.

Läßt der März sich trocken an,
bringt er Brot für jedermann.

März nicht zu trocken, nicht zu naß,
Füllt dem Bauern Kist' und Faß.

Dem Golde gleich ist Märzenstaub,
er bringt uns Kraut und Gras und Laub.

Brau nur im März gut Bier, mein lieber Bauer,
es ist gesund und wird nicht sauer.

Die „Braugerechtigkeit" war früher ein wichtiges Privileg; auch heute noch halten sich nicht wenige „Kommunbrauereien" gegen die Werbemacht der Großbrauereien.

Feuchter März ist der Bauern Schmerz.

Märzenschnee tut den Früchten weh.

Märzenregen – geht dürrem Sommer entgegen.

Märzenschein – läßt noch nichts gedeih'n.

Märzenschnee – tut den Saaten weh.

Märzenstaub bringt Gras und Laub.

Märzenwinde, Aprilregen
Verheißen im Mai großen Segen.

Donnert's in den März hinein,
wird der Roggen gut gedeihn.

Ein grüner März
bringt selten etwas Gutes.

Donnert's im März
so schneit es im Mai.

Trockener März füllt den Keller.

Trockener März und nasser April
dem Bauern wohl gefallen will.

Zu Anfang und zu End
der März sein Gift versendt.

Auf Märzenregen
folgt kein Sommersegen.

Soviel der März an Nebeln macht
sooft im Juni Donner kracht.

Schnee, der jetzt im Märzen weh
abends kommt und abends geht.

Märzenregen
bringt keinen Segen.

Märzenblüte hat keine Güte.

Soviel Tau im März,
soviel Frost im Mai.

Ein Lot Märzenstaub
ist leicht einen Dukaten wert.

Fällt im März viel Regen
ist's für die Ernt' kein Segen.

Märzengrün - bald wieder hin.

Märzenschnee und Jungfernpracht
dauern oft kaum über Nacht.

Mit dem Märzen – ist nicht zu scherzen.

Ostern im März verheißt ein gutes Brotjahr.

Strichvögel:
Zugvögel

Treffen die Strichvögel zeitig ein,
wird früh und streng der Winter sein.

Trockener März – erfreut des Bauern Herz.

Wen der März nicht will, den frißt der April.

Wenn im März die Kraniche zieh'n,
werden bald die Bäume blüh'n.

Siehst gelbe Blumen du im März im Freien,
kannst du getrost den Samen streuen.

Der März soll kommen wie ein Wolf,
doch gehen wie ein Lamm.

Wie die Kinder in der Oberpfalz den Frühlingsanfang feiern

Eduard Fentsch (um 1860)

Der März ist der Monat der Frühlingsfeiern, zu denen Bräuche wie Sommergewinn, Todaustragen usw. gehörten. Daß manche davon gelegentlich schon im Februar geübt wurden, schien uns hier bei der Zuteilung eher unerheblich.

Frühlingsanfang wird in neuerer Zeit fast allgemein von der Schuljugend der Städte und Märkte durch fröhlichen Auszug mit Musik und Fähnlein und durch Kinderspiel im Freien gefeiert. Vereinzelt, wie z. B. um Breitenbrunn, wird auch noch von ein paar Buben das Sommer- und Winterspiel aufgeführt. Der eine mit Blumen und Bändern geschmückt, der andere in den Mantel gehüllt, mit Pelzkappe und Pelzhandschuhen angetan – so wandern sie von Haus zu Haus und geben gegen eine kleine Gabe ihr Spiel zum besten.

Der Text eines solchen lautet:

Sommer: Ich bin der Sommer wohlbekannt,
Ich bin beliebt im ganzen Land.
Ich bin der Sommer, ich bin der Herr,
Der Winter gilt kein'n Batzen mehr.

Winter: Schweig stilla, Sommer, schweig still,
Was der Winter verkünden will.
Viel Schnee und Eiszapfen werd ich bringen,
Daß die alten Weiber zum Ofen springen.
Der Winter der ist gut,
Schneit dem Bauern auf den Hut.

Sommer: Jetzt ist's gleich Sommer, jetzt wird es warm,
Jetzt geh'n wir 'naus zum Pflanzenscharr'n.

Winter: Und gehst du 'naus zum Pflanzenscharr'n,
So will ich noch brav Schlitten fahr'n.

Sommer: Jetzt geh ich über die Wiesen weit,
Und seh viel Grasmägd' und Mahderleut.

Winter: Jetzt geh ich über d'Wiesen, und die ist weiß,
Da fahren's Schlitten und schießen's Eis.

Sommer: Jetzt will ich auch in den Kirschbaum steig'n,
O Winter, du kannst schon d'runten bleib'n.

Winter: Den Kirschbaum will ich dir zusammen klieb'n,
Und die Scheiter in den Ofen schieb'n.

Dieses Sommer- und Winterspiel war weit verbreitet, siehe auch Seite 62/63.

Sommer: O Winter, du bist ein grober G'sell,
Du jagst die alten Weiber in die Höll',
Winter: Jag' ich sie 'nein, so heiz ich brav ein,
Da können sie nachher singen und schrei'n.
Sommer: Ich bin der Sommer im weißen G'wand,
Und jag' den Winter aus dem Land.
Winter: Ich bin der Winter in der Pelzhaub'n,
Und jag' den Sommer über Zaun und Staud'n.
Sommer: O Winter, du darfst jetzt nimmer viel sag'n,
Ich werd dich gleich aus dem Sommerland jag'n.
Winter: Du wirst mich brav aus dem Sommerland jag'n,
Und kannst keine zaundürre Henne trag'n.
Sommer: O Winter, ich werd' dich nicht länger frag'n,
Ich muß mit dir schon raufen und schlag'n.

Drauf fragen die Buben an sich zu balgen, bis endlich der Sommer den Winter überbietet und ihn zur Türe hinauswirft. Nach kurzer Weile kommt aber dieser wieder herein und spricht:

O du mein Sommer, ich geb dir recht,
Du bist der Herr und ich dein Knecht.

Drauf der Sommer:

O du mein Winter, jetzt ist's schon Recht,
Bin ich der Herr und du der Knecht.
O du mein Winter, so gib mir die Hand,
Nachher reisen wir mit'nand in's Sommerland! –

Das Sommer- und Winterspiel verkündet die wiedererwachende Natur.

Das Funkenringziehen

Anton Birlinger (1861)

In der Gegend von Saulgau wird fast in allen Wirtshäusern auf dem Lande in der Regel am Funkensonntag das Funkenringziehen veranstaltet. Da werden von den Wirten Funkenringe der verschiedensten Größe aus weißem Mehl, geknetet mit Milch und Butter, gebacken. Diese Ringe werden numeriert und oft fünfzig bis sechzig an der Zahl in der Wirtstube aufgehangen, die aber an Größe alle verschieden sind, so daß der größte Ring einen Wert von einem Gulden haben kann, während der kleinste einen Kreuzer wert ist. Wer nun am Funkenringziehen teilnehmen will, der hat für ein Los sechs Kreuzer zu bezahlen. Es kann jeder Lose nehmen, so viel er will. Sieht sich der Wirt gedeckt und sind seine Lose verschlossen, so beginnt die Gewinnziehung. Diejenigen Nummern, auf welche Gewinne fallen, müssen vorgezeigt werden, und alsdann kann der Gewinn in Empfang genommen werden. In größeren Orten wird des Nachmittags für die Verheirateten das Funkenringziehen abgehalten, und des Nachts für die Ledigen.

Funkensonntag *wurde der Sonntag Invocavit genannt, also der erste Fastensonntag.*

Der Holepfannsonntag im Oberinntal

Ignaz Zingerle (1857)

Im Oberinntal werden an diesem Sonntag Scheiben geschlagen. Die Burschen ziehen auf einen Hügel hinaus und schüren ein großes Feuer an. Darauf nehmen sie Scheiben aus Erlenholz, die in der Mitte ein Loch haben, machen sie im Feuer glühend und schlagen sie mit einem geschickten Schwung fort, daß sie funkensprühend zu Tal fahren. So oft die Scheibe im Feuer umgedreht wird, sagt man:

Holepfann, Holepfann
Korn in der Wann,
Schmalz in der Pfann,
Pflueg in der Eard,
Schau wie die Scheiba aussareart.

Diese Reime werden auch gesagt, wenn die Scheibe fortgeschleudert wird, und dabei der Name der Geliebten genannt.

Der hier für das österreichische Oberinntal geschilderte Brauch war auch in anderen Gebieten der Alpenregion verbreitet.

„Maigehn“ und „Aschenbraut“ im Riesengebirge

Eduard Duller (1847)

***Palmarum** ist die Bezeichnung für den Palmsonntag; der diesem vorangehende Passionssonntag wurde auch Totensonntag und Schwarzer Sonntag genannt.*

Am sogenannten „Schwarzen Sonntag“ in der Fastenzeit (dem Sonntag vor Palmarum) gehen die kleinen Mädchen mit einem Fichten- oder Tannenbäumchen herum, dessen Zweige in der Gestalt einer Bügelkrone durch bunte Bänder zusammengehalten werden, an denen gefärbte Eierschalen hängen. Sie gehen damit im Dorf fast von Haus zu Haus herum, und das Bäumchen in den Händen drehend und um eine kleine Gabe bittend, singen sie dabei einige alte Lieder, wie z. B.:

Dan Summer brenga wir heita,
Wir danken, lieba Leita.
Es guckt jo aus dem Haus
A schöna Jungfra raus;
Wird sich wohl bedenka,
Wird uns wohl wos schenka.

Das ist das „Maigehen“ – eine Gewohnheit, die auch noch hie und da in Preußisch-Schlesien und im böhmischen Mittelgebirge, namentlich im Norden des Bunzlauer Kreises, besteht.

Wenn im Frühjahr das Vieh zum ersten Mal ausgetrieben wird und wenn die Mägde mit dem frischen Gras, das erste Mal nach Hause kommen, begießt das junge Volk einander in scherzendem Mutwillen mit Wasser. In den letzten Faschingstagen wird in manchen Ortschaften ein in Erbsenstroh als Bär verkleideter Mann unter Musik und Gejauchze umhergeführt, in anderen die sogenannte „Aschenbraut".

Ein fränkischer Aschermittwochsbrauch

J. Ludovicus Gotofredus (1649)

Mit Beginn der Fasten laufen die Leute in Franken als Satyre oder Teufel maskiert in den Straßen herum und hauen ohne Unterschied jeden, der vorbeikommt, mit länglichen Säckchen, die sie mit Asche angefüllt haben. Am Aschermittwoch selbst führen sie andere Streiche aus: Aus den verschiedenen Dörfern, die zu einer Gemeinde gehören, kommen die jungen Burschen in großer Anzahl zusammen; alle Mädels, die im Lauf des Jahres öfters als die übrigen sich auf dem Tanzboden sehen ließen, fangen sie ein, binden sie mit einem Riemen, wie bei Pferden und Kühen, an einen Wagen und lassen sie ziehen. Auf dem Wagen sitzt einer, der auf der Flöte oder dem Dudelsack bläst. So treiben die Burschen ihre Mädchen bis zum nächsten Wasser, das sie antreffen.

***Satyr:** bocksgestaltiger Waldgeist*

Das Totentragen zu Erlangen

Alexander Schöpper (1874)

Zu Erlangen war bis auf spätere Zeiten ein Brauch im Schwang, der aus uralter Heidenzeit stammt. Die Bauernmädchen der benachbarten Orte zogen nämlich am Sonntag nach Lätare festlich geschmückt und mit Kränzen in den Haaren zur Stadt und trugen Puppen in den Armen, die mit Laubwerk eingefaßt und mit einem weißen Tuch bedeckt waren. Paarweise traten sie dann vor die Häuser und sangen:

„Heut ist Mittfasten, wohl is das!
Werfen mir'n Taud ins Wassa, wohl is das!"

***Totentragen** müßte korrekt eigentlich „Todaustragen" heißen, also „den Tod hinaustragen".*

Hierzu fügten sie noch allerlei gute Wünsche in ähnlichem Versmaß für den Hausbesitzer und erhielten dann dafür eine kleine Gabe.

Die Puppe, die sie trugen, stellte den Götzen Thor dar und wurde in die Stadt und durch die Flur getragen, um die Fruchtbarkeit der Felder zu bewirken. Sobald der Umgang beendet war, wurde die Puppe über die Brücke in die Regnitz gestürzt. Dieses Fest hieß daher anfänglich Thoraustragen und wurde dann in Totentragen umgewandelt, wovon der Sonntag nach Lätare alsbald der Totensonntag genannt worden ist.

Wetterregeln für die Lostage im März

Die im Jahr 1200 heiliggesprochene Kunigunde war Gattin Kaiser Heinrichs II. und mit ihm Begründerin des Erzbistums Bamberg.

Der März, in welchem nach einem alten Kinderlied „der Bauer die Rößlein anspannt“ (heute schwingt er sich auf seinen Schlepper), hält nicht wenige Lostage bereit. Den Beginn macht am 3. das Namensfest der heiligen Kunigunde, am 10. folgt das Fest der heiligen vierzig Märtyrer oder „vierzig Ritter“; am 11. ist Rosamunden-, am 12. Gregoriustag, am 17. feiert man Sankt Gertrudis (Gertraud), am 19. den Josefstag und am 21. Sankt Benedikt. Am 25. ist Mariä Verkündigung, und am 27. schließlich der Tag des heiligen Rupert. Regional, nämlich am Hochrhein, gedachte man am 6. festlich des heiligen Fridolin.

Kunigund – macht warm von unt'.

Lachende Kunigunde
bringt frohe Kunde.

Ist Kunigunde tränenschwer,
dann bleibt gar oft die Scheune leer.

Reliefs von Tilman Riemenschneiders Grabmal des Kaiserpaares im Dom zu Bamberg

Vierzig Ritter mit Eis und Schnee,
tun dem Ofen noch vierzig Tage weh.

Am 10. März gedenkt man jener vierzig Soldaten der 12. römischen Legion, die der Überlieferung nach im Jahre 320 in Sebaste erfroren sein sollen.

Wenn's am Tage der vierzig Martyrer gefriert,
so gefriert es vierzig Nächte, wenn nicht,
so ist fruchtbares Jahr zu hoffen.

Wie es an vierzig Rittern wittert,
wittert es noch vierzig Tage.

Bringt Rosamunde Sturm und Wind,
so ist Sibylla uns gelind.

Weht an Gregoriustag der Wind,
noch vierzig Tage windig sind.

Wenn Gregorius sich stellt,
muß der Bauer auf das Feld.

An Gregor kommt die Schwalbe
über des Meeres Port,
an Benedikt sucht sie im Haus 'nen Ort,
an Bartholomä ist sie wieder fort.

Geht um Gregori der Wind,
geht er, bis Sankt Jörgen kimmt.

Gregor zeigt dem Bauern an
daß im Feld er säen kann.

Am Gregorstag schwimmt das Eis ins Meer.

Gertraud ist die erste Gärtnerin.

Wer dicke Bohnen und Möhren will essen,
darf St. Gertraud nicht vergessen.

Sonniger Gertrudentag
Freud' dem Bauern bringen mag.

Ist St. Gertrud sonnig,
wird's dem Gärtner wonnig.

Gertraud führt die Kuh zum Kraut.

Ist es an Josephus klar,
wird es ein gesegnet' Jahr.

Joseph klar – gutes Honigjahr.

Die drei Tage und Nächte vor dem Aequinoctium sollen die drei folgenden Monate vor Johannis bestimmen; die drei Tage nach dem Aequinoctium die drei Monate nach Johannis.

Aequinoctium *ist die Tag- und Nachtgleiche, hier also der Kalendertag für den Frühlingsanfang.*

St. Benedikt
macht Zwiebeln dick.

St. Benedikt
den Garten schmückt.

Willst Gerte, Erbsen, Zwiebeln dick
so säe an Sankt Benedikt.

__Mariä Verkündigung__, neun Monate vor dem Weihnachtstag liegend, wurde schon seit der Mitte des sechsten Jahrhunderts gefeiert.

An Mariä Verkündigung
kommen die Schwalben wiederum.

Maria bläst's Licht aus,
Michel steckt's wieder an.

An Mariä Verkündigung kehrt der Storch heim.

Um Mariä Verkündigung
entnimmt man die Deck
von Wein und Bäum' wiederum.

Ist Mariä schön und hell,
kommt viel Obst auf alle Fäll.

Wasser auf der Wintersaat schadet
nicht vor, aber nach Marien.

Schöner Verkündigungsmorgen
befreit von vielen Sorgen.

Ist an Rupert der Himmel rein,
so wird er's auch im Juli sein.

Sommergewinn oder Todaustragen

Friedrich Reimann (1839)

Den Namen __Oculi/Okuli__ (auch bekannt durch den auf die Schwalben bezogenen Spruch „Oculi - da kommen sie") trägt der dritte Fastensonntag.

Im Monat März, an einigen Orten am Sonntag Okuli, zu Frankfurt am Main jetzt zu Fastnacht (aus dem dort üblichen Gesang aber erhellt, daß es früher am Feste der heiligen Apollonia – am 9. Februar – geschah), an den meisten Orten aber am Sonntag Laetare, sind noch unter den Kindern gewisse festliche Gebräuche üblich, deren Begehung man den Sommergewinn oder auch das Todaustragen nennt. Nicht bloß in Böhmen, Polen, Schlesien, der Lausitz, vordem in Leipzig, Zwickau, Dresden und Meißen, findet man diese Feier, sondern auch in Orten, die von jenen weit entfernt sind, als in Speyer, zu Oppenheim und zu Günthersblum in der Pfalz, zu Mannheim, Nürnberg, Eisenach, zu Unterhain, Mankenbach, Unterweißbach und an einigen andern Orten des Amtes Schwarzburg.

Die Feier dieses Festes ist mannigfach motiviert, doch kann man zwei Haupthandlungen desselben feststellen, da Verschiedenheit der Gesänge, Ausscheidung einiger Gebräuche oder Vermehrung derselben das Wesentliche der Feier nicht ändern kann.

An den genannten Tagen pflegen Kinder, meistens der ärmern Klasse, entweder beiderlei Geschlechts, oder auch bloß Knaben und in Nürnberg bloß Mädchen aus benachbarten Dörfern einen Umzug durch alle

Straßen und vor allen Häusern zu halten und zu verrichten, was vielleicht im Altertum Erwachsene selbst zu tun kein Bedenken trugen. Sie ziehen mit weißen, geschälten Stäben, hölzernen Gabeln und hölzernen Degen bewaffnet aus und an einigen Orten sind diese Waffen mit Bändern kindisch verziert, auch wohl mit Brezeln oder kleinen Kuchen behangen. Einer von den Knaben, zuweilen auch eine erwachsene Person, geht an der Spitze des Zuges in Stroh gehüllt und stellt den Winter, eine andere, mit Efeu verziert, den Sommer vor. Auf einem freien Platz hält der Zug, und der Sommer und Winter beginnen unter dem fortwährenden Gesang der übrigen:

Stab aus! Stab aus!
Stecht dem Tod die Augen aus!

einen Zweikampf mit ihren hölzernen Waffen, werden endlich handgemein, bis der Winter überwältigt und ihm die Strohhülle ausgezogen wird. Auf jenen Gesang bezieht es sich auch, wenn man den Sonntag Laetare an einigen Orten den Stabaus-Sonntag nennt.

*Sowohl **Sommergewinn** als auch **Todaustragen** sind Bezeichnungen für eine Darstellung des Kampfes zwischen Winter und Frühling bzw. Sommer.*

Die zweite Art der Feier, welche vorzüglich in Böhmen, Polen, Schlesien, der Lausitz, Nürnberg, Pommersfelden in Franken und einigen anderen Orten stattfindet, ist diese:

Kinder tragen groteske Puppen und Bilder umher, Mißgestalten von Stroh oder von Lumpen, die sie zuletzt entweder mit Fackeln verbrennen oder in einen Fluß, Sumpf oder Graben werfen. An einigen Orten wählt man sogar die Nähe des Galgens, damit es desto mehr eine Exekution ähnlich sehe. Hierbei wird nun gewöhnlich ein Lied gesungen, etwa:

Nun treiben wir den Tod hinaus,
Den alten Weibern in das Haus,
Den Reichen in den Kasten,
Heute ist Mitfasten!

An anderen Orten fängt das Lied so an:

Den Tod haben wir ausgetrieben,
Den Winter bringen wir wieder!

Von der Exekution zurückkehrend, tragen an einigen Orten die Knaben einen Baum, geschmückt mit silbernen Gürteln, goldnen Hauben, Perlen, Winterkränzen, Kartenblättern, bunten Eierschalen, gefärbtem Papier usw. und singen dabei:

Nun haben wir den Tod ausgetrieben
Und bringen den lieben Sommer wieder,
Den Sommer und die Maien,
Die Blümlein sind mancherleien.

Unter diesem Gesange ziehen sie von Haus zu Haus und erhalten ein Almosen; den geputzten Baum pflanzen sie zuletzt einem der vornehmsten neuverheirateten Weiber, als ein Omen der Fruchtbarkeit, vor die Tür.

***Omen:** Vorbedeutung, hier: gutes Zeichen*

In Eisenach war ich einst Zeuge der Feier dieses Tages; die jetzige Feier ist einfach. Die Bewohner der Georgenvorstadt halten ein Tanzfest und alle Hausbesitzer jenes Stadtviertels geben Kaffeegesellschaften. Dabei beschenkt man in ganz Eisenach die Kinder mit geschmückten Tannenzweigen, künstlich aus Hollunder gefertigten Vögeln, Eiern, die ausgeblasen und mit buntgemaltem und vergoldetem Hollunder belegt sind usw.

Allgemeine Wetterregeln

Langjährige Beobachtungen sind hier knapp formuliert, und auch so manche Lebensweisheit fand hier Eingang.

Die Sonne hat noch keinen Bauer
aus seinem Hofe hinausgeschienen,
aber's Wasser schon manchen
hinausgeschwemmt.

Dunkle Wolken verkünden Regen.

Ein Donner macht mehr Getümmel als zehn Blitze.

Ein guter Tau ist soviel wert
wie ein schwacher Regen.

Ein Harnisch zieht den Blitz
mehr an als ein Kittel.

Ein kleiner Regen dämpft ein großes Gewitter.

Ein Pfenniglicht schützt so gut
vor Blitz als eine Talerkerze.

Ein rechtschaffener Blitz spaltet Felsen.

Ein Regenjahr ist kein Segenjahr.

Ein Sonnenblick bringt mehr Gras hervor
als zehn Hagelwetter.

Ein Tag Regen tränkt sieben dürre Wochen.

Entsteiget Rauch gefrorenen Flüssen,
so ist auf strenge Kälte zu schließen.

Es ist übel Obst, das nicht zeitig werden will.

Es ist vorhanden des Regens viel,
wenn der Rauch nicht aus dem Hause will.

Es ist umsonst das Feld bestellt,
wenn keine Sonne es erhellt.

Es trifft nicht jeder Blitz.

Fallender Nebel und Nebelregen
schönes Wetter zu machen pflegen.

Fällt kein Tau,
so steht Regen bevor.

Frühregen und Brauttränen
dauern solang wie's Gähnen.

Frühregen entweicht,
eh' die Uhr auf zwölfe zeigt.

Frühregen und frühe Gäste bleiben selten über Nacht.

Gewitter ohne Regen ist ohne Segen.

Fällt morgens Regen wie feiner Staub,
an gut Wetter glaub'.

Flimmernde Sterne
bringen Wind recht gerne.

Früher Sonnenschein – bringt abends Regen ein.

Geht der Fisch nicht an die Angel,
ist an Regen bald kein Mangel.

Gewitter ohne Regen – ist ohne Segen.

Gibt Ring oder Hof sich Sonn' oder Mond,
bald Regen und Wind uns nicht verschont.

Glücklich das Land, wo die Wolken wintern.

Gott gibt Sonnenschein
für des Armen Brot und des Reichen Wein.

Grauer Morgen – schöner Tag.

Der Pflugumzug

Ein sehr alter Frühlingsbrauch war der sogenannte Pflugumzug, der auf heidnische Zeiten zurückgehen mag. Daß man sich des Ursprungs nicht mehr recht erinnerte, zeigt die folgende Schilderung, die Eduard Fentsch gegen 1860 gab:

Auch dieser Brauch ist eine Form des „Todaustragens".

Wir erwähnen noch ein volkstümliches Fest, welches sich alle sieben Jahre in dem stattlichen Dorf Hollstadt an der Saale wiederholte. Da ist der sogenannte Pflugzug. Die Sage kündet, daß im Dreißigjährigen Krieg das Dorf von den Schweden dermaßen ausgeplündert worden sei, daß nur eine einzige Kuh in die benachbarte Berghöhle, die man noch heute zeigt, gerettet werden konnte. Der Schwede habe alles, selbst das Samengetreide, davongeschleppt, also daß neuer Same aus dem „Orient" geholt und der Pflug von Menschenhand gezogen werden mußte. Die Erinnerung an jenes tragische Ereignis bildet den Inhalt des „Pflugzuges". Wohl einexerziertes Kriegsvolk, das schon am Morgen des Spieltages (Fastnachtsmontag oder -dienstag) auf weitem Plane

vor dem Dorf seine Evolutionen ausführt und statt der Schweden bärtige Kosaken zu Pferde in die Pfanne haut, eröffnet mit Musik und von Kanonen geleitet den Zug. Hierauf folgen die geschmückten Träger von Emblemen der Bauernhantierung und der einschlägigen Gewerkschaft, in ihrer Mitte den bekränzten, von Jungfrauen gezogenen Pflug. Schließlich folgt das Kamel, der Bringer des neuen Samens, und der Vogel Strauß. Vielleicht besteht zwischen diesem und dem „Wasservogel", dessen bei der oberbayerischen Sittenschilderung Erwähnung getan wurde, eine Verwandtschaft, die in Verbindung mit dem Pflugzug auf ein höheres Alter und eine mythische Grundlage des Festes schließen ließe. Zur notwendigen Ergänzung des Zuges gehören zwei bekannte Persönlichkeiten: der Hanswurst und der Gevatter Tod. Nachmittags findet die „Fastnachtspredigt" statt, wofür im Dorf selbst eine erhabene Bretterbühne aufgerichtet ist. Diese Predigt ist schließlich nur eine Erläuterung des Zuges selbst und seiner Entstehung, wobei jeweils die angezogenen Persönlichkeiten auf den Brettern erscheinen und sich einzeln dem Publikum vorstellen.

Ganz ähnlich wird mit der Ortsangabe „in der Rhön" der Brauch schon 1798 im „Fränkischen Merkur" geschildert.

Evolution: *hier Vorführung, Darstellung;* ***Emblem:*** *Sinnbild;* ***Hantierung:*** *Arbeit;* ***Gewerkschaft:*** *Gewerbe*

Daß er auch heute noch nicht völlig ausgestorben ist, zeigt zumindest ein 1995 in einer Heimatzeitschrift erschienener Beitrag. Diesem zufolge ziehen in der kleinen Gemeinde Ottelmannshausen bei Bad Königshofen im Grabfeld die Ministranten als „Petersbuben" mit einer vor ungefähr hundertfünfzig Jahren geschnitzten, etwa 26 cm hohen und 50 cm langen Darstellung eines Pfluggespanns mit Pflüger durch den Ort und sagen vor jedem Anwesen in Erwartung einer kleinen Geldspende das folgende Sprüchlein auf:

„Da kommen
die Petersbuben mit ihrem Pflug,
Sie wollen naus'n Acker fahr
und haben weder Seech noch Schar.
Drum laßt es Euch nicht verdrießen,
Einige Batzen auszuschießen.
Eins! Zwei! Drei!
Was Euer guter Wille mag sei."

Der Schulbischof am Gregoriustag

Aus „Der fränkische Merkur" (1798)

Der Gregoriustag war vor Einführung des gregorianischen Kalenders der Tag des Frühlingsbeginns, an dem Tag und Nacht gleich lang waren.

Merkwürdig ist es, daß die Sitte, einen Schulbischof paradieren zu lassen, noch in einem geistlichen Staate des fränkischen Kreises besteht. In dem Marktflecken Baunach, am Ausfluß der Itz in den Main, einem bambergischen Oberamts-Sitze, ist der zwölfte Tag des Monats März ein feierlicher Tag für die Schuljugend. Gleich nach geendigtem pfarrlichen Frühgottesdienste erscheint ein Knabe von der Schule in aus Papier verfertigtem Bischofs-Ornate, zur Seite gehen ihm vier andere Knaben in Chorhemden mit roten Baretten als Kardinäle, vor ihm her die ganze Schuljugend Paar und Paar, hinter ihm her die weibliche Schuljugend: diesem Zuge werden zwei Fähnlein vorgetragen, und der Rektor begleitet hin.

Unter Beten und Singen langt endlich diese Prozession in einem kleinen Kapellchen außerhalb des Marktfleckens an, kehrt sogleich wieder um, und hält ihren Einzug in die Pfarrkirche, wo sich der stattliche

Bischof mit seinen Kardinälen wieder entkleidet. Dieser fromme Kinderhaufe, den wir soeben unter der Anführung eines Schulbischofs betrachtet haben, wird jetzt ein Bettlerhaufe. Der vor einer Viertelstunde in Goldpapier gekleidete Bischof zieht mit den Seinigen vor das Haus eines Mitnachbarn und bittet um ein Geschenk, welches er auch allenthalben erhält. Diese Geschenke bestehen in Mehl, Eier, Butter, dürrem Obst, geräuchertem Fleisch, Brot etc. Alles Gesammelte wird ins Schulhaus getragen, und der Rektor gibt den Kindern Mittagstafel, hat aber von dem Reste, wie man mir versicherte, noch auf ein Vierteljahr zu leben.

Nach aufgehobener Tafel verwandelt sich der fromme und nachher Bettler gewordene Haufe in eine Soldaten-Rotte. Der gewesene Bischof kommandiert als Chef, die Kardinäle sind Offiziere geworden. Der Zug beginnt am Pfarrhaus mit den gewöhnlichen Soldaten-Honneurs, wofür er, wie man mich glauben machen wollte, einen Sechsbätzner erhält. Von hier aus wendet sich diese Kohorte, mit hölzernen Säbeln und Flinten bewaffnet, gegen die Wohnungen der angesehenen Einwohner, wo sie überall nebst den früh empfangenen Viktualien noch eine Geld-Einnahme hat. Ob die Knaben das Geld unter sich teilen, oder ob es der Rektor erhält, weiß ich nicht und will also keine Vermutung beisetzen. Während des kriegerischen Zuges der Knaben unterhalten sich die Mädchen im Kirchhofe und erfinden für sich allerlei Spiele, denen die einbrechende Dämmerung ein Ende macht.

Honneurs: *Ehrenbezeigungen;* ***Viktualien:*** *Lebensmittel*

Bauernweisheiten

Besser bäurisch gefahren als herrisch gelaufen (Schwaben).

Je weniger die Frau befiehlt,
desto mehr gehorcht ihr der Mann.

Der Sperling kann nicht begreifen, warum der Adler höher
fliegt als die Kirschbäume wachsen.

Ein schartig Beil verdirbt alles.

Wenn Bescherung ist, soll man den Sack auftun
und das Zuknüpfen nicht vergessen.

Diese Sinnsprüche spiegeln nicht nur die Erfahrungen der bäuerlichen Welt, sondern sind auch als ganz allgemeine Lebensweisheiten beherzigenswert.

Beten stärkt den Mut, und Arbeit mehrt das Gut.

Biene und Schafe ernähren den Mann im Schlafe.

Bitten ist lang, Befehlen kurz.

Wer verzagt ist im Bitten,
macht den anderen beherzt im Abschlagen.

Borgen und Schmausen endet mit Grausen.

Borgst du Spreu von einem Reichen,
Korn mußt du ihm wiedergeben (Finnland).

Wer kauft, was er nicht braucht, muß,
was er braucht, verkaufen.

Mancher kommt erst zu Brot,
wenn er es nicht mehr beißen kann.

Besser eignes Brot als fremder Braten.

Wer sich gern bückt, dem tut der Rücken nicht weh.

Scharfe Bürsten kratzen die Wolle ab.

Der Kater hat nicht immer Butterwoche,
er hat auch große Fasten (Rußland).

Es ist kein Messer, das schärfer schiert,
als wenn der Bauer ein Edelmann wird.

Hat der Bauer Geld, hat es die ganze Welt.

Ein Spatz in der Hand
ist besser als eine Taube auf dem Dach.

Zur nebenstehenden Abbildung: Schöne fränkische Trachten kann man auch heute noch an Kirchenfesten gelegentlich bewundern.

Tauben, die unter dem Dach bleiben,
sind vor dem Stoßvogel sicher.

Der Hund ist daheim am stolzesten (Dänemark).

Dankbarkeit und Weizen gedeihen nur auf gutem Boden.

Danken kostet nichts
und gefällt Gott und Menschen wohl.

RHEIN-
PFALZ
IV:
THEIL
UNTER-
FRANKEN

Sieh erst auf dich und die Deinen,
dann schilt mich und die Meinen.

An sich denken, ist ganz recht;
nur an sich denken, das ist schlecht.

Wegen dem Denken kann man einen nicht henken,
aber wegen dem Sagen gar oft aufs Maul schlagen.

Das Todbegraben am Rupertustag

Theodor Vernaleken (1859)

In Schlesien ist das „Todbegraben" üblich. Eine menschenähnliche Figur aus Stroh, Reisig und Lumpen verfertigt, mit einem großen Schafpelz und einer Pelzmütze bekleidet und mit eisernen Ketten behängt, wird an einer Stange befestigt und am Morgen des Rupertustages (27. März) unter wilden Gesängen auf einen freien Platz außerhalb des Dorfes getragen. Dort wird die Puppe unter allerhand Zeremonien in eine weite Grube getan, ein Feuer angezündet, und nachdem man sie ganz entkleidet, wird der Überrest in das Feuer geworfen. Darauf beginnt ein Kampf um die brennenden Lumpen, die mit bloßen Händen aus dem Feuer geholt werden. Jeder sucht ein Stück davon zu haschen, welches er dann im Garten an einen Ast des größten Baumes bindet. Andere graben es wieder auf dem Felde ein und sagen, daß dann die Saaten besser gedeihen.

Am Aschermittwoch ist das Begraben der Baßgeige gebräuchlich. Nachdem man von derselben die Saiten abgenommen, wird sie in ein Leintuch eingehüllt und herumgetragen, dann mit Wein (zuweilen auch mit Branntwein) bespritzt und darauf im Wirtshaus in der Mitte der Stube niedergelegt. Rings herum werden Tische gestellt, und ein Schmaus endet die Feier.

Im März folgen drei „verworfene Tage" aufeinander: der 13., 14. und 15.; ein weiterer dieser Tage, an denen man bestimmte Dinge nicht tun soll, ist dann der 29.

Der heilige Rupert errichtete um 700 in Salzburg ein bedeutendes Männer- und dann auch ein Frauenkloster. Sein Festtag wurde inzwischen, wie das auch für andere Gedenktage geschah, verlegt, und zwar auf den 24. September.

April

Feld und Gartenarbeit im April

Aus dem Lahrer Hinkenden Boten

Alle Samen, die wegen ungünstiger Witterung oder Beschaffenheit der Erde noch nicht gesät oder gepflanzt werden konnten, bringt man in Ordnung. Jetzt dürfen schon Zwiebeln, Lauch, Winterrettich, rote und gelbe Rüben, Kraut, Pastinaken, Blumenkohl, Kohlrüben, um Samen daraus zu ziehen, in das freie Land verpflanzt werden. Gegen Ende des Monats darf man schon Bohnen in das Land legen; man verpflanzt auch Rosmarin, Lavendel, Thymian; sucht die jungen Erdbeerenpflanzen im Wald, um eine Pflanzschule damit anzulegen. Man legt abermal Erbsen, um sie bis in den Herbst zu genießen. Den Estragon verteilt und verpflanzt man an schattige Orte. In diesem Monat, und wenigstens vor dem halben Mai, soll man die Begießung niemals abends vornehmen, sondern allzeit morgens, bei Sonnenaufgang, weil noch Reif zu befürchten ist. Wenn Erdflöhe die Pflanzen zernagen, so streue man Asche, Gerberlohe oder Kohlenstaub; dies vertreibt sie. Den Ameisen wehret man, wenn man die Bäume morgens mit überschlagenem Wasser, Dungwasser und Tabaksasche-Wasser begießt. Um die jungen Bäume muß man kein Gras wachsen lassen; die wilden Schosse muß man abschneiden, und die zwischen den Ästen sich sammelnden Raupen vertilgen.

__Pastinaken__ sind möhrenartige Pflanzen mit weißen, fleischigen und sehr aromatischen Wurzeln; sie waren früher als Gemüse beliebt.

Der alte Name für den April ist Ostermonat.

Den Pferden und besonders dem Rindvieh muß man alle Monate die Mäuler, die Zunge, und so weit man im Rachen umher bis an den Gaumen kommen kann, mit Salz und gepulvertem Glanzruß oder reiner Asche abreiben, und mittels einem Strohseil recht abschleimen.

Aprillenschicken

Anton Birlinger (1861)

Der früher vor allem von den Kindern geübte Brauch des „In-den-April-schickens" erfreut sich bis heute größter Beliebtheit, und die Zeitungen wetteifern an diesem Tag darum, wem es am erfolgreichsten gelingt, die Leser an der Nase herumzuführen.

In der Gegend von Schwäbisch Gmünd und auch anderwärts war das „in den Aprillen schicken" gebräuchlich, und zwar am ersten und letzten genannten Monats. Der Betreffende hatte irgendwo etwas Ungereimtes zu holen, z. B. einen hölzernen Holzschlägel, eine schwarze Kreide usw. Merkte er es im ersten Hause nicht, so schickte man ihn in ein zweites und sofort, bis er die Sache einsah. Er wurde nun tüchtig ausgelacht, und bekam die Dorfjugend davon Wind, so wurde er mit dem Rufe: Aprillennarr, Aprillennarr! verfolgt, und bei Saulgau mit: Aprillenbock, Aprillenbock! Merkt er aber den Spaß zur rechten Zeit, so begibt er sich, statt in das bezeichnete Haus, in das Wirtshaus und zecht hier nach Belieben auf Kosten des Aprillenschickers.

Die Kinder sagten in der Gegend von Saulgau zueinander:

Aprillenkalb mit deinen sieben Stanga,
's Jahr will de wieder fanga.

Vom Osterbrauchtum am Niederrhein

Friedrich Wilhelm Brücker (um 1900)

In katholischen Gegenden sind viele Bräuche mit den Festen des Kirchenjahres verknüpft. Am Palmsonntag wird der „Palm" gesegnet. Ein Strauß von Buchsbaumzweigen, häufig mit Obst und Weckvögelchen angefüllt, wird mit in die Kirche genommen. Die Karwoche ist immer eine stille Zeit der Buße. In Emmerich wurde am Gründonnerstag als erster Gang des Mittagsmahles eine Suppe mit sieben Kräutern aufgetragen zur Erinnerung an die sieben letzten Worte des Erlösers. Am

„gujen Frydag“ (Karfreitag) verstummen die Glocken. Sie sind „na Rome“, um den Segen des Heiligen Vaters zu empfangen. Nicht ohne poetische Empfindung singt ein plattdeutscher Dichter:

„Hästu vanne Naach de Klocke gesien?
Sey trocke over hooge Boome,
Sey trocke wahl over de grüne Riehn,
Sey sind na Rome, na Rome.
Nau es et still in de Kerkentorn,
En stöll op Märt en Stroate,
Do blöß geen Trompet, do klengt gen Horn,
De Freud hät os verloate!“

***Na Rome:** nach Rom;*
***Kerkentorn:** Kirchturm*

Am Karsamstag wandert der Küster über Land, um Ostereier einzusammeln. Am Feste der Auferstehung des Herrn spielt das Osterei eine große Rolle. Der Osterhase ist für uns Niederrheiner ein Kind der Neuzeit und aus andern Bezirken in die Gefilde des Niederrheins eingewandert. Das „Eiertippen“, das jetzt nur noch nach Tisch in den Häusern vorgenommen wird, war ehedem ein öffentliches Vergnügen. Ganze Körbe mit gefärbten und ungefärbten Eiern wurden auf dem Markt feilgeboten, damit jeder in ausgiebiger Weise dem Sport huldigen konnte. Am Ostermontag wanderten die Familien vieler Orte auf eine benachbarte Honschaft oder in ein nahes Dorf „nach Emmaus“, wo bei einem Glas Bier ein kleiner Imbiß genommen wurde. Fromme Landleute ziehen auf das Feld hinaus, um den „gesegneten Palm“ in die Erde zu stecken.

***Honschaft:** Kleingemeinde auf nachbarlicher Grundlage*

Die Palmeselfahrt in der Oberpfalz

Eduard Fentsch (um 1870)

In Kastl, Dorf Pfaffenhofen und Umgebung war bis in die jüngere Zeit noch die Palmeselfahrt im Schwange. Am Nachmittag des Palmsonntags war den Buben, welche das Jahr über Ministrantendienste verrichteten, das Vorrecht eingeräumt, einen hölzernen Palmesel in Prozession von Haus zu Haus zu führen. Eines der Bürschlein saß auf dem Esel, hatte die Rolle des in Jerusalem einziehenden Heilandes zu spielen und war zu dem Ende mit den Gewändern angetan, wie sie nach der örtlichen Anschauung für diese Darstellung ziemten. Die übrigen zogen den Esel oder bildeten das Geleite und sangen das Gloria laus, wofür ihnen denn aus den Häusern Bier, Brot, Semmeln und wohl auch kleine Münze gereicht wurde.

Gloria laus: *lateinisches Prozessionslied nach dessen Beginn*

Das Judasbrennen in der Hollertau

Felix Dahn (um 1870)

Die Hollertau zwischen Ingolstadt und Landshut ist bekannt als bevorzugtes Gebiet für den Hopfenanbau.

Eine ähnliche Verbindung von Heidentum und Christentum lag vor in der Hollertau noch zu Anfang dieses Jahrhunderts häufig geübten Sitte des „Ostermanns“ oder Judasbrennens am Karsamstage. An diesem Tage trugen nachmittags die Männer und Buben auf dem nächsten Getreidefelde bei dem Dorf Holzscheiter zusammen, in deren Mitte man an einem Pfahl einen Strohmann befestigte: Dieser hieß der Judas oder Ostermann. Nach Beendigung des Auferstehungs-Gottesdienstes

zündeten die Burschen die Lichter ihrer Laternen an dem geweihten Kirchenlicht der Osterkerze an und rannten damit zu ihrem Holzstoß: Der zuerst Angelangte entzündete mit seinem Licht den Scheiterhaufen – Frauen und Mädchen durften nur von ferne zusehen. Beim Verbrennen des Strohmannes entstand immer ein großer Jubel, als würde dadurch ein Verräter des Heilands in Person bestraft: Die Asche wurde sorglich gesammelt und bei Sonnenaufgang in rinnend Wasser geworfen, und am Ostersonntag stand, wer den Holzstoß angebrannt, gar stolz vor der Kirchtür und wurde von den Hausmüttern mit roten Eiern beschenkt. So hatte sich hier das altheidnische Frühlingsfest, welches die Auferstehung des Lichtes am Himmel und des Grünen auf Erden mit dem Verbrennen des Winters feierte, verwandelt in eine Auferstehungsfeier des Heilands durch Verbrennung seines Feindes und Verräters. Häufig ziehen jetzt noch am Palmsonntag Ministranten umher mit einem Holzbilde Christi, der auf dem Esel reitet: Dabei singen sie Psalmen und erbetteln kleine Gaben.

Der Karsamstag wird auch Judassamstag genannt.

Wetterregeln für die Kar- und Ostertage

Ist der Palmsonntag ein heiterer Tag,
für den Sommer ein gutes Zeichen sein mag.

Wenn's den Buben auf die Palmbesen schneit,
so regnet's den Jungfrau'n an Ostern auf die Kränze.

Kommen am Palmtage die Palmen trocken nach Haus,
so kommen die Garben trocken in die Scheuer.

Karfreitag Sonnenschein – bringt uns reiche Früchte ein.

Am Karfreitag trauert die Sonne
bis drei Uhr nachmittags.

Wie der Wind ist am Karfreitag
wird er sein das ganze Jahr.

Wenn am Karfreitag Regen war,
folgt trocknes, aber fruchtbar' Jahr.

Wenn's dem Herrn in's Grab regnet,
so gibt's einen trockenen Sommer.

Wie Christus ins Grab gelegt wird, so steigt er auf.

Der Termin des Osterfestes wird bestimmt vom ersten Frühlingsvollmond: Ostersonntag ist stets der erste Sonntag, der diesem folgt. Damit kann er frühestens auf den 22. März und spätestens auf den 25. April fallen. Weil somit die österliche Zeit weit häufiger in den April fällt als in den März, haben wir auch die entsprechenden Bräuche hier eingeordnet.

Pilatus wandelt nicht aus der Kirche,
er richtet zuvor einen Lärm an.

Regen am Karfreitag bringt Trockenheit
den ganzen Sommer über.

Der Regen auf einen Ostertag
mehr Regen denn schön Wetter sagt.
Vom Futter aber auf den Wiesen
kann's Vieh nicht allzuviel genießen.

Wenn's am Ostertag auch regnet am wingsten,
so regnet's alle Sonntag bis Pfingsten.

Wenn auf Ostertag die Sonne hell scheint,
der Bauer bei seinem Korn auf dem Speicher weint;
ist Ostertag ähnlich der Nacht,
er sich ins Fäustchen lacht.

Osterregen bringt magere Kost,
Ostersonne fette und reichliche.

Wenn Ostern auf Georgi fällt,
erwartet großes Weh' die Welt.

Wenn's Ostern regnet,
ist die Erde den ganzen Sommer über durstig.

Ein Wind, der von Ostern bis Pfingsten regiert,
im ganzen Jahr sich wenig verliert.

„Die gute Osterwoche" zu Nürnberg

Anna Blum-Erhard (1929)

Unter den Gebräuchen mittelalterlicher Zeit kommen uns manche zu Gesicht, die einen durchaus „sozialen" Charakter tragen. Auch der Mensch des Mittelalters ging nicht unberührt an seines Nächsten Not vorüber, auch seine Hilfe war in gewisser Beziehung „organisiert".

Das mittelalterliche Nürnberg

Solch eine organisierte Hilfeleistung dem Armenwesen gegenüber ist „die gute Osterwoche“ zu Nürnberg. Die freie Reichsstadt konnte sich in ihren Glanzzeiten, durch lebhaften Handel hochgekommen, gewiß die Freude einer allgemeinen Armenbewirtung gestatten. Und das tat sie denn auch acht Tage lang, um die österliche Zeit.

Es ist nicht bekannt, wann zum erstenmal und aus welcher Veranlassung diese Veranstaltung eingeführt wurde; daß sie aber während des dreißigjährigen Kriegs durch die große mehr und mehr um sich greifende Verarmung auch der Städte zu ihrem Ende kam, ist gewiß.

Gehandhabt ward die Sache folgendermaßen: Man errichtete vor den Toren Nürnbergs ein großes Lager, in dem die Fremden auch Nachtlager fanden. Diesem zu strömten von allen Seiten arme, elende Menschen, die sich für ihre Bedürftigkeit eine Erleichterung durch „die gute Osterwoche“ erhofften. Man hätte die Völkerwanderung für einen Zuzug zu einem Jahrmarkt halten mögen, wären dem Beschauer nicht die Lumpen und die Zerrissenheit der Wallfahrer aufgefallen.

Und eine Wallfahrt war es in der Tat. Nur daß nicht heiliges Manna für die Sehnsüchtigen vom Himmel niederfiel, sondern eine handfeste Fütterung ihrer wartete. Sie brauchten keinen Ausweis und keinen Heimatschein, keine Beglaubigung durch ihre Gemeinde, noch irgend eine Empfehlung von Behörden – jeder, der kam, durfte teilnehmen an der guten Osterwoche. Den meisten war ja ihre Not zu deutlich ins Gesicht geschrieben, da war nicht nötig zu fragen: Bedarfst du der Sättigung?

__Schaube:__ lange, mantelartige Jacke

Es fand jedesmal eine feierliche Begrüßung der Versammelten statt. Am Freitag vor Palmarum begaben sich die Ratsherrn von Nürnberg in ihrem Ornat, den großen Schauben und Krägen, vors Tor und hießen in einer Ansprache die im Lager Versammelten willkommen. Und schon begannen sich die anderen Tore zu öffnen, um den Fuhrwerken Raum zu geben, die die Lebensmittel für die Gäste herausbrachten. Da waren mächtige Brotlaibe und allerlei Gebackenes aufgetürmt, und es ist anzunehmen, daß sich hierbei der Wohltätigkeitssinn der Bäcker selbst betätigte. Ebenso reich war die Bewirtung mit Fleisch und Fett und was alles freundwilliger Sinn opferte.

Eine ganze Woche lang verköstigte Nürnberg diese fremden Vögel um einen Gotteslohn. Aber nicht genug damit, man gestattete ihnen auch das Betreten und eine Almosenernte innerhalb der Mauern.

Am Montag durften sie in die Stadt. Scharen um Scharen strömten herein. Gassen und Märkte füllten sich mit dem bunten Volk und ihrem Lärm.

Vor den Türen der Reichen und Angesehenen, die sie, auch wenn man sie ihnen nicht gewiesen, mit bekanntem Spürsinn selbst ausfindig gemacht hätten, staute sich die Menge. Hier wurden sie abermals gespeist und bekamen Kleider und Wäsche.

Denn jeder, der besaß, erachtete es als Verpflichtung, in dieser Zeit den Ärmsten mitzuteilen und wohlzutun.

Mit dem grünen Donnerstag war die Herrlichkeit zu Ende. Da mußten die Fremden das Lager räumen, das hinter ihnen abgebrochen wurde, und dahin wandern, von wo sie gekommen, oder wenn sie, wie viele von ihnen gar kein Heim hatten, weiter auf ihrem Bettelweg ziehen.

Das Kinderfest zu Berka an der Werra (Thüringen)

Hugo Göring (gegen 1900)

So weit mündliche Überlieferung es bestätigt, wurde der dritte Ostertag der Hauptsache nach seit Jahrhunderten in dieser Weise gefeiert. Nach Rücksprache mit den ältesten Männern Berka's, die das 80. Jahr überschritten haben und sich noch deutlich der Erzählungen ihrer Eltern und Großeltern von deren Jugend und Vorzeit erinnern, konnte ich feststellen, daß ursprünglich als Geschenk dem Lehrer ein Widder mit vergoldeten Hörnern, wie er beim germanischen Frühlingsfeste zum Opferschmaus geliefert wurde, später ein Lamm zugeführt wurde. Vor etwa 100 Jahren trat an die Stelle des Lammes ein Kuchen, dem man die rohe Form eines Lammes gab. Später verlor sich auch diese Anspielung an das ursprüngliche Geschenk, indem man sich nur an den Kuchen hielt, den man als eine Riesenbrezel vom Durchmesser einer Elle formte. Fehlte ja auch das Flitter- und Klappergold nicht: von den Widderhörnern ist es auf das Brezelfähnchen, die Rosmarin- und Buchsbaumsträuße übergegangen, die an der Weinflasche und den Tabakpäckchen befestigt sind. An Stelle des altgermanischen Priesters, dem das Opfer überreicht wurde, stehen Kantor und Lehrer von Berka. Und kann man das Frühstück der Musikanten nicht als geschichtlichen Überrest eines echt germanischen Opferschmauses betrachten? Als besonders charakteristisch trat in alter Zeit noch die Sitte hervor, daß sich die Kinder mit Schlehdornblüten schmückten, die auf der „Stede", in den drei „Wolftern" und auf der „Dornhecke" im Überfluß zu finden sind und eine würdigere Zierde bilden, als die jetzigen geschmacklosen Kunstblumen. Die Mädchen ließen das in unserer Gegend noch reich wachsende Haar in langen Zöpfen mit roten Schleifen niederhängen. Vor 60–70 Jahren flochten sie sich die Haare zu einem breiten Neste in 6–7 dünnen Zöpfen. Nirgends ist das Oster-Kinderfest im Werratal wie bei uns ausgeprägt.

Elle: altes Längenmaß, annähernd 70 cm

Das Eierhärten in Sachsen

Eugen Mogk (um 1870)

Eine wichtige Rolle spielen in der Osterzeit, und besonders am Gründonnerstag, die Ostereier. An ihnen können wir so recht beobachten, wie sich der lebendige Glaube durch die symbolische Handlung in die Sitte flüchtet, diese aber im Laufe der Zeiten ganz verflacht. Während es in früheren Jahrhunderten Pflicht der Männer war, im Frühjahr vor Beginn der Feldarbeit Eier zu genießen und die Schalen aufs Feld zu streuen, um dies durch solche symbolische Handlungen fruchtbar zu machen, sind heute die Frühjahrseier nur die Freude und Sehnsucht der Kinder in der Osterzeit, die draußen im Gras oder auf den Beeten des Gartens gesucht werden und von denen die alte Sage geht, daß sie der Osterhase gelegt habe. In den Städten aber hat sich die Spekulation der Ostereier bemächtigt: das Symbol des neuerwachenden Lebens liegt aus Schokolade und Zucker in den Fenstern des Konditors, gehütet vom Osterhäschen aus Marzipan.

Es ist viel über den Ursprung der Ostereier geschrieben worden. Man hat auch in ihnen alte Opfer finden wollen, die bald diesem, bald jenem Gotte gegolten hätten. Für solche Annahme fehlt jeder Beweis. Das eine nur ist Tatsache, daß die Sitte, Ostereier zu essen, sehr alt ist und sich schon im frühen Mittelalter nachweisen läßt. Aber auch damals war sie weiter nichts, als was sie noch in diesem Jahrhundert ist: eine symbolische Handlung, durch welche die Fruchtbarkeit der Felder oder der Geschöpfe geweckt werden sollte.

In Anlehnung an die Sitten, die sich um die Ostereier gebildet haben, sei das in manchen Gegenden Sachsens, besonders im oberen Vogtland (in Markneukirchen, Adorf, Klingental), gebräuchliche Kinderspiel „das Eierhärten" erwähnt, das sich auch in anderen Ländern Deutschlands nachweisen läßt. Die Knaben sammeln schon Wochen vor Ostern harte Eier mit möglichst festen, starken Schalen. Erscheint nun Ostern, so versammelt sich die ganze Jugend auf dem Markt und das Härten beginnt. Je zwei Buben schlagen entweder sowohl mit der Spitze als mit der untern Seite der Eier oder nur mit der oberen und unteren Spitze zusammen. Derjenige, dessen Ei zerbricht, hat verloren.

Der Eierritt in Haid bei Saulgau

Anton Birlinger (um 1860)

Dasselbe fand zur Osterzeit an einem Sonn- oder Feiertag statt. Zuvor wurde von ledigen Burschen ausgemacht, wer die beiden Reiter sein sollten; der eine mußte die Eier auflesen und der andere während dieser Zeit nach Saulgau reiten. Ungefähr hundert Pfähle wurden längs der Straße vom Wirtshaus an in gehöriger Entfernung in den Boden geschlagen. Sie mußten so hoch sein, daß der Reiter das Ei bequem langen konnte. Der Kopf jedes Pfahles war mit einem Kranz von Blumen verziert, den die ledigen Mädchen besorgten.

Nach dem Mittagessen ging das Fest erst an, wozu sich alle Einwohner des Orts und viele Auswärtige einfanden. Alles versammelte sich zur festgesetzten Stunde vor dem Wirtshaus. Die beiden Reiter tanzten hier im Hofe mit schon vorher hierzu bezeichneten Mädchen die sogenannten „Vortänze". Jeder Reiter hatte eine weiße Hose an, kein Wams über sein weißes Hemd, aber schöne rote Hosenträger; beide Ärmel waren mit Bändern verziert, um den Leib trug er eine Schärpe und auf dem Kopf ein rotes Käppchen. Die Mädchen mußten weiße Schürzen haben, einen Kranz auf dem Kopf und einen Strauß in der Hand.

Nach dem Vortanz begann der Eierritt. Der eine Reiter ritt Saulgau zu und mußte bei seiner Rückkehr vom Bären ein gewisses Brot zum Wahrzeichen mitbringen. Der andere Reiter begann zu gleicher Zeit seinen Eierritt, d. h. er mußte jedes auf dem Pfahle liegende Ei einzeln auf seinem Pferde abholen; zuerst das äußerste und so fort, und in eine Wanne werfen, die halb mit Spreu angefüllt war. Der Wannenheber mußte sich beim ersten Pfahl nächst des Wirtshauses aufstellen und das ihm zugeworfene Ei auffassen und nachher in eine neben ihm stehende Schüssel legen. Er konnte dem Reiter seine Arbeit wesentlich erleichtern oder erschweren; denn ein geschicktes Auffassen verkürzte dem Eierleser den Weg. Beim ganzen Geschäft sollten aber nur wenige Eier zerbrochen werden. Das letzte Ei wurde irgendeiner Person auf den Kopf geworfen, was ein allgemeines Gelächter verursachte.

Bären: *Wirtshaus in Saulgau*

Bei jedem Pfahl stand ein Mädchen, das auf die vorhin beschriebene Art gekleidet war. Da es aber auf der Haid nie so viel Mädchen gab, als

Pfähle dastanden, so rückten sie eben mit dem Reiter nach und nach vor. Die Eier brachten die mitspielenden Mädchen mit.

Wäre der Eierreiter nicht vor der Rückkehr seines Kameraden fertig geworden, dann wäre die Würze des Festes verlorengegangen. Darum trat auch dieser Fall hier nie ein. War der Eierreiter mit dem Einsameln der Eier fertig, so setzte sich der ganze Menschenschwarm in Bewegung und ordnete sich zum Zuge, um den rückkehrenden Reiter abzuholen. Voran trug ein Knabe und ein Mädchen die Fahne, an der ein Westenzeug und ein Nastuch hing. Das waren Gaben von den Wirtsleuten, den beiden Reitern bestimmt. Die Mädchen suchten nun auf diesem Hin- und Herwege ihre Sträuße an den Mann zu bringen. Nahm ein Jüngling den dargebotenen Strauß an, so war dies ein Zeichen, daß er seine Geberin zur Tänzerin für diesen Abend auserkoren hatte; sie war noch außerdem zechfrei. Brachte ein Mädchen ihren Strauß nicht an den Mann, so wurde es zu seinem größten Ärger der Gegenstand des Gespöttes der ganzen Menge und konnte auf Zechfreiheit keinen Anspruch machen. Kam nun der Zug wieder beim Wirtshaus an, so erhielten die beiden Reiter ihre Belohnung und hatten das Recht der Vortänze, die auch gleich getanzt wurden; hernach tanzten die ledigen Burschen, die Sträuße angenommen hatten. Später konnte tanzen, wer wollte.

Im Wirtshause nahmen die beiden Reiter mit ihren Tänzerinnen, und die Mädchen, welche beim Spiel mitmachten und ihre Sträuße anbrachten, mit ihren Tänzern an einem besonderen Tisch Platz. Die übriggebliebenen Eier wurden von der Wirtin unentgeltlich für diese Gesellschaft eingeschlagen.

***Einschlagen:** als Speise zubereiten*

Verbrennen des Ostermanns bei Freising

Friedrich Panzer (um 1850)

Nach Aussage alter Leute war es in Giggenhausen bei Freising und in Aufkirchen bei Erding Brauch, am Ostersamstag abends zwischen neun und zehn Uhr nach der Feier der Auferstehung den Ostermann zu verbrennen. Es geschah auf folgende Weise: Die Burschen des Dorfes verbanden eine lange Stange oben mit einer Querstange und umwickelten dieses Geripp ganz mit Stroh, so daß es einem Mann mit Kopf und ausgestreckten Armen ähnlich war. Über den Kopf befestigten sie ein Benediktenkreuz. Das Ganze war der Ostermann. Sie pflanzten ihn auf einer Anhöhe, eine Viertelstunde vom Dorf entfernt, in den Boden, steckten um ihn herum mit Stäben, je nach ihrer Anzahl, einen Kreis von 200 bis 300 Fuß im Durchmesser ab und stellten sich um diesen Kreis in gleichen Abständen voneinander auf. Kein Dorfbursche unter achtzehn Jahren durfte daran teilnehmen. Inzwischen hatte ein Bursche im Kreise, nahe dem Ostermann, eine geweihte Wachskerze aus der Kirche angezündet und hielt sie in Bereitschaft. Ein anderer, eigens dafür gewählt, gab das Zeichen zum dreimaligen Umlaufen um den Kreis. Während des dritten Umlaufes rief er: „Hottrei!“ d. h. rechts rein! Alle liefen nun gegen den Ostermann; wer ihn und die brennende Kerze zuerst erreichte, durfte ihn anbrennen. Da war Jubel, bis der Ostermann ganz verbrannt war. Dann wählten sie drei aus ihrer Mitte, und jeder beschrieb mit einem Stabe dreimal einen Kreis auf dem Boden um die Asche herum, so weit sie reichte. Hierauf verließen alle den Platz.

Fuß: altes Längenmaß, etwa 30 cm

Am Ostermontag sammelten die Bewohner des Dorfes die Asche, streuten sie auf ihre Felder und besteckten diese zugleich mit Palmzweigen, welche am Palmsonntag geweiht, und mit Holzstäbchen, welche am Karfreitag gebrannt und geweiht worden waren, um ihre Felder gegen Schauer zu schützen.

Das Aufpeitschen am ersten Osterfeiertag

Johann August Ernst Köhler (1867)

In Adorf (Vogtland/Thüringen) war bis vor wenig Jahren das „Aufpeitschen“ noch üblich, und auf den Dörfern in der dortigen Gegend ist es auch jetzt noch unter den miteinander bekannten jungen Leuten im Gebrauch. Am frühen Morgen des ersten Feiertags begeben sich die Burschen mit frischen Ruten an die Betten der Mädchen und peitschen sie buchstäblich auf und aus dem Bett, und am ersten Pfingstfeiertag verfahren die Mädchen in gleicher Weise mit den Burschen. Die, welche gepeitscht haben, bekommen darauf Kaffee.

Eiersingen und Eiertanz

Johannes Seiler (1925)

Welch weite Verbreitung, wenn auch in abweichenden Formen, bestimmte Bräuche hatten, zeigen die hier ausgewählten Texte.

Im Mittelalter waren die Feste noch mehr wie heute öffentlich, sie beschränkten sich nicht auf Hausfeiern, sondern das ganze Dorf nahm gemeinschaftlich daran teil. Schon daß diese meist durch einen Gottesdienst eingeleitet wurden, brachte dies mit sich; dann aber war der Festplatz meist der Dorfanger bei der Dorflinde, obwohl das Dorfwirtshaus in dieser Zeit schon existierte. Die christlichen Hauptfeste, Weihnachten, Osten und Pfingsten, hatten zugleich noch ihre Bedeutung als Naturfeste und waren mit volkstümlich Sitten verbunden, auf die fast ebensoviel Gewicht gelegt wurde wie auf die religiösen Feiern. So war Ostern das Frühlingsfest und in manchen Gegenden hat sich bis heute noch die Sitte des Eiersingens durch die Kinder und der Eiertanz bei der Dorfjugend erhalten. Im Monat Mai um die Zeit des Pfingstfestes pflanzte man vor den Dorfhäusern die grünen Birken und im Mittelpunkt des Ortes eine einzige große, die Maienstange, die feierlich aus dem Walde geholt und mit bunten Bändern geschmückt worden war, um die dann getanzt wurde. Unsere Kirchweihbäume werden daher auch heute noch Maienbäume genannt.

Die Osterbrunnen – ein neu belebter Brauch

Es ist eine erfreuliche Beobachtung, daß heute vielfach alte Bräuche wiederbelebt werden. Dazu zählt die vorwiegend in Franken verbreitete, aber auch anderwärts geübte Sitte des Schmückens von Osterbrunnen. Wir zitieren dazu aus der Heimatzeitschrift „Frankenland" vom August 1994 (Elisabeth Roth):

Der bekannteste oberfränkische Osterbrauch ist zweifellos das Quellen- und Brunnenschmücken, das sich in den letzten Jahrzehnten weit über sein Kerngebiet, die Fränkische Schweiz, verbreitet. Den ältesten Beleg für den Raum um Bayreuth fand ich in der handschriftlichen Sammlung von Wilhelmine Vogel aus den Jahren 1845–1858.

[...] Bei aller ortsbezogenen Rivalität weise ich den Vorwurf zurück, daß das Schmücken nur dem Fremdenverkehr diene. Als ein Gegenbeispiel nenne ich nur den Brunnen in dem kleinen Ort Lauf bei Zapfendorf, gestaltet von den Lehrersleuten unterstützt von Mitgliedern des Obstbauvereins. Den kaskadenartigen Brunnen zieren 3000 bemalte Eier, darunter auch solche mit religiösen Motiven.

Vermutlich wirken mehrere Faktoren zusammen, um diesem so arbeitsaufwendigen Brauch eine solche Resonanz und stets neue Freunde zu gewinnen: Die Gefährdung unserer Umwelt, die wieder erwachte Achtung vor dem Wasser als kostbares Gut, Freude an gemeinsamer freiwilliger Arbeit in der vermehrten Freizeit, schließlich eine brauchtumsfreudige Gegenwart, die mit Lied und Musik den Abschluß des „Brunnenputzes" feiert. Ob den geschmückten Osterbrunnen eine weitere Verbreitung gelingt, bedarf der Beobachtung; das bisher westlichste Beispiel in Franken sah ich in Mömbris, Landkreis Aschaffenburg. Inseln sind im Allgäu und in Westfalen bekannt, wohin der Brauch durch oberfränkische Zuwanderer gelangte.

Heute werden von Heimatvereinen und Busunternehmen Besichtigungsfahrten zu den schönsten Brunnen organisiert.

Daß es in Dörfern um Coburg noch das Osterwasserholen gibt, berichtete eine Studentin 1975 und meldete für evangelische Orte die Nacht von Gründonnerstag auf Karfreitag als Termin. Für das „Heiligwasserholen" nannte ihr eine 66jährige Frau folgende Begründung: „Das tean mer daß ma ölla Krankheit ogewasch", unter dem Ausdruck verstand sie auch „Streit, Ärger, Sorgen."

Hätten Sie gewußt, daß mancherorts der Storch die Ostereier bringt?

Aus dem vielseitigen weltlichen Brauchtum um das Ei, das den Kindern in Franken zumeist der Hase legt (nur in Neustadt bei Coburg wie im nahen Thüringen bringt der Storch die Eier), sei auf das viele Aktive und Passive anziehende Eierwettlaufen in Remlingen (Ufr.) hingewiesen.

Osterfeuer und Ostereier in Norddeutschland

Hermann Maier (1868)

Das Osterfeuer ist dem nördlichen, das Johannisfeuer dem südlichen Deutschland eigen. Jenes bezeichnet den Eintritt des Frühlings, dieses die Mitte des Sommers.

Im nordöstlichen Ostfriesland wird in der Woche vor Ostern an einer passenden Stelle einer nicht zu kleinen Wiese, dem Dorfe nicht zu nahe, Holz, Strauchwerk, Stroh und Updrift, d. h. das von den Gewässern ausgeworfene Brennmaterial, emsig gesammelt und davon ein Haufen ordentlich aufgebaut. Von dem erbeuteten Pfahlwerk wird zuerst ein starkes Gerüst errichtet, dieses hoch auf mit Sträuchern bedeckt und darüber das Röhricht ausgebreitet, welches die Gewässer gespendet haben. Dürre Äste, Zweige sowie trockenes Stroh wird im Innern sorgsam verwahrt bis zum Abend des Tages vor Ostern, wo es feierlich angezündet und geschürt wird, daß die Flammen hoch hinauf in die Decke hineinzüngeln und dort zünden. Eine leere Teertonne, die der Krämer oder Müller zum billen Preise abließ oder gar schenkte, nimmt nicht den schlechtesten Platz ein und erhöht die Freude bedeutend.

Wenn dann die Flammen knisternd und prasselnd durch alles hindurchdrängt und die Lohe hoch in die Luft steigt und weithin in die Nacht hinausleuchtet, dann umtanzen Kinder und Jünglinge, Knechte und Arbeiter die Stätte und schwingen große mit Teer gefüllte Strohfackeln, die sie auf einer Heugabel tragen, und das Freudengeschrei und das Jauchzen will kein Ende nehmen.

Aus der Ferne beobachtet, gewähren diese beweglichen Flammengarben einen hübschen Anblick, indem sie sich bald in geordnetem Zug bewegen, bald sich zerstreuen, jetzt vom Hauptfeuer sich entfernen und dann wieder dahin zurückkehren. Die älteren Landleute beteiligen

Ostereiersuchen: überall Ostervergnügen der Kinder

sich selten an der Festlichkeit, sind aber gewöhnlich am Ausgang des Dorfes versammelt, um das prächtige Schauspiel zu genießen, der allgemeinen Lust sich zu freuen und – wehmütig jener Tage zu gedenken, da auch sie mithalfen, „Paaske in die Mööte to brennen".

Sind die Stützen durchgebrannt und ist das Ganze zu einem brennenden Haufen zusammengesunken, dann sucht es einer dem andern an Kühnheit und Mut zuvor zu tun. Man überspringt und durchwandert das Feuer, da dieses schützende Kräfte gegen verschiedene Krankheiten und sonstiges Ungemach haben soll, und mancher Bursche geht, wenn das Feuer erloschen ist, mit halbversengten Kleidern heimwärts.

Ganz ähnlich wird dieses uralte Fest an der Weser gefeiert, denn dort pflegt man, wie Jakob Grimm mitteilt, ein Teerfaß auf einer strohumwundenen Tonne zu befestigen und es in der Nacht anzuzünden. Knechte, Mägde und wer dazu kommt tanzen jubelnd und singend in der Flamme, Hüte werden geschwenkt, Tücher ins Feuer geworfen. Alle Gebirge im Umkreis leuchten.

Der ursprüngliche, nur noch in wenigen Gegenden heimische Gebrauch, alles Feuer im Hause ausgehen zu lassen und vom Osterfeuer eine neue Flamme zum Wiederanzünden des Feuers und des Lichts mit nachhause zu tragen, ist hierzulande völlig verlorengegangen.

Allgemeiner und verbreiteter sind die Ostereier, die am Ostertage gegessen und buntgefärbt den Kindern geschenkt werden.

Die Spiele der Kinder mit ihren Ostereiern sind in den verschiedenen Gegenden Ostfrieslands verschieden. Hier wird damit gehickt, dort gerollt, dort werden sie auf einer moosreichen Wiese mittels der Schleuder hoch in die Luft geworfen usw.

In einigen Gegenden geht die liebe Jugend von Haus zu Haus, die Ostergabe in Empfang zu nehmen, und singt dabei folgende Strophen:

Dideldumdei,
Oomke geef mi'n Paaskeei,
Nix is nix,
Een is wat,
Geef mi twee, dann ga 'k mien Pad.

Oomke: *Onkelchen;* ***Paaskeei:*** *Osterei;* ***ga'k mien Pad:*** *geh ich meiner Wege.*

Der Brauch des „Stroh raus!“ in Oberhessen

Gustav Landau (um 1860)

Schon am frühen Morgen des dritten Ostertages war zu Volkmarsen in Oberhessen die Jugend in Bewegung, untermischt mit Leuten auch eines reifen Alters, und sammelte Stroh. Durch alle Gassen ertönte der Ruf: „Strauh ruth!“, (Stroh heraus!), und kein Haus wurde übergangen. Zögerte jemand mit der Beisteuer, dann wurde jener Ruf lauter und ungestümer und dauerte, sich stets verstärkend, bis man befriedigt war. Statt des Strohes gaben manche auch andere brennbare Stoffe, wie Teertonnen, Pechkisten usw. Nach althergebrachter Sitte waren die Bewohner der Stadt während dieses Festes in zwei Teile getrennt, nach einer vom Markt durch die Stadt sich ziehenden Linie. Die Oberlinge und die Niederlinge, wie man beide Teile nannte, bildeten gewissermaßen zwei feindliche Heerlager. Keiner durfte in dem dem andern Haufen zugewiesenen Stadtteil sammeln, und geschah dies dennoch, oder wurde auch nur einer der andern Partei in dem ihm fremden Stadtteil angetroffen, so verfiel er der Strafe des Stutzäsens, d. h. man stieß ihn mit demjenigen Teil des Körpers, der schon beim Kinde als der vorzugsweise zum Empfang von Strafen am meisten geeignete betrachtet wird, mehreremale gegen eine Wand, worauf er dann friedlich zu den Seinigen entlassen wurde. Auf beiden Seiten wiederholten sich diese Prozeduren öfter, und zwar stets begleitet von dem Jubel der Anwesenden. Sobald man die Sammlung beendet, trat Frieden ein, und derjenige Teil, der am meisten gesammelt, wurde als Sieger erkannt. Jeder Teil lud seine Sammlung auf einen Wagen, und sobald die Sonne sich neigte, ordnete sich der Zug, die Sieger mit ihrem Wagen voraus, zunächst hinter der Musik.

Wie man sieht, war Brauchtum nicht auf das flache Land beschränkt.

So stieg der muntere Zug am Kugelberg hinauf und zu dessen höchstem Punkt, dem sogenannten Füllen, nahe den altersgrauen Trümmern der Burg. Hier war bereits ein mit Armen versehener Baum aufgerichtet, an dem sofort alle Brennstoffe aufgeschichtet wurden bis zu seiner Spitze. Nachdem das alles vollendet und das Dunkel der Nacht eingetreten war, wurde der Haufen entzündet, und indem die Flammen hoch hinaufschlugen und das Dunkel weithin erhellten, sang die rings umher gescharte Menge ein Lied, das etwa so anhob: „Der Oberling, der Oberling soll leben!“, oder wenn die Niederlinge die Sieger: „Der Niederling, der Niederling soll leben!“ Doch wurden auch noch andere Lieder angestimmt, die auf die Feier keinen näheren Bezug hatten. Man achtete währenddessen sorgfältig auf die Richtung, die der Rauch nahm, denn das Feld, über das dieser hinzog, war dasjenige, in dem in diesem Jahr der Flachs am besten gedeihen sollte. Nachdem das Feuer erloschen, sammelte man sich in der Stadt zum Tanz. Auch anderwärts schloß die Feier mit einem solchen. Hin und wieder, und namentlich geschah dies im Waldeckischen, ließ man auch wohl ein brennendes Wagen- oder Pflugrad den Berg hinabrollen.

Wetterregeln für die weiteren Lostage im April

Die Lostage im April beginnen mit dem 1. (an dem angeblich Judas geboren und Luzifer in die Hölle geschickt wurde). Des heiligen Christian gedenkt man am 3., tags darauf ist der Todestag des berühmten Mailänder Bischofs Ambrosius; am 5. ist Vinzenztag, und am 14. dann der Tag des heiligen Tiburtius. Dem wichtigen Georgstag am 24. folgt tags darauf der Markustag, am 28. ist Sankt Vitalis, und die den April beschließende Walpurgisnacht spielt vor allem im Aberglauben eine wichtige Rolle.

Im Bauernjahr gedenkt man des berühmten, am 4. April 397 verstorbenen Bischofs Ambrosius von Mailand an seinem Todestag; die Kirche feiert sein Fest am 7. Dezember. Florianstag ist genau einen Monat später.

Säen am 1. April
verdirbt den Bauern
mit Stumpf und Stil.

Wer an Christian säet Lein
bringt schönen Flachs in seinen Schrein.

Ambrosius
schneit oft den Bauern auf den Fuß.

Ist Ambrosius schön und rein,
wird St. Florian um so wilder sein.

Erbsen sä' an Ambrosius,
so tragen sie reich und geben gut Mus.

Der Tagesheilige ist Vinzenz Ferrer aus Spanien.

Ist Sankt Vinzenz Sonnenschein,
gibt es vielen, guten Wein.

Grüne Felder auf Tiburtiustag
ziehen viel Getreide nach.

Kommt Tiburtius mit Sang und Schall,
bringt er Kuckuck und Nachtigall.

Am fünfzehnten April
der Kuckuck singen soll
und müßt' er singen selbst
aus einem Baum, der hohl.

Auf Sankt Görgen
soll man die Kühe von den Wiesen schergen,
denn ist Sankt-Görgens-Tag vorbei
dann gehen die Wiesen rasch ins Heu.

Schergen:
scheuchen

Wenn's am Jörgentag regnet, gibt's keine Birnen.

Zu Georgi soll ein Rabe sich
im Roggen verbergen können.

Hohes Korn zu St. Jürgen
wird viel Gutes verbürgen.

St. Georg muß Laub auf dem Huf haben.

Vor Georgi soll der Hopfen gerührt werden.

Kommt St. Georg geritten auf einem Schimmel,
so kommt auch ein gutes Frühjahr vom Himmel.

Auf einem
Schimmel reiten:
Schnee bringen

Sind die Reben um Georgi noch blind,
freut sich Weib und Kind.

Auf St. Georgens Güte
stehen alle Bäum' in Blüte.

Sankt Georg und Mark's
dräuen oft viel Arg's

Solange es vor St. Markus warm ist,
solange ist es nachher kalt.

Leg' erst nach St. Markus Bohnen,
er wird dir's reichlich lohnen.

Solange die Frösche vor Marci schreien,
so lange müssen sie nach Marci schweigen.

St. Markus kalt, so ist auch die Bittwoch kalt.

Bauen um Markus schon die Schwalben,
gibt's viel Futter, Korn und Kalben.

Friert's am Tag von St. Vital,
friert es wohl noch fünfzehn mal.

Osterfeuer und Osterwasser in Westfalen

Hermann Hartmann (1871)

Christliches Brauchtum wurzelt vielfach in heidnischer Vorzeit.

Man glaubt (in Westfalen), man werde noch so viele Jahre leben, als man am Osterabend Osterfeuer erblickt.

Vor allem aber hat das Wasser, das am Ostermorgen früh geschöpft wird, eine heilende Kraft. Das Notfeuer ist als solches in Westfalen nicht bekannt; dagegen treibt man junges Vieh durch ein rotes Stück Garn, welche Prozedur ebenfalls eine reinigende Kraft auf jenes ausübt. Wenn man eine Sternschnuppe fallen sieht, soll man rasch ein Vaterunser beten. Auch wird der Wunsch, welchen man in diesem Augenblick denkt, gewährt. Feuerkugeln sind Drachen, die in irgendein Haus niederfahren, um ihren Günstlingen Schätze zu bringen. Beim Abbrennen der Osterfeuer (Gott Donar, welchem die Osterfeuer angezündet wurden, macht die Erde fruchtbar, indem er Donner und Blitz, Wind und Regen mit heiterem Wetter abwechseln läßt) sorgt man durch Schlagen auf das Feuer, durch Umhertragen der Brände dafür, daß die Funken weit über die angrenzenden Äcker fliegen, um diese dadurch fruchtbar zu machen. Als Donnerkeil (Donars Hammer) fährt der Blitz nieder, und jener, wenn er aufbewahrt wird, schützt wiederum vor dem Einschlagen des Gewitters. Brennende Kohlen zeigen einen Schatz an, ebenso die Mistel, bekannt im skandinavischen Mythos als die Pflanze, welche die Ursache von Balders Tod wurde. Es liegt unter dem Baum, auf dem eine Mistel angetroffen wird, ein Schatz begraben. Wo auf einem Dach die Hauswurz wächst, da schlägt der Blitz nicht ein. Man sucht deshalb in kleinen mit Erde gefüllten Kästen oder Holzschuhen die schützende Hauswurz auf den Dächern anzupflanzen. Als Feuermänner müssen diejenigen nach ihrem Tod geistern, die in ihrem Leben Grenzsteine verrückt haben.

Osterlichter und Pfahlfeuer

Fritz Heger (1925)

Es hat das Volk auf mancherlei Art den Winter vertrieben, aber noch sind die bösen Mächte nicht völlig besiegt. Wenn auch der Lenz seinen Einzug hält, Frostnächte und Rauhreif bedrohen noch die jungen Saaten und die zarten Blüten. Deshalb leuchten zur Osterzeit noch einmal segenspendende Feuer auf. Wie die Rhönbuben den Hutzeltag feierten, so laufen die Burschen am Wörnitzgelände und namentlich am Hellberg bei Leutershausen mit ihren „Osterlichteln" längs der Hügelkämme, wenn am Ostermontag das erste Abendläuten von den Dorfkirchen tönt. Freundlich blinken die Fackeln ins Tal gleich einer langen Kette schwebender Flämmchen. Deutlicher kommt die Segenwirkung zum Ausdruck beim Pfahlfeuer in einzelnen Orten der Eichstätter Alp. Hier entflammt man an einem Pfahl auf den Wiesen ein großes Strohfeuer. Dabei herrscht der Glaube, daß das Wetter der Feldfrucht keinen Schaden zufügen kann, soweit der Rauch des Feuers reicht. Das Judasverbrennen auf den Kirchhöfen in der Forchheimer Gegend erinnert an das Winterverbrennen und zeigt, wie die Kirche die alten Volksbräuche in ihren Bann zog.

***Hutzeln** sind gedörrte Birnenschnitze und auch ähnliches Dörrobst.*

Die Georgiritte

Felix Dahn (um 1870)

Den 24. April – an dem Fest des heiligen Georg – finden in manchen Gegenden zu Ehren des ritterlichen Heiligen große Prozessionen zu Pferd mit großem Prunk in althergebrachten Formen statt; so namentlich im Chiemgau, wo viel Pferdezucht getrieben wird. Besonders feierlich wird dieser Georgiritt gehalten am nördlichen Ufer des Chiemsees im alten Gericht Stein, Pfarrei St. Georgen. Im Jahre 1804 wie alle ähnlichen Feste abgestellt, wurde diese Feier 1833 durch königliches Reskript wieder erneuert. Um 6 Uhr morgens versammeln sich nach dem Frühgottesdienst die Reiter aus allen umliegenden Dörfern, mehr als hundert an der Zahl, im Schloßhof zu Stein, jeder mit zwei Rossen; um

***Reskript:** Erlaß*

Georgiritte finden (und das gilt auch für die Leonhardiritte) keineswegs immer an den entsprechenden Tagen statt; Termin für den Traunsteiner Georgiritt, der auch heute noch viele Besucher anzieht, ist zum Beispiel der Ostermontag.

7 Uhr bricht der Zug auf, geführt von zwei berittenen Postillionen, 6 blasenden Trompetern und ebenso vielen Engeln, d. h. kleinen Bauernbuben in weißen Jacken mit fleischfarbenen Strümpfen und roten Schuhen, auf schneeweißen Rossen, in ihrer Mitte der heilige Ritter Georg selbst in Gestalt eines Burschen aus St. Georg, der sich zu diesem Zweck besonders den Schnurrbart hat wachsen lassen; sein Schimmel trägt das Sattelzeug des 17. Jahrhunderts, er selbst den Blechharnisch, den Helm mit wallenden Federn, einen roten Mantel, hohe Reiterstiefel mit Sporen, in der linken hält er die rot und weiß bekreuzte Fahne, in der rechten das Schwert. An diesen Vortrab schloß sich früher die Gutsherrschaft von Stein samt dem Burgkaplan in Chorrock und Stola hoch zu Roß, jetzt ersetzt durch ein Mitglied des Landgerichts; darauf folgen zwei Zechpröpste, d. h. Vorsteher der Georgibruderschaft mit großen kranzgeschmückten Kerzen, und nun endlich die Reiter, paarweise, nach Pfarrein geordnet, vor jeder Schar ein Fähnrich. Der Zug

geht auf der alten Salzburger Straße über Weisham nach der St. Georgenkirche zu Weisbrunn, deren Pfarrer samt Klerisei den Pilgern mit dem Sanktissimum entgegengeht, begleitet von den Männern der Georgibruderschaft, von denen jeder im weißen Talar mit rotem Kragen einen Stab mit dem Bild des Patrones trägt. Darauf wendet dieser Zug von Fußgehern und macht Halt vor einer uralten Linde in der Nähe der Kirche, woselbst der Pfarrer zuerst allen Versammelten den Segen gibt und dann die Reiter, welche einer nach dem andern im Galopp an ihm vorüberjagen, mit Weihwasser besprengt. Nach einer Predigt und einem Hochamt in der Kirche des Heiligen zecht man oder treibt Roßhandel, da alles auf den schönsten Pferden erschienen ist, und endlich geht man zu Fuß nach Haus. Die Pferde werden von anderen nach Stein zurückgebracht. Anderwärts werden die Feste anderer Heiligen mit solchen Ritten gefeiert, namentlich der Tag des heiligen Leonhard. – Am Georgsabend wird in manchen Gegenden, so im Traungau, junges Gras, mit blanker Sichel geschnitten und mit geweihtem Salz bestreut, dem Vieh gegeben. Übrigens gehört die Georginacht – nebst der des ersten Mai und des weißen Sonntag – als Freinacht den ledigen Burschen; sie dürfen allerhand Mutwillen und Übermut ungeahndet begehen, und diese Freiheit wird dann gehörig ausgebautet. So schleppen sie das Ackergerät weit hinaus ins Feld und türmen es dort hoch auf, häufig am Stamm eines wilden Birnbaumes, ja, wenn es das niedere Dach eines Hauses irgend gestattet, wird wohl gar ein Leiterwagen auf den First gesetzt. Am Palmsonntag wird die Palmweihe gehalten; Die Palmbüschel werden an diesem Tag gebunden und geweiht; das Heft derselben bildet der Stab der heiligen Haselstaude – in welche niemals mehr der Blitz schlägt, seit sie der Mutter Gottes auf der Flucht nach Ägypten Schutz gegen Gewitter verlieh –, daran werden gebunden die Blütenkätzchen der Palmweide, die altheilige Mistel und der Wacholder (juniperus sabina), dessen Geruch alle Hexen vertreibt; doch muß der Haselstiel wohl geschält sein, denn Hexenspuk vermag sogar zwischen Holz und Rinde zu nisten. Für jedes Gemach des Hauses wird ein Palmbusch geweiht und das Jahr über wohl verwahrt; zieht ein Wetter herauf, so verbrennt man einen Teil davon im frisch entzündeten Herdfeuer, dann nehmen die Blitze ihren Weg an dem Haus vorbei.

Klerisei: *Priesterschaft;*
Sanktissimum: *Allerheiligstes*

Am Georgitag in Mähren

Theodor Vernaleken (1859)

In den Ortschaften an beiden Ufern der Thaja, in Mähren, ist folgender Brauch:

Am Georgitag (24. April) gehen alljährlich jene, die im letzten Fasching geheiratet haben, in Begleitung des Bürgermeisters und ihrer Eltern auf's Feld. Diese zeigen ihnen die Grenzen ihrer Gehöfte, Felder und Wiesen, und nachdem sie die Grenzsteine gereinigt haben, begeben sie sich in die Schenke. Da müssen die jungen Eheleute ihren Eltern ein Mahl geben.

Der Jörgentag im Unterinntal

Ignaz Zingerle (1857)

Alle älteren Texte und Kalender nennen als Georgstag den 24., obwohl die römische Kirche schon seit dem 7. Jahrhundert das Fest am 23. feiert.

Am Jörgentag (24. April) versammeln sich in den Orten des Unterinntales nach dem Mittagessen die Buben in einem Anger mit Schellen und Häfen, mit Kuh- und Dachglocken. Je größer die Schelle oder Glocke ist, um so stolzer ist ihr Träger. Während sich die muntere Schar vor allen Seiten her mehrt, kleiden sich drei der größten Buben in einer nahen Scheune oder Tenne als Zugführer. Sind diese mit ihrem Aufputz fertig, so kommen sie hüpfend und schnalzend in den Anger und ordnen den Zug. Ist dies geschehen, geht der Lärm los. Es läuten und schellen die Buben aus Leibeskräften und der Zug kommt in Bewegung. An der Spitze desselben geht der starke Melker. Es ist ein breitschulteriger Bursche mit einem Schnurrbart aus Ruß, und einem hellroten Hosenträger über dem schmutzigen Hemd. Er führt einen tüchtigen Stock in der Hand und trägt eine Kopfkraxe, die mit hölzernen Milchschüsseln, einem eisernen Kochhafen und einer dickbekrusteten Pfanne bepackt ist. Ihm folgen die Buben mit ihren Glocken paarweise, und zwar kommen die größten Glocken zuerst, und dann die kleinen nach der Ordnung. Nach den Glocken kommen die Schellen und Häfen, ebenfalls nach ihrer Größe geordnet. Den Schluß bildet der berußte Wurzengraber. Er ist in Lumpen gekleidet, führt eine Haue in der Hand und trägt

Kopfkraxe: *Rückentrage mit einem Gestell, das über den Kopf ragt*

Die erwähnte Kopfkraxe zeigt nebenstehende Abbildung.

einen Korb auf dem Rücken, aus dem Graswurzeln, dürre Frauendreißigenhöppinnen (Kröten) und Haradaxen (Eidechsen) heraushangen. Die lustigste Person des Zuges ist der leichtfüßige Hudeler. Dieser zeigt sich bald in der Mitte, bald an der Spitze, bald am Ende des Zuges, schneidet mit seinem kohlschwarzen Gesicht allerlei Grimassen, knallt mit einer tüchtigen Peitsche und belustigt groß und klein durch seine Hanswurst-Streiche. Besonders gerne neckt er zusehende, spritzige Dirndeln mit der rußigen Melkerpfanne. So geht nun der Zug unter weithin schallendem Geläute durch die längste Gasse des Dorfes auf die Felder. Steht irgendwo am Wege ein blühender Kirschbaum, muß er seine schönsten Blütenzweige herlassen, um damit den Korb des Wurzelgrabers zu schmücken. Sind die Kirschbäume noch nicht in Blüte, so wird der Korb mit Gras und Laubwerk geziert. Nach langem Umzuge durch die Felder kehrt der Zug durch eine andere Gasse ins Dorf zurück. Da erhalten die Zugführer und die Glocken- und Schellenträger bei manchem Haus, dessen Felder vom Zug berührt wurden, Brot, Butter, Käse oder auch Geld zum Geschenke. Sobald der Zug im Anger angekommen ist, laufen alle mit Geschrei und Gelärm auseinander.

Die drei Freinächte

Karl von Leoprechting (1855)

In der Nacht des 24. April (Georgsnacht), dann am Weißen Sonntag und am 1. Mai haben im Bayerischen die Ledigen ihre drei Freinächte. Diese Nächte gehören ihnen, was sie weidlich benutzen. Es wird da unglaublich viel Unfug getrieben und es ist ein absonderliches Herkommen, alles Ackergerät, dessen man habhaft werden kann, weit hinaus ins Gefild zu schleifen und dort hoch aufzutürmen, und zwar gerne an einem wilden Birnbaum. Niederen Häusern, die auf einer Seite an Bergleiten anlehnen, werden wohl ganze Wagen auf den First des Daches gesetzt, Mühlbäche abgelassen und dergleichen mehr.

Wetterregeln für den April

April, dein Segen
heißt Sonne und Regen –
nur den Hagel
häng'an den Nagel.

Viel Nebel im April
und Höherauch im Mai,
die führen wohl die Pest
und Hungersnot herbei.

Aprildürre macht alle Hoffnung irre.

April naß und kalt,
wächst das Korn wie'n Wald.

April trocken
macht die Keime stocken.

Aprilenschnee ist der Grasbrüter.

Der April macht die Blum',
und der Mai hat den Ruhm.

Des Aprilens Lachen
verdirbt des Landmanns Sachen.

Donner im April
viel Gutes künden will.

Aprilwetter und Kartenglück
wechseln jeden Augenblick.

Vom Regen im April
zeigt der Mai seine Blumen.

Nasser April – blumiger Mai.

Heller Mondschein im April
bringt den Blüten Schadens viel.

Auf Aprilflöckchen
folgen Maiglöckchen.

Im April
wächst das Gras die Füll'.

April und Mai sind die Schlüssel zum ganzen Jahr.

Aprilschnee ist besser als Schafmist.

Aprilenschnee dünget, Märzenschnee frißt.

Bläst der April mit beiden Backen,
gibt's viel zu jäten und zu hacken.

Des Aprils Privilegium:
leicht hundert Mal schlägt's Wetter um.

Auf nassen April folgt ein trockener Juni.

Bauen im April schon die Schwalben,
gibt's viel Futter, Korn und Kalben.

Es ist kein April so gut,
er schneit dem Hirten auf den Hut.

Ist es im April zu schön,
kann im Mai der Schnee noch weh'n.

Gehst im April bei Sonne aus,
laß nie den Regenschirm zuhaus'.

Ist der April recht naß und kalt,
so wächst das Korn hoch wie ein Wald.

Ist der April zu gut,
schickt er dem Schäfer
Schnee auf den Hut.

Wenn's donnert im April
dann hat der Reif sein Ziel.

Ist der April zu trocken,
läßt dies das Keimen stocken.

Ist der April schön und rein,
wird der Mai umso wilder sein.

April frißt der Lämmer viel.

Aprilenregen – großer Segen.

Im April ein tiefer Schnee
keinem Dinge tut er weh.

Schnee im April
gut düngen will.

Der März im Schwanz, der April ganz,
der Mai neu, halten selten Treu.

Treibt der April sein Spiel recht toll,
werden Tennen und Tonnen voll.

Wenn schon im April die Maikäfer fliegen,
so bleiben sie meistens im Schmutze liegen.

Der St.-Walpurgis-Tag in Hessen

Aus einer Zeitschrift um 1860

Die Walpurgisnacht war vor allem vom Aberglauben beherrscht.

In der Nacht vor dem Walpurgistag ziehen im Ziegenhainischen die jungen Burschen vor die Dörfer und knallen mit langen Peitschen die halbe Nacht durch, um die Geister zu vertreiben. Am Walpurgistage selbst ruhen viele Geschäfte, das Vieh wird nicht angespannt, es wird nichts verborgt, und wer Feuer holt, ist eine Hexe.

Walpurgisnacht in Thüringen

Victor Lommer (1881)

In der Walpurgisnacht sucht man die Unholde und die sogenannten Drachen durch eine kräftige Peitschen-Kanonade zu vertreiben. An die Stalltüren werden drei Kreuze gezeichnet, um das Vieh vor der Bezauberung der Hexen zu schützen.

Man unterscheidet in Thüringen zwischen dem guten und armen sowie dem Gelddrachen. Der Gelddrache ist feurig und fliegt zum Schornstein herein. Der Schornstein ist auch die Kommunikation des Teufels mit dem Hause. Der Teufel hält seinen Marsch inne, d. h. er geht auf dem First entlang von einem Schornstein zum andern.

Walpurgistreiben an der Nordseeküste

A. U. Hansen (1858)

Vormalig an der schleswig-holsteinischen Westküste feierte man die Walpurgis- oder Mainacht mit Einpflanzen von wurzellosen und kaum knospenden Birken vor befreundeten Häusern, mit Anzünden von Feuerstoffen auf Hügeln und Deichen beim Dunkelwerden, mit Scherz und Kurzweil häufig an das Derbe grenzend, man band die Haustüren zu, ließ den Sothschwengel fliegen, nahm den Ackerwagen auseinander, setzte ihn auf den Firsten des Scheunendachs wieder zusammen usw. Natürlich weckten Speise und Trank zuvor den Witz und Mut des sinnigen Norddeutschen.

***Sothschwengel:** Dreschflegel*

Fränkisches Walpurgisbrauchtum

Fritz Heger (1925)

Noch sind die bösen Dämonen nicht gänzlich vertrieben, noch einmal treiben sie ihr Unwesen in der Walpurgisnacht, wo die Hexen tanzen und den Menschen Übles zufügen wollen. Mit Lärmen und Schreien, dem uralten Mittel wider feindliche Dämonen, sucht man sie zu verscheuchen. In Streitberg bliesen in dieser Nacht die jüngeren Buben die Hexen mit Schalmeien aus, die älteren Burschen verjagten sie mit Peitschengeknall. Auch im Regnitzgrunde wurden sie ausgeknallt und die Buben riefen dabei:

In Engelsham und Buttenham
da kommen d'Hexen und Truden zamm.

***Engelsham, Buttenham:** Engels-, Buttenheim*

In den kleinen Städtchen des Frankenwaldes führte man am Walpurgistag durch die mit Maien geschmückten Straßen einen Fruchtbarkeitsdämon in Gestalt der „Walber". Diese „Walber" stellte ein Bursche dar, den man vom Scheitel bis zu den Füßen in Stroh wickelte und ihm die Ähren gleich einer Krone über den Kopf zusammenband. Dieser „Walber" folgte ein großer Zug von jungen Handwerksleuten und Burschen, die Scherz und Kurzweil trieben, bis der Abend heranrückte und Musik und Tanz den Schlußstein der Walberfeier bildeten.

In derselben Gegend richtete man in der Walpurgisnacht Maibäume (hier Walberbäume genannt) auf, um die Tänze aufgeführt wurden. Die Sitte des Maiensteckens ist ein Zeichen des erwachenden Liebeslebens im Mai. Auch andere Bräuche wie das Mailehen erinnern daran. Die Maien wurden ursprünglich dem Schätzlein gesteckt. An der Aisch und Ehe galt der Brauch besonders. Im Zeitalter des Polizeistaates aber hat sich dieser alte Minnebrauch zu einer Verbeugung vor den Dorfwürdenträgern umgewandelt, wie Beyhl treffend bemerkt. Davon weiß schon Oberthür in seinem „Taschenbuch für Geschichte, Topographie und Statistik des Frankenlandes" (Leipzig 1795) zu berichten. Schon damals war es auf dem Lande Sitte, vor den Häusern des Pfarrers, des Schultheißen und anderer Leute, denen man Ehre erzeigen wollte, in der Nacht vor dem ersten Mai einen grünen, mit Bändern gezierten Baum zu errichten.

Das Lehnausrufen, ein hessischer Brauch

Georg Landau (1857)

Zu den mannigfachen sonst noch zu dieser Zeit üblichen Bräuchen gehört vor allem das Lehnausrufen. Es ist dies eine weitverbreitete Sitte, die ungeachtet unzählig gegen sie ergangener Verbote dennoch nicht ganz in Abgang gekommen ist. Noch im vorigen Jahr gab sie die Veranlassung zu einer großen Schlägerei, die unter der Amöneburg stattfand.

Am Abend vor Walpurgis – so wird im Schwalmgrund noch jetzt das Lehnausrufen geübt – versammeln sich die sämtlich mit Peitschen versehenen Burschen des Dorfes an einer außerhalb des Dorfes liegenden Stelle, und einer trennt sich vom Haufen und sucht sich einen erhöhten Standpunkt aus oder steigt wohl gar auf einen Baum. Derselbe ruft dann:

„Hier steh' ich auf der Höhe,
Und rufe aus das Lehen, das Lehen, das erste Lehen,
Daß es die Herren recht wohl verstehen,
Wem soll das sein?"

Darauf antwortete die Versammlung, indem sie den Namen eines Burschen und den eines Mädchens nennt, mit dem Zusatz: „In diesem Jahr noch zu Eh'!", worauf sofort sämtliche Peitschen in laute, weithin schallende Tätigkeit gesetzt werden. Dann schreitet man unter Beibehaltung derselben Formen zur Verkündigung des zweiten Paares und fährt damit fort, bis alle durch sind, jede neue Verkündigung durch Peitschengeklatsch bestätigend. Daß bei der Auswahl der Paare bestehende Verhältnisse meist berücksichtigt werden, versteht sich wohl von selbst. Ja, es fanden auch schon früher darauf abzielende Versprechen statt, namentlich am Scheidabend. Ein auf jene Weise zusammengegebenes Paar nennt man ein Mailehen, und zum Wahrzeichen befestigt das Mädchen selbst an den Hut seines Burschen einen Lehnstrauß. Ein solches Paar ist für alle in demselben Jahr vorkommenden Tänze verbunden, so daß keines ohne Bewilligung seines Genossen mit einer dritten Person tanzen darf. Früher führte dieser Verband nicht selten auch wirklich zu Ehen.

Scheidabend: letzter Abend vor dem Ausscheiden eines Dienstboten aus seiner bisherigen Stelle

Im April gibt es nur einen einzigen „verworfenen Tag": den 19.

Mai

Feld- und Gartenarbeit im Mai

Aus dem Lahrer Hinkenden Boten

Man versetzt aus den Mistbeeten ins Land; setzt Kraut, Kohl, Endivien, Bohnen, Kukumern, Kürbisse, Salat, Skorzoneren, Mangold, Winterrettiche. Die Rahnen gedeihen besser in einer leichten, Skorzoneren und Zwiebeln in einer starken Erde. Man untersucht, ob die Bohnen, die noch nicht gestoßen haben, und vor 14 Tagen gesetzt wurden, nicht etwa verfault sind; die faulen werden durch frische ersetzt; die Knoblauchblätter werden geknüpft; man sät den späten Blumenkohl in Beete und die Kohlrüben ins freie Land für den Herbst und Winter; kurz vor dem Neumond sät man Endiviensamen. Wenn die Wärme zunimmt, werden die Glocken und Fenster weggetan. Die Baumschule muß gejätet, und bei trockener Witterung die Erde um die Bäume herum mit Laub bedeckt werden, was auch den ganzen Sommer hindurch zu beachten ist. Man unterlasse nicht, die Bäume von den Raupen zu säubern.

Der alte Name für den Mai ist Wonnemond, die Kirche nennt ihn den Marienmonat.

***Kukumern:** Gurken; **Skorzoneren:** Schwarzwurzeln; **Rahnen:** rote Rüben*

Nesseln, grün oder getrocknet, geschnitten und dem Vieh mit eingebrühet, pflegen die Milch zu befördern. Wer sich die Mühe geben will, dergleichen, und zwar von der großen Art, an einem feuchten und schattigen Orte auszusäen und solche dem Melkvieh mitunter zu schneiden, der wird den Zuwachs an der Milch sehr bald spüren.

Das Mai-Lehen an der Ahr

Aus „Sitten und Sagen des Eifler Volkes“ (1856/58)

In Linnich an der Rur, nordöstlich von Aachen, wird der Brauch des Mailehens noch heute am 1. Mai geübt.

An der Ahr und in der Umgegend sowie auch in Blankenheim versammeln sich am Vorabend des ersten Mai alle Burschen des Dorfes, die eine Innung bilden und der ein gewählter Schultheiß, Schöffen und Schreiber vorstehen, zum Mai-Lehen. Der Schultheiß bietet unter der Linde oder vor der Kirchtür sämtliche Mädchen aus. Er ruft die einzelnen Mädchen des Dorfes mit Namen auf und schlägt jedes einzelne dem Meistbietenden zu. Der Ansteigerer hat das Recht, mit dem ersteigerten Mädchen während des Frühlings und Sommers zu tanzen und bei allen Gelegenheiten als ihr Bevorzugter zu gelten. Der Schultheiß hat beim Ansteigern die Vorhand und beginnt mit seinem angesteigerten Mädchen stets den Tanz. Die Mädchen, die bei der Versteigerung keine Liebhaber gefunden haben, bilden den „Bündel“ oder „Rummel“ und werden gewöhnlich in Bausch und Bogen von einem Burschen angesteigert, der dann bei ihnen dieselben Rechte hat wie jeder einzelne bei seinem Mai-Lehen. Die aus der Versteigerung zusammengebrachten Gelder werden an den Kirchweihtagen oder bei sonstigen Festlichkeiten gemeinschaftlich verzehrt. Nach der Versteigerung beeilt sich jeder Bursche, seinem „Mai-Lehen“ oder seiner „Mai-Frau“ einen schönen Maien an den Giebel oder auf das Dach ihrer Wohnung zu stecken, wogegen jene dessen Hut für den Tanz mit bunten Bändern und Blumen schmückt.

Kommt im Laufe des Jahres ein Mädchen zu Fall und zeigt es sich, daß sie schon beim Maifest ihr Kränzlein eingebüßt hatte, so wird die Dorflinde „gescheuert“, d. h. der Rasen oder das Pflaster um dieselbe aufgebrochen und erneuert. Überhaupt wird beim Mai-Lehen strengstens auf Ordnung und Sittlichkeit gesehen.

In Brohl, am Rhein, in Meckendorf, Adendorf und anderen Orten ist das angesteigerte Mädchen nicht nur verpflichtet, ausschließlich mit seinem Ansteigerer zu tanzen, sondern sich auch nur mit ihm allerwärts zu unterhalten und zwar so lange, bis man Blüten an den dicken Bohnen im Freien sieht.

Bauernweisheiten

Bauernschweiß ist der beste Dung.

Auf dem Acker ist kein besserer Mist,
als der an des Herren Stiefel ist.

Disteln sind dem Esel lieber als Rosen.

Es schlägt nicht immer ein, wenn es donnert.

Wer die Dornen scheut, kommt nicht in den Busch.

Einen alten Dreck soll man nicht aufrühren,
sonst stinkt er (Schweiz).

Wer lange droht, macht dich nicht tot.

Dulden, Schweigen und Lachen hilft vielen bösen Sachen.

Dummheit und Stolz wachsen auf einem Holz.

Eine rechte Dummheit ist immer noch mehr wert
als eine falsche Weisheit.

Gut gedüngt ist halb gewachsen.

Im Dunkeln leuchtet auch ein fauler Pilz (Rußland).

Einen Esel, der keinen Durst hat, kann man nicht zum
Trinken bringen (Frankreich).

Selbst eine gute Ehe ist Bußzeit (Rußland).

Gleiches Blut, gleiches Gut und gleiche Jahre
geben die besten Ehepaare.

Ein Riß in der Ehr' heilt nimmermehr.

Ehre und Geld gehen nicht in den selben Sack (Spanien).

Das Ei will oft klüger sein als die Henne.

Es fällt keine Eiche vom ersten Streiche.

Vor den Eichen sollst du weichen, vor den Fichten sollst du
flüchten, doch die Buchen sollst du suchen (bei Gewitter).

Kümmere dich nicht um ungelegte Eier.

Aus ungelegten Eiern schlüpfen keine Hühner.

Das einzelne Schaf ist in Gefahr vor dem Wolf.

Wenn dem Esel zu wohl ist, geht er aufs Eis tanzen.

Taube Nüsse und eitle Herrn
klappern, aber hab'n kein Kern.

Wer sich zum Esel macht,
dem will jeder seine Säcke auflegen.

Der Elster wird wohl auch ein Ei gestohlen.

Im Trüben ist gut fischen, aber auch entwischen.

Man soll die Ernte nicht schon verkaufen,
wenn die Saat erst schießt.

Es fällt auch das Pferd, das vier Beine hat (Italien).

Was zuerst ins Faß kommt, danach schmeckt es immer.

Dem Faulpelz geht die Arbeit von der Hand
wie das Pech von der Wand.

An den Federn erkennt man den Vogel.

Es ist kein Fisch ohne Gräte und kein Mensch ohne Fehler (Norwegen).

Nicht jedes Feld trägt gleiche Frucht.

Ist das Fest erst vorbei,
will niemand den Saal kehren (Italien).

Feuer und Wasser sind zwei gute Diener,
aber zwei schlechte Herren.

Man kann nicht von allem Flachs
feine Seide spinnen (Niederlande).

Dem fleißigen Hamster schadet der Winter nicht.

Fliege nicht eher, als bis dir Federn gewachsen sind.

Wer mit Hunden zu Bett geht, steht mit Flöhen auf.

Die wildesten Fohlen werden die besten Pferde.

Maientänze in Franken

Fritz Heger (1925)

Nach der unheimlichen Walpurgisnacht erreicht am ersten Mai die Frühlingsfreude ihren Höhepunkt. In Würzburg wurde der erste Maitag bis 1770 ganz besonders gefeiert. Da zogen junge Mädchen durch die Stadt. Eines trug den „Mayenbaum“, eine Birke, die mit bunten Bänderwerk geschmückt war. Darum tanzten die Mädchen und sprangen, sammelten kleine Geschenke ein, die zu einem Abendschmaus verwendet wurden. Dabei sangen sie einen alten Volksgesang, den uns Oberthür mitgeteilt hat:

Oberthür schildert in seinem „Taschenbuch für Geschichte, Topographie und Statistik des Frankenlandes“ (Leipzig 1795) viele alte Bräuche.

Der Maye, der Maye / ist gar'n schoin Zeit.
Da soll man lustig, fröhlich seyn / lustig fröhlich,
die Jungfrau, der Ehlich!
Das Patschen, das Patschen / gefällt uns gar zu wohl!
Er muß ein reicher Kaufmann seyn / der uns ernähren soll.
Laßt die Jungfrau'n springen,
laßt die Vöglein singen!
Der Maye, der Maye / ist gar'n schoin Zeit!

Um die Maienfreude zu erhöhen, fanden in dem Lande zwischen Saale und Main die alten Maientänze im Freien unter der Linde statt. In den Städten und Märkten des Bayreuther Landes war der erste Mai ein Jubeltag für die Schuljugend. Da wurden große Wiesenfeste mit prunkendem Umzug. Musik und Spiel gefeiert, so zu Hof auf der Wiese neben dem Schützenhaus und zu Wunsiedel am Katharinenberg.

An Pfingsten wiederholen sich vielfach Bräuche, die sonst am ersten Mai üblich sind. Das christliche Fest hat sie an sich gezogen. In die Maienzcit fallen viele Grenzumritte und Flurgänge, Reste alten Kultes, die aber heute durchwegs christliches Gepräge tragen. Ein letztes Überbleibsel von kultischen Rennen erhielt sich im „Spitzebreiten“ von Irmelshausen.

Maibaumraub in Ostfriesland

Hermann Meier (1868)

Wie uns diese Schilderung zeigt, war die Sitte des Maibaums durchaus nicht auf Süddeutschland beschränkt.

Im Sinne der Väter findet die Feier des Maibaums nur noch im ostfriesischen Harlinger Land statt. Dort baut vor den Pfingsttagen nicht nur jede Gemeinde, sondern fast jedes einzelne Gehöft einen Maibaum. In diesen Tagen wäre es mehr als bittere Armut, keinen solchen Schmuck im Dorf oder beim Haus zu haben. Hier errichtet man denselben vor dem ersten Feiertag und schmückt ihn mit Blumen und jungem Grün. Während die Jünglinge den Baum zimmern und binden, machen die Jungfrauen Kränze und Gewinde in großer Zahl. Eine solche Nacht ist für die Beteiligten so schön, wie fast keine zweite, und wenn auch der „liebe" Branntwein eine dabei keineswegs untergeordnete Rolle spielt, so gibt es doch auch edlere Vergnügungen, und Mann und Frau erinnern sich noch lange der unschuldigen Freuden, die sie als Bräutigam und Braut alljährlich beim Bauen und Schmücken des Maibaumes genossen.

Sobald derselbe aufgestellt und nach allen Seiten wohl befestigt ist, wird er bewacht, und diese Wache bleibt da, bis er wiederum abgetragen wird. Denn mit den benachbarten Söhnen und Knechten ist kein sichrer Bund zu flechten und das Unglück schreitet schnell. Denn das gehört zu den größten Freuden, aus der Nachbarschaft einen Maibaum zu rauben und denselben als Siegestrophäe neben den ihrigen hinzustellen. Stundenlang liegen sie, Wegelagerern gleich, auf der Lauer, um in einem unbewachten Augenblick, wenn die Hüter vielleicht beim Glase sitzen oder eingenickt sind oder am Fenster ihres Mädchens ihre erste Pflicht vergessen, die befestigten Taue abzuschneiden, den Maibaum auszugraben und ihn dann im Galopp mit lautem Hurra ins eigene Dorf zu bringen.

Werden sie aber vor vollbrachter Arbeit von den zurückkehrenden oder erwachten Wächtern überrascht, dann entsteht ein wütender Kampf, es gilt ja die Ehre des Dorfes. Manches blaue Auge, zuweilen auch nicht unbedeutende Wunden werden aus dem Kampf mit heimgenommen, und meistens müssen die Stürmenden ihr Heil in wilder Flucht suchen, verhöhnt und beschimpft von den Bewohnern des

Dorfs. Gelingt aber der Raub, so ist des Jubels an der einen, des Ärgers an der anderen Seite kein Ende, denn mit dem Maibaum hat das Dorf seine Ehre verloren und ist dem Hohn und Schimpf der ganzen Umgegend anheimgefallen. Darum singt man auch beim Aufstellen des Baumes und wenn die liebe Jugend denselben später umtanzt:

Maiboom, Maiboom, holl di fast,
Mörgen koomt de frömde Gast,
De willt uns de Maiboom nehmen;
Dann mößt wi uns doch wat schämen.

Am nächstfolgenden Sonntag wird der geraubte Baum, welcher bis dahin aufs schärfste bewacht wurde, da die ursprünglichen Eigentümer weder List noch Gewalt scheuen, wieder in Besitz desselben zu gelangen, in Begleitung der ganzen männlichen Bevölkerung seinen Eigentümern zurückgebracht, wofür diese jene in gebührender Weise traktieren. Die ganze Umgegend ist alsdann auf den Beinen, um der Auslieferung des Gefangenen beizuwohnen und an dem damit verbundenen Gelage teilzunehmen.

Traktieren: *bewirten*

Wetterregeln für die Lostage im Mai

Im Gegensatz zur eher bescheidenen Zahl von Tagen, die durch besonderes Brauchtum gekennzeichnet sind, ist der Mai reich an Lostagen. Das beginnt mit dem 1., welcher auf die Walpurgisnacht folgt und bis in die Mitte unseres Jahrhunderts der Tag der Heiligen Philippus und Jakobus war; der 3. gilt als Tag, an dem die heilige Helena das Kreuz Christi aufgefunden haben soll, der 4. ist der Florianstag, der 7. dem heiligen Stanislaus und der 11. dem heiligen Gangolf gewidmet. Bedeutende Wetterboten sind die Eisheiligen Pankratius, Servatius und Bonifatius vom 12. bis 14., denen tags darauf noch die „kalte Sophie" folgt; in Norddeutschland wird schon Mamertus am 11. hinzugerechnet. Das Fest Christi Himmelfahrt, vierzig Tage nach Ostern und zehn Tage vor Pfingsten, fällt häufig in die zweite Maihälfte. Am 25. schließlich ist der vor allem für die Winzer wichtige Tag des heiligen Urban, und das Fest der heiligen Petronilla (Petronell) beschließt den Monat am 31.

Das Fest der Heiligen Philippus und Jakobus wurde 1955 vom 1. auf den 11. und 1969 den 3. Mai verlegt.

Wenn's Wetter gut am ersten Mai,
gibt es viel und gutes Heu,
Fällt Regen am ersten Mai,
bringt er im Feld viel Segen herbei.

Wenn am 1. Mai Reif fällt,
so gerät die Frucht wohl.

Regen auf Walpurgisnacht,
hat stets ein gutes Jahr gebracht.

Regnet's am 1. Maientag,
viel Früchte man erwarten mag.

Am 1. Mai
fährt man den Ochsen ins Heu.

Am 3. Mai, dem Tag der Kreuzauffindung, fanden in Süddeutschland Umzüge mit Bekränzung der Feldkreuze statt; auch stellte man das Kreuz aus dem Herrgottswinkel zwischen Blumen vor das Haus.

Je später der Schlehdorn nach dem 1. Mai blüht, desto schlimmer
soll's um die Korn- und Fruchternte stehen.

Wenn's Anfangs Mai regnet,
soll der Wein in Gefahr stehn.

Wenn der 1. Mai schellt,
grünt das Feld.

Philippi Jakobi, viel frieß i, weng hob i.

Wie's Wetter am Kreuzauffindungstag,
bis Himmelfahrt es bleiben mag.

Wenn es am heiligen Kreuztag regnet,
werden die Nüsse leer.

BRAUN . SCHNEIDER

Gangolfsritte am Sonntag nach dem Gangolfstag kann man noch heute unter anderem miterleben in Amorbach im Odenwald und in Neudenau/Württemberg.

Wenn sich naht Sankt Stanislaus
rollen die Kartoffeln aus.

Vom 8. bis 14. Mai
müssen Bohnen und Gurken in den Boden nei'.

Der heilige Mamerz
hat von Eis ein Herz;
Pankratius hält den Nacken steif,
sein Harnisch klirrt von Frost und Reif;
Servatius' Hund der Ostwind ist,
hat schon manch' Blümlein totgeküßt.

Pankraz und Urban ohne Regen,
folgt großer Weinsegen.

Pankratius und Servatius,
die bringen Kälte und Verdruß.

Pankrazi, Servazi, Bonifazi
sind drei frostige Bazi,
und zum Schluß fehlt nie
die kalte Sophie.

Vor Servati kein Sommer,
Nach Servati kein Frost.

Wenn's an Pankratius gefriert
wird viel im Garten ruiniert.

Drei Heilige auf Az,
die stehlen wie der Spatz.

Servatius muß vorüber sein,
will man vor Nachtfrost sicher sein.

Eine der auf historische Ereignisse zurückgehenden Prozessionen ist die am 16. Mai bzw. dem darauf folgenden Sonntag in Überlingen stattfindende Schwedenprozession.

Ehe Pankraz und Servaz nicht vorbei,
ist nicht sicher vor Kälte der Mai;
oft ist sogar St. Urbanus
noch ein arger Grobianus.

Pankraz und Servaz sind zwei böse Brüder,
was der Frühling gebracht, zerstören sie wieder.

Wer seine Schafe schert vor Servaz,
dem ist die Wolle lieber als das Schaf.

Die drei Azius ohne Regen,
sind für den Winzer großer Segen.

Ist St. Pankratius schön,
wird guten Wein man seh'n.

St. Florian, St. Florian
noch einen Schneehut setzen kann.

Gehen die Eisheiligen ohne Frost vorbei,
schreien die Bauern und Winzer juchhei.

Lein, gesäet Sophientag,
stets vortrefflich wachsen mag,
säet man ihn Vormittag;
doch gesät am Nachmittag
nur ein Knötlein gibt Ertrag.

Vor Nachtfrost
bist du sicher nicht,
bevor Sophie vorüber ist.

St. Urban säe Flachs und Hanf.

Wie Urbanus sich verhält,
ist auch das Heuwetter bestellt.

Scheint auf Himmelfahrt die Sonne,
bringt der Herbst uns große Wonne.

Um Himmelfahrt kommen die Gewitter zurück.

Ein Bauer nach der alten Art,
rägt seinen Pelz bis Himmelfahrt,
und tut dann der Bauch noch weh,
so trägt er ihn bis St. Bartholomä.

Wer den Hafer nicht klotzt
vor St. Urban,
der will wahrlich keinen
Hafer han.

Auf Urban muß man dicke Bohnen legen,
so gedeihen sie zum Segen.

An Sankt Urban –
die Hirse gut geraten kann.

St. Urban hell und rein
segnet die Fässer ein.

St. Urbanus gibt der Kälte Rest,
wenn Servatius noch was übrig läßt.

Ist am Urbanstag das Wetter schön,
so wird man volle Weinstöck' sehn.

Die Witterung auf St. Urban
zeigt des Herbstes Wetter an.

Wie's an St. Urban wittert,
also wittert's in der Weinlese.

Scheint an St. Urbanstag die Sonne,
so gerät der Wein zur Wonne;
regnet's aber, so nimmt er Schaden
und wird selten wohlgeraten.

Am Himmelfahrtstag Kränze mit verschiedenen Kräutern als Schutz gegen Blitzschlag in den Ställen aufzuhängen, war ein in der Schweiz und Süddeutschland verbreiteter Brauch.

Der Tag des heiligen Bartholomäus ist der 24. August.

Der Dürkheimer Wurstmarkt

Ludwig Schandein (1880)

Der hier genannte Michaelitag ist nicht das Namensfest des Heiligen, das am 29. September begangen wird, sondern der Tag „Erscheinung Michaels".

Neben der Kirchweih bestehen die großen Jahrmärkte, einige sind von großer Berühmtheit; vor allem der Dürkheimer Wurstmarkt am Sonntag nach Michaeli (8. Mai). Er entstand aus einer Wallfahrt zur Kapelle auf dem Michaelsberge im 15. Jahrhundert. Heute ist der Wurstmarkt das große Stelldichein nicht nur für die Pfälzer, auch für die benachbarten Länder. Auf der großen Festwiese liegt eine wahrhafte Stadt von Ständen und Bretterhütten, es ist ein buntes Gewimmel und Getümmel, von allen Seiten strömt das Volk in Massen herbei, in der Tat ein Münchener Oktoberfest im kleinen, nur geht es nach Verhältnis hier lebhafter, lustiger zu. Oft gibt es schon „Neuen" (neuer Wein). In zahlreichen Hütten werden die berühmten Bratwürste mit Sauerkraut bereitet. Die ganze Pfalz ist in allen ihren Schichten vertreten.

Man zieht eine Christusfigur auf ...

Von einem alten Brauch im württembergischen Ellwangen berichtet im vorigen Jahrhundert K. A. Busl

Auf das Himmelfahrtsfest freuten sich namentlich die Kinder. Um 12 Uhr wurden sie zu der Zeremonie der Auffahrt Christi in die Stiftskirche geführt. Eine Christusfigur ward langsam in die Höhe gezogen, zwei Engelsfiguren herabgelassen („Engelstanz“). Nach der kindlich naiven, mit einem kurzen Gottesdienst („Non“) verbundenen Zeremonie, die damals auch anderwärts fast überall üblich war, erhielten sie von den Eltern ein Geschenk von Backwerk und Konfekt.

Winzerbrauch an Sankt Urban

J. Ludovicus Gotofredus (1649)

Am Fest des heiligen Urban stellen die Winzer einen Tisch hinaus ins Freie, breiten eine weiße Decke darüber und streuen duftende Blumen, Gräser und Blätter darauf; mitten hinein stellen sie ein Bild des heiligen Urban. Ist der Tag klar und heiter, so sprechen sie lustig dem Becher zu, wie sie sagen: dem Urbanus zu Ehren. Ist aber der Himmel mit Wolken bedeckt oder regnet es, dann werfen sie Schmutz auf den Tisch und sprengen schmutziges Wasser darüber, so daß Statue, Tischdecke, Tisch und alles, was darauf ist, ganz garstig beschmutzt wird. Den Grund hierfür suche ich darin, daß um die Zeit des genannten Festes die Trauben blühen, und da kommt es ganz auf ein sonniges oder regnerisches Wetter an, ob es viel oder wenig Wein gibt.

Der für die Winzer so bedeutende Urbanstag ist der 25. Mai.

Das Aderlassen

Karl von Leoprechting (1855)

Im Monat Mai ist die Hauptzeit zum Aderlassen. Dies von der gebildeteren Welt jetzt so ganz hintangesetzte Heilmittel wird auf dem Lande noch in Übertreibung geübt. Es lassen sich die mehresten des Jahres öfters zur Ader, aber alle wenigstens einmal des Jahres, und dies

Paden: baden; der min: der Minne (Liebe)

im Mai. Den Badern und Landärzten ist das Aderlassen der einträglichste Zweig ihres Gewerbes. Die Aderlaßregeln von 1477 sagen: „Wer im Mai zu der ader last, der sol des ersten Tags wenig essen, des andern tags frölich seyn, des dritten tags ganz rue haben, des vierten tags paden, des fünften tags der min pflegen.“ Wenn wir noch von unsern Großeltern hören konnten, wie der Aderlaßtag sozusagen ein Festtag war, so ist er auf dem Lande noch zur Stunde ein drei Tage dauernder Ruhetag. Mit dem Ausdruck I ha mer lassn (zur Ader nämlich) verbindet der Landmann das von Natur und Gesetz ihn verpflichtende Bewußtsein größter Ruhe, besserer Nahrung und starken Trunks. Den ersten Tag mäßig, den zweiten Tag gfräßig, den dritten Tag toll und voll. Durch angemessenen Genuß von Bier, Branntwein und Semmeln (nie Schwarzbrot) muß man den Verlust des Blutes wieder zu ersetzen suchen, d’Ade’lass auslesch’n. Auch darf nur im aufnehmenden Mond der Aderlaß geschehen. Ebenso hält man es für unumgänglich nötig, das Vieh alle Jahre wenigstens einmal zur Ader zu lassen.

Das Urbanreiten in Nürnberg

Aus „Nürnbergisches Taschenbuch“ (1812)

Der Heilige Urbanus war in Franken das, was in Griechenland der Bacchos war. In Nürnberg wurde in den frühen Jahrhunderten alle Jahre, bis in das XVII. Jahrhundert hinab, von den Männern, welche den verkäuflichen Wein in den Straßen ausschrien, am Urbans-Tag das Bild des heiligen Urban herumgetragen. Ein Wein-Ausrufer, welcher den heiligen Urban vorstellte, ritt auf einem dürren und magern Schimmel, in einem linnernen, rot bemalten Kleide, welches mit Narrenkappen und mit vielen Federn von mancherlei Farben bestreut war, in der Stadt herum und hielt vor jeder Weinschenke stille, wo ihm und seinen Begleitern ein Trunk Weins und ein Geschenk an Geld gereicht wurde.

Sackpfeife: Dudelsack

Der Zug bei dieser Volks-Lustbarkeit geschah in folgender Ordnung. Voran ging ein Stadtdiener, nach welchem die Musikanten kamen mit Sackpfeifen und Schalmeien. Hierauf kam ein Mann in einem roten Rock und mit einem runden Hut auf dem Haupt. Er trug einen Zweig von einem Fichtenbaum, welcher mit Spiegelchen und andern Gläschen behangen war. Nun kam Urban selbst, welcher auf seinem Schimmel, gleich einem Taumelnden, hin und her wankte, bald auf dies, bald auf jene Seite ritt, um unter dem zuströmenden Volk Angst und Schrecken zu verbreiten. Von Zeit zu Zeit rief er wie ein Betrunkener „Juchhei! Juchhei!“ aus.

Ihm zur Seite trug ein Mann einen silbernen Becher, woraus der Urban von Zeit zu Zeit trank. Begegneten ihm Freunde auf dem Wege, so reichte er ihnen solchen zum Trinken. Zur andern Seite neben ihm ging eine Weibsperson mit einem Tragkorb, worin Spiegelchen und andere gläserne Waren sich befanden, welche er teils verkaufte, teils unter die Kinder warf, die ihm nachliefen.

Hinter dem Urban gingen zwei Männer in roten Röcken und mit roten Hüten auf dem Haupt. Jeder trug an einem Rohr über der Achsel eine große Flasche, worin sie den Wein gossen, mit welchem ihnen die Wirte ein Geschenk machten.

Eine große Menge Volks, Erwachsene und Kinder, liefen mit und schrien: „Urban, du mußt in den Trog! Urban, du mußt in den Trog!“

Die Ursache dieses Zurufes ist diese: Wenn es an dem Tage, da der Urban herumzog, regnete, so wurde derselbige abends in einen Wassertrog, gegen der Kirche zu St. Lorenz über, geworfen, weil man den Aberglauben hatte, daß es, wenn es an diesem Tage nicht regnet, ein gutes Weinjahr und ein reicher Herbst werden würde.

Eine alte Darstellung des Nürnberger Urbanreitens

Wetterregeln für den Mai

Abendtau und Kühl' im Mai
bringt viel Wein und bringt viel Heu.

Maientau macht grüne Au;
Maienfröste – unnütze Gäste.

Mairegen auf die Saaten,
dann regnet es Dukaten.

Der Frost, der kommt im Mai,
ist schädlich dem Hopfen und Wein,
den Bäumen, dem Korn und dem Lein.

Mai kühl und naß,
füllt dem Bauern Scheuer und Faß.

Ist der Mai recht heiß und trocken,
kriegt der Bauer kleine Brocken;
Ist er aber feucht und kühl,
dann gibt's Frucht und Futter viel.

Mitte Mai – ist der Winter vorbei.

Kühler Mai – viel Stroh und Heu.

Mairegen
bringt Segen,
da wächst jedes Kind,
da wachsen die Blätter,
die Blumen geschwind.

Im Mai viel Wind
begehrt des Bauern Gesind'.

Regen im Mai
bringt Wohlstand und Heu.

Im Mai soll dem Hirten der Rock vom Leib faulen.

Trockener Mai – dürres Jahr.

Mai ohne Regen,
fehlt's allerwegen.

Ein Bienenschwarm im Mai
ist wert ein Fuder Heu.

Die erste Liebe und der Mai
gehen selten ohne Frost vorbei.

Singt die Grasmücke, ehe der Weinstock sproßt,
so verkündigt sie ein gutes Jahr.

Je mehr die Maikäfer verzehren,
je mehr wird die Ernte bescheren.

Auf nassen Mai folgt trockener Juni.

Viel Gewitter im Mai
singt der Bauer juchhei.

Maienfröste
sind unwillkommne Gäste.

Trockener März, nasser April, kühler Mai
füllt Scheunen und Keller, bringt viel Heu.

Wenn im Mai die Wachteln schlagen,
künden sie von Regentagen.

Abendtau und kühl im Mai,
bringt viel Wein und Heu.

Wenn's im Mai viel regnet,
ist das Jahr gesegnet.

Wenn im Mai die Bienen schwärmen,
sollte man vor Freude lärmen.

Nordwind im Mai
bringt Trockenheit herbei.

Fröste im Mai gar schädlich sind,
gut hingegen sind die Wind'.

Sind die Maikäfer und Raupen viel,
steht eine reiche Ernte am Ziel.

Maikäferjahr, gutes Jahr.

Wer auf schlechte Weide treibt die Kuh,
verliert die Milch und den Mist dazu.

Früher Donner, später Hunger.

Blumenkohl im Mai
gibt Köpfe wie ein Ei.

Ein rechtes Dorf im Bayernland
muß seinen Maibaum haben,
den jed' Gewerb' und jeder Stand
mit ihrer Kunst begaben.

Ist der Mai recht heiß und trocken,
kriegt der Bauer kleine Brocken.
Ist er aber feucht und kühl,
gibt's an Frucht und Futter viel.

Die Alpfahrt und der Jodel

H. Herzog (1884)

Ein Tag, der im Leben des Älplers Epoche macht, ist der Tag der Alpfahrt, die gewöhnlich im Mai stattfindet. In dieser Zeit feiern und feierten viele Talschaften der Schweiz mit besonderer Vorliebe die Namensfeste ihrer Schutzpatrone, so die Grindelwalder das Fest der heiligen Petronella, die Walliser das ihres heiligen Bischofs Theodul, der einst den Teufel gezwungen, ihm eine geweihte Glocke von Rom über die Alpen zu tragen und dem zu Ehren auch der hohe, gefährliche und doch mit Kühen befahrene St. Theodulspaß benannt ist. Jede der ins Gebirg ziehenden Herden hat ihr Geläut. Die stattlichsten Kühe erhalten die ungeheuren Schellen oder Trichlen, die oft über einen Fuß im Durchmesser halten und vierzig bis fünfzig Gulden kosten. Es sind die Prunkstücke des Sennen; mit drei oder vier solchen, in harmonischem Verhältnis zueinander stehenden läutet er von Dorf zu Dorf seine Ausfahrt ein. Zwischenhinein tönen die kleinern Erzglocken. Voraus geht ein Handhub oder Zusenn mit sauberm Hemde und kurzen gelben Beinkleidern; ihm folgen Kühe mit dem Herdenstier in bunter Reihe, dann oft etliche Kälber und Ziegen. Den Beschluß macht der Senn mit dem Saumpferde, das die Milchgerätschaften, Bettzeug und dergleichen trägt und mit buntem Wachstuche bedeckt ist.

Im Mai fallen die verworfenen Tage auf den 3., 10., 22. und 25.

An diesem Tag ertönt besonders der Kuhreihen, den jeder Alpendistrikt in eigentümlicher Weise besitzt. Es ist dies jener höchst eigentümliche jauchzende Gesang, dessen ältester Text sich nur noch in einzelnen Versen vorfindet, während seine Melodie in stundenlangen Trillern, Jodeln, bald hüpfenden, bald gedehnten Tönen besteht. Etwas anderes ist der einfache Jodel (Rugguser), der keine Worte hat, sondern bloß in schnell wechselnden, oft in der Tiefe anhaltenden und rasch in die Höhe steigenden, seltsamen, melodischen Tonverbindungen besteht, mit denen der Hirt die Kühe herbeilockt, seine Kameraden begrüßt und dessen er sich überhaupt als Fernsprache im Gebirge bedient. Trauriger als die Alpfahrt ist für Vieh und Hirt die Talfahrt, die in ähnlicher Ordnung vor sich geht.

Juni

Feld- und Gartenarbeiten im Juni

Aus dem Lahrer Hinkenden Boten

In diesem Monat muß man auf die Immen achtgeben, weil sie stark schwärmen. Man steckt Bohnen, sät Winterrettig, Salat, Endivie und Spinat. Man versetzt Kohl, Blaukohl, Sellerie, Salat etc.; Zwiebeln, wenn ihre Stengel vertrocknen, werden ausgenommen. Man sammelt Samen von Spinat, Kresse, Frühkohl, Früherbsen etc. Man zweigt von den Zwergbäumen die unnützen Wasserschosse, okuliert das Steinobst des Abends an einem trüben Tage.

Der alte Name für den Juni ist Brachmond oder Brachet.

***Immen:** Bienen*

In der Hauswirtschaft ist genau acht zu geben, daß das Vieh durch häufige Vorwerfung des grünen Futters, besonders des Klees, nicht überfüttert werde. Wenig und oft ist die gedeihlichste Fütterung und erhält den Appetit. Es sind auch nunmehr die Scheunen zu räumen, und zum Auslüften täglich offen zu halten. Den Strohvorrat bringt man in die trockenen Schober oder ins Freie.

Der Wasservogel oder Pfingstel

Felix Dahn (um 1870)

Vorderer und hinterer Wald: Teile des Bayerischen Walds

In reichen und wechselnden Formen hat sich in vielen Gegenden von Niederbayern auch jenes heidnische Fest erhalten, welches den vollen glorreichen Sieg des Sommers über den Winter feierte und damit häufig ein Opfer um Regen zu erflehen verband, das später der Zeit nach mit dem christlichen Pfingsten zusammenfiel, nämlich den Zug des Wasservogels oder Pfingstls; in Niederbayern wird er besonders im Vilstal, Isargau, im Donaugau, im Abenstal und der Hollertau, im Chamtal und im Vorderwald noch gekannt und bald mit volleren, bald mit magerern Formen gefeiert; im Vilstal wird lediglich dem Hirten, der am Pfingstmontag zuletzt austreibt, ein Schaf abgefangen und mit einem Weidenkranz am Hals geziert, der träge Bursche aber als Pfingstlümmel verhöhnt; im Isargau und Abenstal dagegen wurde noch vor etwa dreißig Jahren der Umritt des Pfingstls oder Wasservogels mit aller Pracht gehalten; im vorderen Wald wird heutzutage noch in vielen Orten der Pfingstlritt vorgenommen; die Buben von der Feiertagsschule, auch kleinere, borgen sich die besten Pferde von den Bauern und schmücken sie mit Bändern, Buchs und Blumen; einer aus ihnen, in Stroh und Laub besonders von Wasserpflanzen gewickelt, und mit einem hohen Laubhut oder einer Schilfrohrmütze geschmückt, ist der Pfingstl, ein anderer führt „den Mai", eine geputzte und bekränzte junge Birke. Der Reiterzug geht durchs Dorf und die nächsten Weiler: Der erste ruft bei den bessern Häusern:

Pfingstl ha, Pfingstl ha,
Der Pfingstl is da.
Nehmt's Krügel voll Wasser,
Und schütt't en brav a.

E Krügl voll Wasser
Is no net gnua:
En Brocken Schmalz
Wie'n Roßkopf dazu

Und en Schilling Eier
Und ein Laib Brot,
So hat der Pfingstl
Koa Not.

Eine alte Bilddarstellung des hier geschilderten Brauchs

Darauf werden an den Zuletztreitenden von den Hausmüttern Spenden von Brot, Schmalz und Eiern gegeben, die dann gemeinschaftlich im Wirtshause verjubelt werden. Der Mai wird verlost, und der Pfingstl muß sich das Bespritzen und Beschütten mit Wasser gefallen lassen, an der Donau wird er wohl auch noch bis an die Brust ins Wasser des Flußes geführt und ihm dort statt des Kopfes die Schilfmütze abgeschlagen. Der frische, poesievolle Anhauch, den diese Sitte mit allem teilt, was aus unserm germanischen Altertum stammt, hat sich anderwärts freilich sehr verwischt, wo es gelang, die heidnische Naturfröhlichkeit mit ängstlicheren Formen zu umschränken: In Kötzting, wo ebenfalls seit uralter Zeit der Pfingstlritt gehalten wurde, hat man ihm seinen eigentlichen Charakter völlig genommen. – Das heidnische Naturfest hat sich verwandelt in eine Wallfahrt nach der Kirche des heiligen Nikolaus zu Steinbüchel, anstatt des Pfingstels reitet vorne der Träger eines großen Kruzefixes, und statt des bekränzten grünen Maien trägt in der Mitte des Zuges der Geistliche die Monstranz mit einem Kranz von Flitterblumen und Silberdraht.

Der Pfingsthagen oder Pfingstbutz

Lucian Reich (1853)

*Der **Pfingsthagen oder Pfingstbutz** war ein mit Stroh umhüllter Zweig, den man als Symbol für den Winter ins Wasser warf.*

War auf der an den badischen Schwarzwald grenzenden Hochebene der Baar das Stehlen unter Kameraden strenge verpönt, so wurde es nach außen hin – nach altspartanischer Sitte – doch nur dann als strafwürdig erachtet, wenn der Betreffende ungeschickt genug war, sich dabei erwischen zu lassen. Während der Nacht oft meilenweit reitend, statteten die Burschen den Obstgärten und Rauchfängen fremder Bauern gern Besuche ab; und es war für die Bäurin gewiß keine angenehme Überraschung, wenn sie morgens die Küche betrat und statt der saftigen Schinken ein Stück Holz im Kamin hängen sah. – Auch geschah es oft, daß eine „Hut" einer andern benachbarten förmlich Krieg erklärte; auf unzugerittenen Fohlen sprengten sie dann gegeneinander, und nicht selten verfolgten die Sieger den fliehenden Feind bis in die Dörfer, allwo Pfarrer und Vogt zur Abwehr herbeieilen mußten, um weitere Gewalttaten zu verhindern.

Der Pfingstmontag war – wie wir bereits gesehen haben – der eigentliche Ehrentag dieser Nomaden, wobei sie unter dem Schalle ihrer Rindenhörner zu Pferd in die betreffende Ortschaft oder Stadt einzogen, um den Pfingsthagen, Pfingstbutz oder wie er sonst noch geheißen, in den Brunnen zu werfen – ein Brauch, der jedenfalls auf das altgermanische Maifest zurückzuführen ist. Unter dem grüne Tännchen in der Hand tragenden Zuge wurde der Frühling verstanden, welcher kommt, den mit Rinde oder Stroh umhüllten Winter in das fließende Wasser zu werfen. – Ein ähnlicher Brauch herrschte auch unter den Kindern. Paarweise zogen sie in den Häusern umher, das eine mit dem grünen Bäumchen stellte den Frühling, das andere in Stroh gehüllte den Winter vor, der unter wechselweise hergesagten Sprüchen vom andern zur Tür hinausgetrieben wurde.

An der Kirchweih war unsern Rossebändigern zwei Tage hindurch Tanzbelustigung – der sogenannte Heuliechertanz – abzuhalten gestattet, während alsdann die Knechte für sie die Pferde auf die Weide treiben und hüten mußten.

Fränkischer Pfingst- und Johannisbrauch

J. Ludovicus Gotofredus (1649)

Für die Dauer der Pfingsten hat sich nicht nur in Franken, sondern auch in vielen anderen Gegenden Deutschlands der Brauch eingebürgert, daß sämtliche Pferdebesitzer und auch andere, die sich ein Pferd mieten, zusammenkommen und in bestimmter Ordnung zum Pfarrer hinreiten. Diesen nehmen sie mit und reiten in der ganzen Gemarkung herum, singen fromme Lieder und beten zu Gott um Beschützung ihrer Feldfrüchte.

Am Fest des heiligen Johannes des Täufers (24. Juni) wird im Freien ein Feuer angezündet, um das Männer und Frauen herumspringen, bis sie matt sind. Auf dem Kopf tragen sie Kränze aus Beifuß (artemisia) und Eisenhart (verbena), in der Hand Blumensträuße aus Beinwell (consolida regia); durch die offenen Fugen des Straußes sehen sie von Zeit zu Zeit in das Feuer, in dem Aberglauben, sich damit für das ganze Jahr gegen Augenkrankheiten zu schützen. Wer vor dem Verlöschen des Feuers sich entfernen will, wirft seinen Kranz und Strauß in die Glut und spricht dazu folgende Worte: „So wie dieser Kranz möge all mein Mißgeschick verbrennen und in nichts zergehen."

In den Dörfern und auf den Höfen haben die heiratsfähigen Burschen folgenden Brauch: Sie hauen eine hohe, gerade gewachsene Fichte an der Wurzel um, schälen sie und entfernen alle Äste bis auf die oben am Gipfel; dann schmücken sie den Baum aus und hängen Spiegel, Gläser, lederne Schuhriemen und andere Sächelchen daran. Der so geputzte Baum wird dann im Boden befestigt. Die Flinkeren geben sich alle Mühe, bis zum Gipfel hinaufzuklettern, um sich eine Gabe herunterzuholen; gelingt es ihnen, so sehen sie das als große Ehre an. Der Baum selbst bleibt das ganze Jahr über stehen.

Wetterregeln für die Lostage im Juni

Von den beweglichen, sich nach dem Ostertermin richtenden Festen haben wir Pfingsten dem Juni zugeteilt; zehn Tage später folgt Fronleichnam. Am 8., dem Medardustag, begann oft die Heuernte; der 10.

ist der heiligen Margarete, der 11. dem heiligen Barnabas, der 13. dem heiligen Antonius von Padua, der 15. Sankt Veit (Vitus) geweiht. Am 16. gedenkt man in manchen Gebieten des heiligen Benno, am 19. des heiligen Gervasius. Am Johannistag, dem 24., feiert man den Sommerbeginn, auch wenn dieser kalendermäßig schon drei Tage früher liegt. Bedeutung haben weiter der Siebenschläfertag am 27. und das Hochfest der Apostel Petrus und Paulus am 29. des Monats.

Am Medardustag kann die gefürchtete Schafskälte einsetzen. Medardus, ein beliebter Volksheiliger, war im sechsten Jahrhundert Bischof von Noyon.

Wie's Wetter auf St. Medardi fällt,
es bis zum Mondesschluß anhält.

Wenns an Medardi grob Wetter ist,
so schadet's der Ernte.

Medardi Regen bringt der Gerste keinen Segen.

Hat Medardus an Regen Behagen,
will er ihn auch in die Ernte jagen.

Auf Medardi wird der Flachs wie ein Haar.

An St. Medardus wird ausgemacht,
ob 40 Tag' die Sonne lacht.

Wie das Wetter an Medardi,
so in der Ernte.

Wie's wittert am Medardustag,
so bleibt's sechs Wochen lang danach.

Wer auf Medardi baut,
Der kriegt viel Flachs und Kraut.

Wenn's am Medarditag regnet,
so wird das Heugras vergiftet.

Wenn auf Medardus Regen herabschießen,
die Trauben den Rhein hinunterfließen.

Regen am Medardustag
verdirbt den ganzen Heuertag.

St. Margaretha soll's schön sein,
sonst regnets lang.

Die Heilige dieses Tages ist Margarete von Schottland; 1969 wurde ihr Fest auf ihren Todestag am 16. November verlegt.

Hat Margret keinen Sonnenschein,
kommt das Heu nicht trocken ein.

Wenn Barnabas bringt Regen,
gibt's reichen Traubensegen.

St. Barnabas macht, wenn er günstig ist,
wieder gut, was verdorben ist.

Regnet's an St. Barnabas,
schwimmen die Trauben bis ins Faß.

Der Sichel vergiß nicht an Barnabas,
er sorget gern fürs längste Gras.

An Sankt Antoni ist gut Flachs säen.

Regnet's an St. Vit,
gerät die spät gesäte Gerste nit.

Vor Veit ein Kopf,
nach Veit ein Köpfel.

Vitus ist einer der Vierzehn Nothelfer; die Liste der Beschwerden und Gefahren, bei denen man ihn anruft, ist schier unerschöpflich: Epilepsie, Hysterie, Schlangenbiß, Krämpfe, Bettnässen, Langschläferei, Blitz, Feuersgefahr usw.

Der Wind dreht sich um St. Veit,
da legt sich's Laub auf die andere Seit'.

St. Vit bringt die Fliegen mit.

Die Nachtigalle singt
nur bis Vitustag.

Wer säet nach Vit,
geht der Saat und Ernte quitt.

Ist der Wein abgeblüht auf St. Vit,
so bringt er ein schönes Weinjahr mit.

Regnet's am Pfingsttag,
so bringt's alle Plag'.

Wenn's an Pfingsten regnet,
wird keine Frucht gesegnet.

Pfingstregen bringt Weinregen.

Wenn wir Regen an Pfingsten bekommen,
wird uns die ganze Ernte genommen.

Helle Pfingsten – dürre Weihnachten.

Pfingstregen – Weinregen.

Erdbeeren um Pfingsten deuten auf guten Wein.

Nasse Pfingsten, fette Weihnachten.

Regnet's am Pfingsttag,
soll der Weizen brandig werden.

Bis Pfingsten laß den Pelz nicht fahren;
nach Pfingsten ist's gut ihn bewahren.

Ist der Juni kühl und trocken,
gibt's was in die Milch zu brocken.

Das Ringreiten in Schleswig-Holstein

Gottfried Heinrich Handelmann (1873)

Bräuche und Spiele für Reiter waren verständlicherweise früher weit verbreitet.

Das Ringreiten wird in Lauenburg wie auch im südlichen und östlichen Holstein gewöhnlich um Pfingsten gehalten; im Westen (Dithmarschen: Ring- und Rolandreiten) und im nördlichen Schleswig dagegen fällt diese Lustbarkeit regelmäßig in die Fastenzeit; in anderen Gegenden ist sie an gar keinen Termin gebunden, wie sie denn überhaupt im ganzen mehr und mehr abzukommen scheint.

Roß und Reiter sind mit Bändern und Blumen geschmückt; der Sieger heißt der „König" und wählt sich ein Mädchen zur „Königin". In Nordschleswig hat man bei dem Spiel auch wohl dreierlei Ringe, einen großen „Diener-Ring", einen mittleren „Kammerherren-Ring" und einen kleinen „Königs-Ring"; wer denselben dreimal zuerst absticht, bekommt den entsprechenden Titel „König", „Kammerherr" oder „Diener"; wer gar keinen Ring absticht, heißt der „Mönch" und muß ein Strohband um den Leib tragen. Ist das Spiel zu Ende, so reitet die Schar in feierlichem Aufzug im Dorf herum, um die Mädchen auf den Abend einzuladen, und zwar zuerst eine „Königin", dann eine „Kammerherrin" und eine „Dienerin" usw., und in jedem Hof gibt es einen Trunk oder ein Geschenk. Voran reitet der König, ihm zur Seite der Diener, welcher als Redner fungiert, dann der Kammerherr mit den Übrigen und hintenan die Mönche. Ein Tanzgelage am Abend beschließt die Feier, bei welcher der König mit der Königing den Tanz eröffnet.

Der Ring, nach welchem gestochen wird, hängt von einem zwischen zwei Pfählen ausgespannten Seil (Galgen) herab. Anstatt des Rings dient in Dithmarschen gewöhnlich eine hölzerne (eiserne) Scheibe mit fünf Löchern; oben an derselben sind zwei auseinandergehende Federn, mittels deren sie sich in einer vom Seil herabhängenden Röhre festklemmt; so muß die Scheibe aufgespießt und dann mit einiger Kraft weggerissen werden. Dazu hat jeder einen Stecher, d. h. ein kurzes rundes hölzernes Spießchen, dessen Dicke mit der Weite der Löcher ziemlich übereinkommen muß. Was nun die fünf Löcher der Scheibe anbetrifft, so darf nach dem unteren Loch rechter Hand gar nicht gestochen

Hier die entsprechende alte Illustration zu diesem Brauch

werden; es ist mit Schimpf, ja wohl auch mit Strafe verbunden, dadurch die Scheibe herabzubringen. Sondern es wird zuerst gestochen nach dem oberen Loch zur Linken, dann nach dem oberen zur Rechten, dann nach dem unteren zur Linken und endlich nach dem mittleren Loch, und zwar nach diesem dreimal. Wer folglich in der bestimmten Folge der Löcher und in den wenigsten Läufen seine sechs Stiche zustande bringt, jedesmal dabei die Scheibe aus der Kapsel zieht und auf dem Stecher fortnimmt, ist Sieger.

Anstatt des Reitens hat man auch ein Ringlaufen, und insbesondere für Mädchen ein Ringfahren, wobei man sich meistens auf dem Lande mit einer sehr einfachen Karussell-Maschine behilft.

Ordentliche Karusselle, mit hölzernen Pferden, Ungeheuern und Wagen zum Reiten und Fahren nebst der nötigen Vorrichtung zum Ringstechen, wandern von Jahrmarkt zu Jahrmarkt; nirgends aber sieht man sie großartiger als in der hamburgischen Vorstadt St. Pauli, zur großen Belustigung der Matrosen, welche sich freilich auf diesen ungewohnten hölzernen Pferden oft sehr komisch ausnehmen.

„Graskönig“ und „Laubmännchen“

Eduard Duller (1847)

In Groß-Vargula (Kreis Langensalza/Thüringen) besteht noch das Fest des „Graskönigs“ am Pfingstfest: Ein junger Bursche wird ganz in grüne Pappelzweige gebunden, ein Blumenkranz schmückt sein Haupt, man hebt ihn auf ein Pferd, und durch das Gewimmel der Zuschauer bewegt sich der Zug; zwei Reiter mit weißen Stäben und in ihrer Sonntagstracht eröffnen ihn, dann folgen – ebenfalls beritten – die Musikanten; neben dem Graskönig reiten zur Rechten und zur Linken je ein Bursche, des Königs Pferd zu lenken. Nun geht es zum Amthaus und zu den Honoratioren; der König wird präsentiert, und es werden die üblichen Geschenke in Empfang genommen. Hierauf naht der Zug den „sieben Linden“ auf dem nahen Sommerberg, der König wird vom Pferd gehoben und sein grünes Gewand zerschnitten; alles fällt über die Zweige her, jeder sucht einen davon zu erhaschen, denn der Dorfglaube ist: Wo auch nur ein einziger dieser Zweige auf ein Flachsfeld gesteckt wird, gerät der Flachs und wird lang.

__Amthaus:__ Rathaus; __Honoratioren:__ Amts- und Würdenträger, bedeutendste Leute des Ortes

Mit dem Graskönig verwandt ist das „Laubmännchen“ in Ruhla, das dort die Kinder aus frisch abgeschnittenem Buchenlaub machen, womit einer über und über bekleidet wird; die oben über dem Kopf zusammengebundenen Zweige bilden die Krone. Da geht es im lauten Jubel durch den ganzen Ort; dann tanzen die jungen Mädchen singend mit dem Laubmännchen. Anderwärts nennt man solchen in Laub Eingekleideten den „grünen Mann“, den „Lättichkönig“ und führt ihn dem Schulzen vor, der raten soll, wer im Laub steckt, und, wenn er das nicht kann, sich mit Bier lösen muß.

Das thüringische Städtchen Ruhla war früher bekannt für seine Waffen- und später seine Pfeifenproduktion.

Pfingstbiere

Otto von Reinsberg-Düringsfeld (1898)

Die Pfingstbiere, welche in Norddeutschland noch üblich sind, werden bis zum Dienstag nach Pfingsten fortgesetzt. Namentlich ist dies in Thüringen der Fall, wo schon lange vorher die Zurüstungen beginnen.

Sind nämlich die Burschen eines Dorfes darüber einig, ein Pfingstbier zu veranstalten, so wählen sie einen Einschenker, das Faktotum bei der ganzen Festlichkeit. Dieser beginnt sein Amt damit, daß er in Begleitung eines der jungen Burschen im Sonntagsputz feierlich von Gehöft zu Gehöft fährt, mit wohlgesetzter Rede im Namen der Pfingstgesellschaft zur Teilnahme am Pfingstbier einladet und zum Einschütten auffordert. Man gibt entweder Geld oder einige Metzen Gerste, welche auf den Wagen geladen werden, und nun wird unter Beihilfe einiger junger Burschen Bier gebraut und in den Kellern der Schenke aufgespeichert.

Faktotum: *jemand, der sich um alles kümmert, „Mädchen für alles“;* ***Metze:*** *altes Maß, vgl. Anmerkung auf Seite 32*

Alle Abende versammeln sich die Pfingstburschen zu weiterer Besprechung, und jeder denkt an das Mädchen, welches er sich zum Pfingsttanz erbitten will. Denn am Pfingstabend muß alles in Ordnung sein, da die Pfingstjungfern dann schon durch Maien ausgezeichnet werden.

Meist mit Musik fährt man hinaus in den Wald und holt junge Birken, Buchen oder Pappeln. Ein Platz vor dem Wirtshaus oder unter der Linde wird festgestampft oder mit Dielen belegt, mit grünen Zweigen eingefriedet und überdeckt und so als Sommerlaube zum Tanzplatz bestimmt.

In der Pfingstnacht werden vor den Türen der Pfingstjungfern sowie der Honoratioren des Ortes, als des Herrn Pfarrers, des Schulmeisters und Ortsschulzen, je zwei schöne Maien gepflanzt. Auch die Pforte zum Gotteshaus wird mit Maien geschmückt.

Der Pfingstsonntag ist ganz der kirchlichen Feier gewidmet. Erst am Montag nach dem Nachmittagsgottesdienst, der deshalb gewöhnlich etwas früher als sonst beginnt, fängt Spiel und Tanz an. Ein vierspänniger Wagen mit buntbebänderten Pferden bringt die zum Fest engagierten Musiker aus der nächsten Stadt, während die Thüringer bei allen anderen Gelegenheiten ihre Musik meist selbst besorgen, und nun werden die Pfingstjungfern von ihren Tänzern einzeln mit Musik abgeholt. Dann zieht man paarweise, mit der Musik an der Spitze, zur Sommerlaube, und der Tanz beginnt.

Der Einschenker in weißen Hemdsärmeln, mit einem mächtigen Blumenstrauß geschmückt, zapft das Pfingstbier an, und reicht den mit Bändern und Blumen verzierten Steinkrug den ihm wohlbekannten

Festteilnehmern dar. Ein Musiktusch begleitet jeden Festtrunk. Auch wenn ein Fremder sich an der Pfingstlaube zeigt und dem Freitrunk tüchtig Bescheid tut, wird er mit einem sogenannten Rundabblasen geehrt.

Gegen Abend tritt eine Pause ein: die Burschen und Mädchen gehen nach Hause zum „Beschicken". Dann beginnt der Tanz wieder und dauert bis tief in die Nacht hinein, worauf die Tänzerpaare noch bei einem Nachttrunk zusammenbleiben, bei welchem das Rundabblasen eine große Rolle spielt.

Mit dem ersten Morgengrauen suchen die Pfingstburschen es einer dem andern darin vorzutun, ihrer Tänzerin vom Musikchor ein festliches Morgenständchen bringen zu lassen.

Am sogenannten dritten Feiertag halten die Burschen einen Umzug in allerlei Verkleidungen. Die Läufer, über und über mit bunten Bändern bedeckt, ziehen voran und verkünden die Ankunft des Zuges durch Knallen mit Schlittenpeitschen. Im Zuge selbst sieht man einen Tanzbären, einen Wunderdoktor, einen Barbier, ferner Reiter auf künstlichen Pferden (wie sie zur Fastnacht vorkommen), Burschen in Frauenkleidern, Schornsteinfeger und dergleichen. Besonders aber darf der Beias (Bajazzo) nie fehlen, welcher in seinem bunten Narrenkleid und der Schellenkappe im Zuge auf- und abläuft und mit seiner klappenden Holzpritsche bald an die Dorfjugend, bald an Vorübergehende Schläge austeilt.

Bei denen, welche sich am Freibier beteiligen, wird haltgemacht, die Musik spielt auf, während der Einschenker, der eine Tonne Bier auf einem Karren bei sich führt, dem Hauswirt einen Labetrunk reicht. Die Hausfrau eilt, Butter, Eier, Mehl, Brot, Wurst oder Schinken herbeizuholen, zu deren Empfang sich besondere Träger mit Säcken und Körben im Zuge befinden; die Schornsteinfeger untersuchen wohl auch selbst die Rauchfänge, und sämtliche Lebensmittel werden nach der Schenke gebracht, wo sie von den Frauen zu dem Schmaus verwendet werden, der nun alle vereinigt, und bei welchem das Lieblingsgericht der Thüringer, Rührei mit Wurst und Schinken nebst grünem Salat, einen Hauptteil ausmacht. Man bringt gereimte oder ungereimte Trinksprüche auf die Tänzerinnen aus, wobei man sogar oft Wein trinkt.

Der erste Viehaustrieb in der Altmark

Adalbert Kuhn (um 1850)

Jungen und Mädchen treiben am Pfingstmorgen Pferde und Kühe zum ersten Male auf die Brachweide, und jeder wetteifert, der erste dort zu sein. Das Tier des Siegers wird in der Altmark, namentlich in Ahlum, Rohrberg, Lagendorf mit der sogenannten Dausleipe geschmückt, d. h. an den Schwanz der Kuh oder des Pferdes wird ein Maienbusch gebunden; wessen Tier dagegen das letzte ist, der sieht sich dem Spott und Gelächter der übrigen ausgesetzt; es wird draußen mit Tannenreisern, allerlei Grün und Feldblumen ausgeputzt und heißt die bunte Kuh oder das bunte Pferd. Im letzteren Falle bekommt der Pferdejunge den Namen Pfingstkääm, oder an anderen Orten sowohl in der Altmarkt als auch in der Prignitz bei Lenzen, wo die Sitte ebenfalls sich findet, Pfingstkäärel. Auch in Havelberg herrschte sonst bei dem Austreiben der Kühe derselbe Brauch, aber hier wurde die erste Kuh abends beim Heimtreiben mit einer Blumenkrone geschmückt, und die letzte bekam die Dausleipe, jetzt findet nur noch das letzte statt. Auch in der Mittelmark finden sich noch Spuren davon, nämlich in Neustadt und Fürstenwalde bekommt die zuletzt ausgetriebene Kuh ebenfalls einen Kranz, und bei den Mägden gilt dies als große Schande; wen es trifft, der muß Strafe an den Hirten zahlen. – Eine besondere Eigentümlichkeit haben in diesem Gebrauche noch die ehemaligen Wendendörfer bei Salzwedel bewahrt, und sie findet sich namentlich zu Seeben. Knechte und Mägde bilden nämlich von Tannenzweigen, Stroh und Heu eine große Puppe und geben ihr soviel als möglich menschliche Gestalt. Reich mit Feldblumen bekränzt wird die Puppe in aufrechtsitzender Stellung durch allerlei Mittel auf der sogenannten bunten Kuh, die zuletzt hinausgetrieben ist, befestigt und ihr zuletzt eine aus Ellernholz geschnitzte Pfeife in den Mund gesteckt. So führt man die Kuh ins Dorf, in dem, wie in der Regel bei den Dörfern slavischen Ursprungs, der Eingang nur auf einer Seite ist und die Höfe im Kreise liegen. Der Ausgang wird versperrt und ebenso die Zugänge zu allen Höfen, und ein jeder jagt das Tier von seinem Hause fort, bis die Puppe herabfällt oder in Stücke geht und der Eigentümer der Kuh ihr den Stall öffnet.

Die Altmark ist ein Landstrich im heutigen Sachsen-Anhalt.

Wetterregeln für Fronleichnam und die Lostage der zweiten Junihälfte

*Fronleichnam bedeutet „Leib des Herrn"; **Corporis Christi** ist der lateinische Name für das Fronleichnamsfest.*

Wenn's am Fronleichnamtag rengt,
so wird's Traid am Boden weng.

Fronleichnam schön und klar
sagt an ein gutes Jahr.

Am Fronleichnamstag
Gott die Fluren segnen mag.

Corporis Christi schön und klar –
guter Wein in diesem Jahr.

Fällt auf die Fronleichnamsprozession Regen,
so regnet's vierzig Tage allerwegen.

Corporis Christi klar, gibt ein gutes Jahr.

Bischof Benno von Meißen wurde sowohl in Sachsen als auch in Altbayern verehrt.

Wer auf Benno baut,
kriegt viel Flachs und Kraut.

Wenn Johannes ist geboren,
geh'n die langen Tag verloren.

Vier Tag vor und nach der Sonnenwende
zeigen die herrschende Witterung bis nach Michaelis.

Wenn der Kuckuck noch lang nach Johannis schreit,
wird's unfruchtbar und teure Zeit.

Vor Johannis muß man um Regen bitten,
nach Johannis kommt er von selbst.

Vor Johanni bitt' um Regen,
nachher kommt er ungelegen.

Regnet's am Johannistag,
so regnet es noch vierzehn Tag.

Vor Johannistag keine Gerste man loben mag.

Was es vor Johanni regnet,
kommt dem Bauern in den Sack;
was es aber nach Johanni regnet,
geht wieder heraus.

Die Bienen, die vor Johannis schwärmen,
sind bessere als die nach Johannis.

Am St. Johannitag soll man die Zwiebeln legen,
Johannisregen bringt schlechte Ernte zuwegen.

St. Johann, Paul und Ulrich sind Wetterherren.

St. Johannis Regengüsse
verderben die besten Nüsse.

Johanni trocken und warm,
macht den Bauern nicht arm.

Das Wetter am Siebenschläfertag
sieben Wochen bleiben mag.

Am Siebenschläfertag gedenkt man sieben junger Christen, die der Legende nach im Jahre 251 in einer Höhle eingeschlafen und erst 446 wieder erwacht sein sollen.

Siebenschläfer Regen – sieben Wochen Regen.

Ist der Siebenschläfer naß,
regnet's ohne Unterlaß.

Regnet's am Siebenschläfertag,
es sieben Wochen regnen mag.

Regnet's am Tag von Peter und Paul,
steht es mit dem Wetter faul.

Es drohen dreißig Regentage,
da nützet nun mal keine Klage.

Petri-Pauli klar – gibt ein gutes Jahr.

Schön zu St. Paul – füllt Tasche und Maul.

Peter und Paul
haben Wasser im Maul.

Wenn's am Peterstag regnet, so müssen die Äcker doppelt Wasser und einfach Mehl tragen, wenn's trocken ist, tragen sie einfach Wasser und doppelt Mehl.

Der Petrus schwimmt entweder im Schiff daher
oder im Schiff dahin.

Schon seit dem Jahre 354 wird am heutigen Tage das Fest der beiden Apostelfürsten von der katholischen Kirche feierlich begangen.

Peter Paul Purzel
bricht dem Korn die Wurzel.

Nach Peter- und Paul-Tag
reift das Korn auch bei Nacht.

Zimmetsfeuer in der Oberpfalz

Eduard Fentsch (um 1870)

Den eigentlichen Beginn des Sommers leuchtet die Flamme des Sonnwendfeuers ein. Die uralte Sitte des Sunwendfeuers (Simmets- oder Zimmetsfeuers) am Vorabend des Johannistages ist noch in vielen Gegenden der Oberpfalz trotz aller polizeilichen Verbote im Schwange, wenn es auch nicht mehr so lustig dabei hergeht wie weiland zu Kastl, wo man mit Musik auszog auf den Kastler Berg und unter allgemeinem Jubel die Flamme lodern ließ, bis zum Gebetläuten der Marktsknecht kam und sie auslöschte. Das Anzünden des Zimmetsfeuers, soweit sich die Sitte noch erhalten hat, und der Sprung darüber ist jetzt ausschließlich der Jugend überlassen. Die Alten sorgen nur dafür, daß drei „Brände“ (angebrannte Scheiter) in den Flachsacker gesteckt werden, damit der Flachs gehörig in die Länge wachse. Das wird auch erreicht, wenn der Junge recht hoch springt und dabei ruft:

So lang, so lang, muß mein Flachs werden!

In Breitenbrunn und Umgebung geht vorher noch der Kohlemann. Ein Bube mit geschwärztem Gesichte, begleitet von einem Schwarm Kameraden, schiebt einen Karren vor sich her und läßt vor jeder Herdstätte seinen Spruch erklingen:

Kohle-Kohle-Kohlemann,
Zünd der Frau das Haus nit an,
's ist ja gute Frau im Haus,
Gibt gute Scheitla 'raus!

Der Bitte um ein Stück Holz wird willfahren, und wenn genug gesammelt ist, geht der Zug unter großem Jubel auf einen hochgelegenen Wiesenplan, wo der Stoß hergerichtet und angezündet wird. Im Regengrunde umstehen die Jungen das Zimmertfeuer und begleiten das Sprühen und Zischen der Flamme mit lustigem Peitschenknallen.

Das Krautsetzen

Georg Landau (1857)

Bei dem gewöhnlich um Johannis (24. Juni) stattfindenden Setzen des Krautes beobachtet der Schwälmer verschiedene Bräuche. Der Setzer erhält Eier und ein Stück Speck, je fetter desto besser, damit auch das

Kraut fett werde. Während des Setzens darf jedoch nichts genossen werden, weil sonst die Hasen das Kraut fressen. Auch stößt man sich beim Setzen einander um, damit das Kraut nicht faule. Ebenso muß das Geschäft schweigend verrichtet werden. Noch vor zwei Jahren sicherte ein dortiger Bauer sein Kraut, vorzüglich gegen die Hasen, durch eine Beschwörung. Er lief mit einer Handvoll brennenden Wergs um den Acker herum, wobei er jedoch die vierte Seite offen ließ, mit dem Rufe: „Wuhl, Wuhl, Wuhl!" Auch noch in anderer Weise sichert man dort sein Kraut. Die Hausfrau setzt die ersten drei Pflanzen dreimal, indem sie dieselben jedesmal wieder ausrauft und dann fortwirft, still bei sich sagend: „Wuhl, die freß! Wild, die freß! Raupe, die freß! An die hier gesetzten kommt ihr mir nicht! Im Namen usw."

Die Schwalm ist eine Landschaft in Hessen, in der sich bis heute viele Bräuche erhalten haben.

Sonnwendzeit in Oberbayern

Karl Stieler (1885)

Den Höhepunkt für das Naturleben bildet entschieden die Sonnwendzeit. Weithin vom Watzmann bis zur Zugspitze flammen am Johannistage die Bergfeuer, doch auch im Tal soll es leuchten, und singende Knaben zogen umher und sammelten das Holz zum Feste.

Heiliger St. Veit – schick uns a Scheit
Heiliger Hans – a recht a langs
Heiliger Sixt – a recht a dicks
Heiliger Florian – zünd unser Haus nit an.

Wer sich aber weigerte, etwas herzugeben, der konnte die Verse hören:

Gebt's uns aar a Steuer
Zu unsern Sunnwendfeuer,
Wer uns koa Steuer will geben,
Soll's nächste Jahr nimmer derleben.

Ebenso wurden die brennenden Scheiben, die man an diesem Tag einst durch die Lüfte schlug, mit Versen begleitet. Sie waren den verschiedensten Zielen gewidmet, der heiligen Dreifaltigkeit, den Staatsbehörden, sogar dem Teufel, in der Regel aber wurden sie dem Schatz geschlagen, und dann lautete der Spruch gar diplomatisch:

O Du mei liebe Scheiben,
Wohin soll i Di' treiben?
In d'Mittenwalder G'moa,
Du woaßt scho', wen i moa'!

Unbewußt fühlt es ein jeder, daß dies ein anderes Feuer ist, als es tagtäglich brennt; die kranken Tiere werden davon heil, wenn sie durch die Flamme gehen, und jauchzend springt der Bursch mit seiner Liebsten durch die Glut.

Wetterregeln für den Juni

Wie soll der Juni sein?
Warm, mit Regen und Sonnenschein.

Auf den Juni kommt es an,
ob die Ernte soll bestan.
Juni, feucht und warm,
macht keinen Bauern arm.

Wie der Juni, so der Dezember.

Soll gedeihen Korn und Wein,
muß im Juni Wärme sein.

Ist der Juni warm und naß,
gibt's viel Korn und noch mehr Gras.

Brachmonat ist eine alte Bezeichnung für den Juni.

Brachmonat naß, leer Scheinen und Faß.

Im Juni ein Gewitterschauer
macht das Herz gar froh dem Bauer.

Juniregen – reicher Segen.

Wenn naß und kalt der Juni war,
verdarb er fast das ganze Jahr.

Reif in der Juninacht
den Bauern Beschwerden macht.

Nordwind im Brachmond bringt Korn in's Land.

Kalter Juniregen
bringt Wein und Honig keinen Segen.

Juni kalt und naß,
läßt leer Scheuer und Faß.

Michel:
im Juni greif zur Sichel!

Stellt milde sich der Juni ein,
wird mild auch der Dezember sein.

Was im Juni nicht wächst,
gehört in den Ofen.

Bringt der Juni Donnerwetter,
dann wird das Getreide fetter.

Bleibt der Juni kühl,
wird's dem Bauern schwül.

Ist der Juni warm und naß,
gibt's viel Frucht und grünes Gras.

Es braucht im Juni Sonnenschein,
soll'n Feld und Garten wohl gedeihn.

Im Juni, Bauer, bete,
daß der Hagel nichts zertrete.

Wenn im Juni Nordwind weht,
das Korn zur Ernte trefflich steht.

Auf den Juni kommt es an,
ob die Ernte kann bestahn.

Soll'n gedeihen Korn und Wein,
muß im Juni warm es sein.

Ist der Juni kühl und trocken,
gibt's was in die Milch zu brocken.

Das schlesische Königsreiten

Theodor Vernaleken (1859)

In Schlesien ist das Königsreiten ein Volksfest des ackerbautreibenden Landvolkes. Es reiten nämlich am Pfingstmontag der Dorfrichter und andere aus der Gemeinde auf schönen Pferden ins Feld und umreiten langsam und mit Andacht ihre Äcker, singen fromme Lieder oder beten. Sie hoffen dadurch den Segen Gottes für ihre jungen Saaten zu erflehen und Wetterschäden davon abzuhalten. Wer das schönste Pferd bei dieser Feierlichkeit hat, der wird als König anerkannt. Nachmittags begeben sich dann alle Bauern zum König, welcher ein schwarzes Schaf braten lassen muß. Jeder Bauer nimmt ein Bein (einen Knochen) von diesem Schaf und steckt dasselbe am anderen Morgen vor Sonnenaufgang in die Saaten, damit dieselben gedeihen.

An einigen Orten wird das „Saatreiten" in ähnlicher Weise abgehalten, und zwar am Pfingstsonntag.

Die Bogener Kerzenwallfahrt

Noch heute findet am Pfingstsamstag und -sonntag in Niederbayern die seit über fünf Jahrhunderten geübte Wallfahrt von Holzkirchen auf den Bogenberg über der Donau statt. Dabei wird die über zwölf Meter lange „Kerze", ein mit einem fingerdicken Docht umwickelter dünner Fichtenstamm, über eine Strecke von fünfundsiebzig Kilometern getragen. Wenn man an einem Bildstock bei Pfelling erstmals den Bogenberg sieht, grüßt man die dortige Muttergottes mit dem folgenden Text:

„Ich grüße Dich Maria,
O Maria, ich grüße Dich
dreiunddreißigtausendmal
wie Dich der heilige Erzengel Gabriel gegrüßt hat.
Es freuet Dich in Deinem Herzen
und mich in meinem Herzen,
daß der heilige Erzengel Gabriel
den himmlischen Gruß zu Dir gebracht hat."

Fronleichnams- und Veitstag in Ellwangen

K. A. Busl (um 1860)

***Monstranz:** Prunkgerät zum Zeigen der Hostie;* ***Reveille:** Weckruf;* ***Venerabile:** das Allerheiligste;* ***Hellebarden:** Spieße;* ***marianische Bürgerkongregation:** Vereinigung zur Marienverehrung*

Am Fronleichnamsfest zog der Stadtpfarrer, die Monstranz tragend, mit seiner Gemeinde in die Stiftskirche, von wo aus er mit dem Stiftskapitel und dessen Pfarrangehörigen gemeinschaftlich die Prozession mitmachte, in welcher nun zwei Monstranzen getragen wurden. Die erste Station war am Jagst- oder alten Tor; die zweite beim oberen Tor, die dritte am Steintor, die vierte am Tor neben der Propstei. Das Evangelium sang man bei der ersten Station gegen Osten, der zweiten gegen Süden, der dritten gegen Westen, der vierten gegen Norden gesungen.

Morgens 7 Uhr war Reveille für das Bürgermilitär. Vier Stadtgerichtsbeisitzer in schwarzen Mänteln trugen den Baldachin, unter welchem der Propst, oder in dessen Abwesenheit der Dekan, das Venerabile trug. Vier Bürger, ebenfalls in schwarzen Mänteln, mit Hellebarden, grüne Kränze auf dem Haupt, flankierten als Ehrenwache den Baldachin, dem die Jungmeister sämtlicher Zünfte mit großen Windlichtern aus Wachs voranschritten. Sechs junge Bürgerssöhne aus der großen marianischen Bürgerkongregation in blauen, goldbortierten Mänteln, Blumensträuße in den Händen und Blumenkränze auf dem Haupt, trugen das Standbild der Muttergottes.

Am St. Veitstag wurde die Reliquie des Heiligen in dem noch jetzt vorhandenen spätgotischen silbernen Reliquiar, das die Form eines Armes hat, im Chore zur Verehrung ausgestellt und hierbei noch bis in die letzten Zeiten junge Hähne oder statt deren auch Geld geopfert.

Prozessionen prägen den Fronleichnamstag

Das Fronleichnamsfest (Fronleichnam: Leib des Herrn) wurde, nachdem es schon vorher in der Diözese Lüttich und dann auch in Westdeutschland gefeiert wurde, 1264 für die gesamte Kirche verbindlich. Mit festlichen Prozessionen wird es bis heute begangen, wobei man auf dem Lande noch heute auch alten Festtrachten begegnen kann, so etwa im fränkischen Effeltrich mit seiner berühmten Kirchenburg (dort findet am Ostermontag auch noch der Georgiritt statt, das Winteraustreiben am Faschingssonntag, die Kirchweih im Juli und die Wurzbüschelweihe an Mariä Himmelfahrt).

In am Wasser liegenden Gemeinden unternimmt man die Prozession auf geschmückten Booten. Vielleicht bekanntestes Beispiel dafür ist die Mülheimer Gottestracht in Köln-Mülheim; Joseph Klersch liefert dazu die folgende Schilderung:

Schon morgens gegen halb sieben Uhr zog die Gottestracht aus der Clemenskirche aus. Sie folgte dem Rheinufer, wo der erste Altar stand, stromabwärts bis zum Stammheimer Kreuz, wo der zweite Segen gegeben wurde. Weiter ging es über Schönrath bis in die Nähe des Dünnwalder Klosters, dann zurück und über den Schänzchesweg, wo am Kreuz wieder ein Altar stand, nach Buchheim; dort wurde eine Pause eingelegt. Die Geistlichen, Bürgermeister und Sänger begaben sich hier zu einem Imbiß in die Sakristei, während sich die übrigen Teilnehmer in den Häusern und auf der Straße erholten. Von Buchheim zog die Prozession wieder zum Rhein zurück, wo am sogenannten Pulvertürmchen eine Schalde lag, die die Prozession zur Rheinfahrt aufnahm.

***Tracht** kommt von tragen; auch das, was man auf dem Lande als festliche Kleidung trägt, ist ja die Tracht.*

Auch in anderen Gemeinden, die an Flüssen oder Seen gelegen sind, so etwa in Oberbayern oder am Bodensee, finden Prozessionen auf dem Wasser statt.

Langsam trieb die Schalde an der Stadt vorbei, und vor der Clemenskirche wurde der vierte Segen gegeben. Unterhalb von Mülheim ging man wieder an Land. Die Gottestracht kehrte durch die Steinpforte in die Stadt zurück und ging über die Freiheit bis zum alten Hospital. Hier fand dann seit der Reformation die sogenannte Kontroverspredigt statt, worauf die Prozession wieder nach St. Clemens zurückkehrte.

Die Kontroverspredigt diente der Verteidigung der katholischen Lehre von der Eucharistie. Der Prediger, bis 1772 ein Jesuit, dann ein Augustiner, wurde vom herzoglichen Vogt und vom Rat bestellt. Bis in die 1840er Jahre bildete die Kontroverspredigt den öffentlichen Schluß der Gottestracht und zusammen mit der Rheinfahrt einen großen Anziehungspunkt für Fremde, unter denen sich auch hohe kirchliche Würdenträger befanden. Die Rheinfahrt als Teil des Flurumganges ergab sich aus dem wirtschaftlichen Charakter von Mülheim als Schiffer- und Fischerstadt. Der Rhein war in alter Zeit, wie das alte Stadtwappen es noch heute ausweist, die Hauptlebensgrundlage der Stadt. Den Strom in die Bitten um Gottes Segen einzubeziehen, war darum für die Bewohner selbstverständlich.

Im nahen Düsseldorf-Gerresheim findet noch heute eine Eucharistieprozession am Sonntag nach Fronleichnam statt, bei der eine Blutreliquie unter einem Baldachin mitgeführt wird; erstmals erwähnt wird sie schon 1598.

Johanni im Vogtland

Johann August Ernst Köhler (1867)

An diesem Tage werden noch häufig Kräuter eingesammelt. Da und dort wird auch von den Mädchen das Orakel gefragt. – Seit einigen Jahren ist in Reichenbach durch die Anregung einzelner Persönlichkeiten die schöne Sitte aufgekommen, die Gräber der Entschlafenen mit frischen Blumen zu schmücken.

Das Vogtland liegt teils im nordöstlichen Oberfranken, teils im südwestlichen Sachsen.

Früher bestand hier folgender Brauch: Auf dem Anger wurde ein großer Maienbaum aufgestellt und mit allerhand Gegenständen behangen; darauf wurde um den Baum getanzt und die Burschen holten sich die darin hängenden Sachen. Zum Schlusse warf man den Maienbaum ins Wasser, suchte aber vorher jemanden aus, mit dem man dasselbe tat; diese Person hieß der Johannes. Wegen dabei vorgekommenen Unfuges wurde dieses Spiel, das man den „Firlefanz“ nannte, untersagt.

Bauernweisheiten

Wer viel fragt, kriegt viel Antwort.

Die Frau kann mit der Schürze mehr aus dem Haus tragen,
als der Mann mit dem Wagen einfährt.

Vor dem Ochsen vorn, vor dem Maultier hinten und vor
der Frau von allen Seiten muß man sich hüten (Italien).

Fremd Brot ist ein herbes Brot (Schwaben).

Aus fremdem Leder ist leicht Riemen schneiden.

Wo Frösche sind, da gibt es auch Störche.

Einem geschenkten Gaul schaut man nicht ins Maul.

Ein geborgtes Pferd ist ein faules Zugtier.

Mit Geduld bekommst du auch von unreifen Trauben
Sirup (Arabien).

Eine alte Geiß leckt auch gern Salz.

Unten rechts und links: Alte Trachten aus Niedersachsen

Frauen und Maultiere gehorchen besser, wenn man sie streichelt, als wenn man sie peitscht (Spanien).

Geiz wird nicht satt, bevor er nicht den Mund voll Erde hat (Niederlande).

Wo der Geizige schneidet, ist das Ährensammeln umsonst.

Gescheite Hähne frißt der Fuchs auch.

Der geschenkte saure Apfel gilt für süß (Lettland).

Die Gesetze gleichen Spinnweben: die großen Hummeln brechen durch, die Fliegen aber bleiben hängen (Polen).

Besser ein gesunder Bauer als ein kranker Kaiser.

Ein Glaube ohne Tat ist ein Feld ohne Saat.

Glück ist ein Buckel, der schwer zu tragen ist (Rußland).

Wer's Glück hat, dem legt sein Hahn (Rußland).

Wer Glück hat, dem wächst ein Zitronenbaum, wenn er einen Pfahl pflanzt (Italien).

Ein wenig Hilfe will das Glück gern haben (Norwegen).

Der Glücksgaul liebt das Ausschlagen (Lettland).

Johannisbrauch in Niedersachsen

Adolf Ey (1914)

Am heiligen Abend vor dem Johannisfest ging es unter den Jungen geheimnisvoll zu. Das war ein Raunen, ein Umherschleichen. Die Alten waren sehr verwundert und verdrießlich, wenn sie in den Garten kamen. All die Blumen des Frühsommers, besonders die Pappelrosen – so nannten wir die Päonie, Pfingst- oder Gichtrose – waren abgepflückt. Die Johannisbäume mußten ihren leuchtenden Schmuck haben.

Und da standen sie nun am 24. Juni in all ihrer seltsamen Herrlichkeit. Bis über Manneshöhe waren die kerzengeraden Fichten abgeschält und mitten auf unserm Platz eingerammt. Überall in den dunklen Zweigen lachende Frühlingsblumen. Die Pappelrosen leuchteten wie rotglühende Kohlen. Überall Gewinde von ausgeblasenen, buntgefärbten Eiern. Wie sorgfältig war in dem Winter jedes Ei ausgepustet und beiseite gelegt! Unter dem Baum, manchmal auch auf einem Ast saß ein ausgestopfter Zitherschläger.

Vor den Türen waren Ehrenpforten aus Tannenzweigen, Blumen und Eiergewinden. Sie gingen die hohen Tritte hinunter. Grubenlichter und Papierlaternen hingen darin.

Wenn dann noch die helle, warme Junisonne schien, war es ein Festtag wie kein zweiter. Wir Kleinen tanzten natürlich zuerst um den Baum, Jungen und Mädel, und wenn wir auch die Lieder der Alten nicht verstanden, wir sangen sie in unsrem Kinderkauderwelsch und winkten uns in den Kreis und küßten uns wie die Großen.

Den Seeräuber gefangennehmen

Adalbert Kuhn (um 1850)

In Wansleben und Amtsdorf im Mansfeldischen feiert man zu Johannis ein Fest, welches man „den Seeräuber gefangennehmen" nennt. Auf dem salzigen See bildet man nämlich aus Kähnen eine kleine Insel, auf der sich der Seeräuber versteckt; darauf rückt eine Schar auf Kähnen gegen ihn, um ihn zu fangen; er aber springt, sobald sie nahen, ins Wasser (es wird immer ein tüchtiger Schwimmer und Taucher dazu ausgesucht), taucht unter und sucht das Ufer durch Schwimmen zu erreichen. Die andern rudern hinterher, und zuletzt gibt er sich gefangen und wird jubelnd ins Dorf geführt.

Die im heutigen Sachsen-Anhalt gelegene Grafschaft Mansfeld war einst für ihren Bergbau berühmt.

Das Tonnenabschlagen auf dem Darß

August von Wehrs (um 1850)

Auf dem Darß hat man noch heutzutage ein altes Volksfest, das aus der heidnischen Wendenzeit herrührt und dessen frühere religiöse Bedeutung man jetzt nicht mehr kennt. Es wird alljährlich zu einer

Der Darß ist eine langgestreckte Landzunge an der vorpommerschen Ostseeküste.

gewissen Zeit gefeiert. Auf einem Anger in der Nähe des Dorfes werden alsdann zwei Pfähle aufgerichtet, in deren Mitte wird eine Pech- oder Teertonne, welche mit Birkenzweigen umwunden ist, aufgehangen, gerade so hoch, daß ein Reiter darunter herjagen kann. Das Fest, zu welchem das ganze Dorf zusammenkommt, beginnt damit, daß die unverheirateten Burschen des Dorfes in der Versammlung langsam, im Paradeschritt, umherreiten. Voran gehen einige Musikanten. Dann reitet zuerst der vorjährige Tonnenkönig. Die anderen reiten, wie das Los die Reihenfolge bestimmt hat. Reiter und Pferde sind mit Bändern, Federn, Knittergold, Blumen usw. bunt geschmückt.

Wenn sie so einige Male herumgezogen sind, begeben sie sich an das Ende der abgesteckten Rennbahn, und von hier aus jagt jeder von ihnen, einzeln, einer nach dem andern, in derselben Reihe, in der sie vorhin geritten waren, im vollen Galopp unter der Tonne weg und schlägt mit einem Knittel an dieselbe. Dies dauert, da sie mehrere Pausen machen, oft mehrere Stunden, bis ein Stück der Tonne nach dem anderen heruntergefallen ist und zuletzt nur noch ihr oberer Boden hängen bleibt, durch welchen der Strick geht, mit dem sie aufgehangen ist. Wer das letzte Stück von der Tonne abschlägt, der ist Tonnenkönig.

Dieser muß nun geschwinde machen, daß er fortkommt; denn wenn er nicht zuerst im Kruge ankommt, sondern einer von den übrigen Tonnenreitern ihn vorher einholt und einfängt, so muß er die ganze Gesellschaft freihalten. Er jagt daher im vollsten Galopp hin, sobald er den glücklichen Schlag getan hat, und es ist lustig anzusehen, wie alle seine Kameraden hinter ihm herjagen und jeder ihn zu erreichen sucht, und wie alles Volk schreiend und lärmend hinterdrein rennt. Im Kruge kommt darauf alles wieder zusammen. Er ist von außen und von innen mit Birkenzweigen und Schiffsflaggen geschmückt, und es wird darin, nachdem der König sich eine Königin gewählt hat, gezecht und getanzt bis zum zweiten Morgen.

Der Juni hat nur zwei „Schwendtage“ (siehe Seite 30): den 17. und den 30.

Gewöhnlich wird dies Fest um die Johanneszeit gehalten. Mehrere benachbarte Dörfer feiern es nacheinander, wobei sie sich besuchen.

Ähnliche Tonnenfeste, jedoch mit einigen Abweichungen, werden im Lüneburgischen und auf der dänischen Insel Amak gefeiert.

Juli

Feld- und Gartenarbeit im Juli

Aus dem Lahrer Hinkenden Boten

Man sammelt die zeitigen Samen; versetzt Salat, nimmt die Zwiebeln aus, steckt die letzten Bohnen, die sogenannten Einmachbohnen, für den Winter. Man sät für den Frühling Winterzwiebeln, Wintersalat, Winterkohl, Spinat. Der Salat und der Endivie wird gebunden, der Sellerie wird gehäufelt. Man okuliert auch morgens und abends an trüben Tagen.

Alte Bezeichnungen für den Juli sind Heumond und Heuert.

Wegen faulendem Wasser und starker Hitze sind jetzt die Hühner, besonders die von später Brut, dem Pips sehr ausgesetzt; welchem Übel aber durch reinliche Wartung, durch Ausreißen des Pipses, und mit Ameisenfraß zuvorzukommen ist.

***Pips** ist eine Halserkrankung des Geflügels.*

Allgemeine Wetterregeln

Eine Lerche, die singt,
noch keinen Sommer bringt.
doch rufen Kuckuck und Nachtigall,
so ist es Sommer überall.

Fällt kein Tau, so steht Regen bevor.

Frühvogelsang
macht den Winter lang.

Grasmücken, die fleißig singen,
wollen uns den Frühling bringen.

Hagel im Feld – bringt Kält'.

Hat der Mond einen Hof,
so gibt es schlecht Wetter.

Häufig starker Tau
hält den Himmel blau.

Hof um den Mond bedeutet Regen,
Hof um die Sonne große Stürme.

Helle Wolken, wenig Regen;
schwarze Wolken bringen Segen.

Hohe Häuser trifft der Blitz am ersten.

Die Regel vom „Hahn auf dem Mist" ist durchaus sinnvoll: er setzt sich nämlich dann auf den Misthaufen, wenn herannahender Regen die Würmer hervorlockt ...

Ist der Ring nah' dem Mond,
uns der Regen noch verschont;
ist der Ring aber weit,
hat er Regen im Geleit.

Kräht der Hahn auf dem Mist,
das Wetter im Wechsel ist;
kräht er auf dem Hühnerhaus,
hält das Wetter die Woche aus.

Je drei Tag Sonne und ein Tag Regen
gleicht aus in Höh' und Niedrung den Segen.

Je dunkler die Nacht, je schöner der Tag.

Je länger der Tag
desto kürzer der Faden.

Kiebitz tief und Schwalbe hoch,
bleibt trocken Wetter noch.

Je mehr Donnerwetter, desto fruchbarer das Jahr.

Je weißer die Schäfchen am Himmel geh'n,
je länger bleibt das Wetter schön.

Kleine Regen machen auch naß.

Kleiner Regen löscht großen Staub.

Ließe der Himmel nicht Wasser regnen,
so wäre kein Wein.

Kreisen Dohlen in der Luft, kommt Wind.

Lassen die Frösche sich hören mit Knarren,
wirst du nicht lange auf Regen harren.

Der Snatgang in Niedersachsen

Ludwig Strackerjan (1909)

In früheren Jahren bestand in der Stadt und im Amte Vechta die Gewohnheit, einmal im Jahre die Grenzen der Marken zu begehen, und man nannte diesen Rundgang Snatgang. Das gab für einige Bauernschaften eine besondere Festlichkeit. Eine Tonne Bier und Weißbrot und Kuchen wurden mit rund gefahren, auch die kleinen Knaben aus dem Dorf mitgenommen. Bei jedem Grenzzeichen – Kreuzkuhle – wurde halt gemacht, Bier getrunken und Kuchen und Weißbrot unter die Knaben verteilt. Sobald aber die Knaben ihre Geschenke erhalten hatten, liefen sie fort, denn wer eingeholt wurde, bekam Schläge. Dies wiederholte man bei jeder Kreuzkuhle. Es geschah aber deshalb, damit die Knaben später, wenn es etwa zu einem Grenzstreit käme, die Kreuzkuhlen fest im Gedächtnis hätten und sagen könnten: „Hier an dieser Stelle habe ich Kuchen und Schläge bekommen." In anderen Bauernschaften wurden Bier und Musik mitgenommen, und bei jeder Kreuzkuhle wurde ein Feuer angemacht, getrunken und getanzt; die Kohlen aber wurden zuletzt in die Grube geworfen. Als daher vor einigen Jahren Streit um eine Markgrenze war, weil die Kreuzkuhlen nicht sicher aufzufinden waren, sagte ein alter Mann, sie sollten an den zweifelhaften Stellen nachgraben; wenn es die rechten seien, müßten Holzkohlen darin liegen. Wieder in einer anderen Bauernschaft gingen die jungen Leute gleichfalls mit; bei der ersten Kreuzkuhle wurde getrunken, und dann mußten zwei von den Jungen nach der nächsten Kreuzkuhle laufen; wer zuerst ankam, erhielt ein Geschenk; traf einer aber die Kuhle nicht in gerader Richtung, so wurde er doppelt gestraft und obendrein ausgelacht. Abends aber wurde getanzt. Den Tag vor dem Snatgang mußte in einigen Bauernschaften einer durch das Dorf laufen und vor jedem Haus rufen: „Morgen werd Snat goahn!" Wurde er dabei gestört, oder begegnete ihm ein altes Weib, oder lief ihm ein Hase über den Weg, so mußte er gleich wieder um und rufen: „Morgen werd nit Snat goahn!" Er mußte die Ansage so oft wiederholen, bis sie glücklich ablief.

*Der **Snatgang** ist eine Grenzbegehung, wie sie in vielen Gegenden meist im Sommer üblich war.*

*Als **Bauerschaft** bezeichnet man in West- und Norddeutschland eine Ansiedlung mit oft etwas voneinander entfernt liegenden Gehöften.*

Vom Mond und von den Himmelszeichen

Karl von Leoprechting (1855)

Der Mond ist für den Bauern ein wichtiger Wetterbote; siehe dazu auch den nachfolgenden Beitrag.

Die bäuerliche Zeitrechnung richtet sich noch immer in der alten Weise nach besonders hohen Festtagen, Lostagen und den Märkten der nächstliegenden Stadt. Nie aber wird der Bauer dem sogenannten Datum nach rechnen. Dies steht abermals im grellen Gegensatze zu dem heutigen Gebrauch der Städter, für welche der Kalender einzig und allein noch zum Nachschlagen des Monatsdatums benutzt wird, während gerade nach diesem Teil des Kalenders der Bauer niemals sieht. Ebenso werden die Himmelszeichen und der Wechsel des Mondes noch genau beobachtet. So beginnt man im Vollmond alles lieber, er bringt Glück und Kraft. Das Unkraut, welches man vertilgen will, jätet man deshalb im abnehmenden Mond aus. Eier dagegen legt man den Hennen in solcher Berechnung im wachsenden Mond unter, daß sie auch in diesem und nicht im Neumond ausgebrütet werden. Der Neumond selbst wird der schwarze Mond genannt, was dem Kalender insofern entnommen ist, weil er im Gegensatz zum roten Vollmonde schwarz gedruckt wird. Das Obst, welches im zunehmenden Mond blüht, gedeiht sicher, denn da kann seine Blüte recht schöpfen. Von den Himmelszeichen scheiden sich welche in harte und weiche. Erstere, im allgemeinen nicht gut, sind der Widder, der Stier und der Steinbock. Im Mai ist der Stier rot, und während dieser Zeit ist das Zeichen gut, da beeilt sich alles, diesen Zeitraum wohl zu benützen. Weiche Zeichen sind der Fisch, der Wassermann und die Jungfrau. Erbsen und Linsen werden nur in diesen Zeichen, besonders im Fisch gelegt, sonst können sie nie weich gesotten werden. Der Zwilling wird für ein sehr gutes Zeichen gehalten, da gerät alles wohl; auch der Krebs, letzterer jedoch nur für Pflanzen, welche in den Boden hinein wachsen, wie weiße Rüben, Erddotschen, Rettich, Randen. Im Schütz dagegen darf man nichts versetzen, sonst verschießen alle Pflanzen, ebenso nichts im Steinbock, da wird alles starr. Letzteres ist überhaupt ein sehr schlechtes Zeichen. Damit in enger Verbindung stehen auch die Aderlaßtage. Hierbei frägt man jedoch mehr nach dem Planeten, und gleich wie dieselben um die Sonne, so stehen auch die sieben vornehmsten Glieder um das Herz.

Erddotschen: *Kartoffeln;* ***Randen:*** *rote Rüben, rote Beete*

Dasjenige Glied, welches Wehtage leidet, soll demnach denjenigen Tag der Woche zum Aderlaß wählen, welcher den gemeinsamen Planeten hat. So steht das Gehirn im Planeten des Mondes; dessen Tag ist der Montag. Ganz im Zusammenhang mit den ältesten Ansichten, welche das Fest des Verstandes, welcher dem Mond entstammte, vor dem Eintritt der Hundstage feierten, glaubt man noch gegenwärtig, daß die Brettensteiger (Mondsüchtigen) während der Hundstage ihre Umgänge halten müssen. Deshalb soll man auch während der Hundstage weder baden noch aderlassen. Überhaupt wird jede Art von Irrsinn als mit dem Mond in Verbindung sich vorgestellt.

Bauernweisheiten

Gott sitzt hoch, aber er sieht weit (Kroatien).

Grobe Säcke muß man nicht mit Seide nähen.

Groß sein tut's nicht allein –
sonst holte die Kuh den Hasen ein.

Wer zu große Garben macht,
bindet sich reich und drischt sich arm.

Die großen Ochsen ziehen nicht die größten Furchen (Frankreich).

Zum guten Brunnen ist der Weg zertreten (Galizien).

Was in den Halm wächst, kann nicht ins Korn wachsen.

Das Wetter schlägt gern in die hohen Türme.

Das vorige Jahr war immer besser.

Jammern füllt keine Kammern.

Fleißig jäten ist besser als beten!

Wer nicht jätet früh, jätet später mit vergeblicher Müh'.

Jeder jäte seinen Garten, dann hat er genug zu warten.

Junge Gänse haben große Mäuler.

Auch die bäuerlichen Sinnsprüche aus anderen Länder sind bedenkenswert ...

Die Kart' und die Kanne machen manchen zum armen Manne.

Der Käse verrät die Milch (Lappland).

Willst du lange leben gesund,
iß wie die Katze, trink wie der Hund.

Wer den Kern essen will, muß die Nuß knacken.

Wer sich unter die Kleie mengt, den fressen die Schweine.

Kluge Hühner legen auch in die Nesseln.

Man muß keinen Knecht mieten,
wenn man etwas alleine machen kann.

Einem willigen Knecht soll man nicht zuviel aufbürden.

Läßt man dem Kencht die Zügel zu lang,
so will er bald Junker werden.

Ein Knecht soll viel hören und wenig reden,
das Maul zu und die Ohren offen haben.

Ohne Köder ist schlecht Fische fangen.

Seinen Kohl zieht mancher mit mehr Sorgfalt als seine Buben.

Hundert Stunden Kummer
bezahlt keinen Heller Schulden.

Wer sich zum Lamm macht, den fressen die Wölfe.

Grüne Gerste zu loben, ist nicht gut (Schottland).

Guter Lohn macht hurtige Hände.

Lug und Trug ist der Welt Acker und Pflug.

Wenn die Magd genascht hat, bekommt die Katze Prügel.

Wer mit der Magd tändelt,
macht sie zur Herrin seiner Frau.

Wenn sich die Mägde zanken, kommt die Wahrheit heraus.

Am Markt lernt man die Leute kennen.

Die Sitte des „dürren Kranzes“ in Westfalen

Friedrich Kampmann (um 1880)

Unter mancherlei Sitten und Gebräuchen, die man bei den Bewohnern des nördlichen Westfalenlandes, speziell des mittleren Emsgebietes findet, ist die Darbringung des dürren Kranzes besonders erwähnenswert. Hat jemand ein „Verhältnis“ angeknüpft oder gibt er sich Mühe, ein solches herbeizuführen, so bleibt das selbstverständlich dem allzeit wachsamen Auge des Volkes nicht unbekannt. Bald weiß es die ganze Bauerschaft, und im Dorf tuscheln es sich die Nachbarinnen geheimnisvoll in die Ohren. Hat seine Werbung Erfolg, dann ist es gut; man findet sich, manchmal mit schlecht verhaltenem Neid, mit der Sache ab und freut sich auf die kommende Hochzeit. Nicht so aber, wenn ein anderer den ursprünglichen Freier aus dem Felde schlägt, ihn kaltstellt. Dann fügt man zu dem Ärger, den der Abgewiesene und Zuleichtbefundene in seinem Busen still vergraben muß, auch noch offenen Spott durch die Darbringung des sogenannten dürren Kranzes. Mitten in der Nacht, durch den Schleier der Finsternis verhüllt und unkenntlich gemacht, schleichen sich allerlei Gestalten aus der Nachbarschaft an die Wohnung des Gekränkten heran. Mutwillige Burschen sind es, die hier einen lustigen Streich ausüben wollen. An einer langen Stange tragen sie einen großen Kranz, aus Stroh geflochten, das Zeichen einer mißglückten Werbung. An dem nächsten Eichbaum wird dieses ominöse Schild an einem langen Ast aufgehängt. Still, wie sie gekommen, schleicht die Gesellschaft nach vollbrachter Arbeit wieder von dannen und freut sich der gelungenen Tat. Aber nicht immer nimmt die Sache einen so einfachen und ungestörten Verlauf. Der geschlagene Bräutigam weiß, was ihm blüht, und darum gibt er sich alle erdenkliche Mühe, sich dieser schmachvollen Ovation zu erwehren. Halbe Nächte hält er sich, den Hund an seiner Seite, in sicherem Versteck auf dem Hofe verborgen und sucht die Übeltäter zu erwischen oder wenigstens zu verscheuchen. Aber alle diese Vorsicht läßt sich ihn der Lästerung in der Regel nicht entgehen; über kurz oder lang prangt doch einmal das verwünschte und nicht ohne Grund gehaßte Banner an irgendeinem Baum auf dem Hof.

Ovation: *Beifallsbekundung*

Die Frankenheiligen Kilian, Kolonat und Totnan

Der Juli: Volksfeste und Prozessionen

Keines der kirchlichen Hochfeste fällt in den Juni, auch Anlässe für Bräuche sind in diesem Monat eher selten, aber einige Lostage, die sich mit den Namen volkstümlicher Heiliger verbinden, sind Anlaß für Volksfeste, deren Auftakt oft Prozessionen bilden.

Das beginnt mit dem Ulrichsfest am 4. in Eresing (Landkreis Landsberg am Lech); die Wallfahrt an diesem Tag (den man auch „Alpensegentag" nennt und der letzter Tag des germanischen Mittsommerfestes war) ist schon seit dem 17.Jahrhundert bezeugt.

Der große Frankenheilige Kilian (8.) ist Namenspatron für das Würzburger Kilianifest, heute eines der größten bayerischen Volksfeste; die damit verbundene Messe wurde der Stadt bereits 1030 von Kaiser Konrad bewilligt. Den „weltlichen Teil" der Verkaufs- und Vergnügungsmesse eröffnet ein großer Trachtenzug, den religiösen Mittelpunkt bildet die Reliquienprozession mit der Zurschaustellung der Schädeldecken der Heiligen Kilian, Kolonat und Totnan.

Am zweiten Julisonntag finden sowohl im badischen Aftholderberg (heute zur Gemeinde Herdwangen-Schönach etwas nördlich von Überlingen am Bodensee gehörend) als auch im südlich Münchens gelegenen Siegertsbrunn Umritte zum Gedenken an Heilige statt, deren Namenstage kalendermäßig in ganz andere Monate fallen: in Aftholderberg ist es der Eulogius- oder Eligiusritt, in Siegertsbrunn der Leonhardiritt.

Auch für Wallfahrten durch die sommerlichen Fluren ist der Juli ein bevorzugter Monat.

Am 13. bzw. dem am nächsten gelegenen Sonntag gedenkt man in Bamberg des heiliggesprochenen, kinderlosen Kaiserpaares Heinrich und Kunigunde, die das Bistum unter Hingabe eigenen Besitzes, aber auch zu Lasten des Bistums Würzburg (dessen Bischöfe sich lange vergeblich zur Wehr setzten) begründeten.

Mitte Juli feierte man in Naumburg das bekannte Kirschen- oder auch Hussitenfest, am Magdalenentag (22.) bzw. dem nächstgelegenen Sonntag findet noch heute im Südtiroler Eisacktal die Wallfahrt zum „Latzfonser Kreuz" auf 2298 m Höhe statt, in Walleshausen (Landkreis Landsberg/Lech) die Magdalenenfahrt mit Prozession. Am zweiten Sonntag im Juli erinnert in Münster/Westf. die Pest- und Brandprozession an Katastrophen in den Jahren 1382 und 1383, am dritten, dem dortigen sogenannten „Hausherrenmontag", findet in Moos am Bodensee eine Schiffsprozession nach dem gegenüberliegenden Radolfzell statt.

Der heilige Christophorus, dessen Fest man am 24. begeht, führte mit der Weihe von Kraftfahrzeugen sozusagen zu neuem Brauchtum; in früherer Zeit gab dazu vor allem der Jakobitag am folgenden Tag Anlaß, der als Erntebeginn (besonders für Roggen und Weizen) galt und mit Jakobskartoffeln, Jakobsäpfeln, dem Antrinken der sogenannten „Jakobsstärke" und auch Ährentänzen gefeiert wurde, nicht zu vergessen für die Schweiz die Älplerfeste mit dem „Schwingen". Breite Verehrung genoß aber vor allem die heilige Anna (26.), die namensgebend sowohl für das Annafest im fränkischen Forchheim (das sich durch erheblichen Bierkonsum in den „Kellern" auszeichnet) als auch die Annakirmes in Düren, den Annentag im westfälischen Brakel und das durch einen Umritt, einen Feldgottesdienst und einen Jahrmarkt ausgezeichnete Annenfest in Staucharting bei Sauerlach/Obb. ist. Der zu Zeiten der DDR in Vergessenheit geratene „Grüne Montag" in Erfurt am Montag nach Jakobi erfährt neuerdings eine Wiederbelebung.

Wetterregeln für die Lostage im Juli

Die für die Wettervorhersagen wichtigen Lostage beginnen in diesem Monat mit Mariä Heimsuchung am 2., dem seit 1389 gefeierten Tag, an dem die Gottesmutter ihre Base Elisabeth „im Gebirge“ besuchte und diese sie als Mutter des Herrn begrüßte. Am 4. gedenkt man des großen Augsburger Bischofs Ulrich, am 8. des heiligen Kilian, am 10. der Sieben Brüder, Märtyrern des zweiten Jahrhunderts, und am 17. des heiligen Alexius. Jene Margarete, deren Fest man am 20. Juli (zugleich Tag des heiligen Elias) begeht und die zu den Vierzehn Nothelfern und den sogenannten „Großen Jungfrauen“ zählt, hat den Beinamen „von Antiochia“; zwei Tage später ist Namenstag der heiligen Maria Magdalena. Am 23. ist Apollinaris, vor allem aber der Beginn der Hundstage, die ihren Namen dem Sirius oder Hundsstern verdanken, der nun für dreißig Tage zugleich mit der Sonne aufgehen wird. Dem vielleicht bekanntesten Lostag des Monats, dem Jakobitag am 25., folgt tags darauf schließlich der Gedenktag der heiligen Anna, der Mutter der Gottesmutter - und ihres Ehemannes Joachim, der dabei freilich ein wenig kurz kommt.

Geht Mariä über's Gebirge naß,
bleibt leer Scheune und Faß.

Wie Maria fortgegangen,
wird Magdalena sie empfangen.

Mariä Heimsuch wird's bestellt,
wie's Wetter sich 40 Tage hält.

Wie Maria ins Gebirge zieht ein,
wird der ganze Juli sein.

Wenn's an Mariä Heimsuchung regnet,
soll's vier Wochen regnen.

Mariä Heimsuchung – Mariä Heumachung.

Wie das Wetter an Mariä Heimsuchung,
so wird es 40 Tage sein.

Wie unsere liebe Frau übers Gebirge geht,
so kehrt sie auch nach sechs Wochen wieder zurück.

Wenn die Mutter Gottes im Regen über's Gebirg geht,
muß sie im Regen wieder zurück.

Regen am Sankt-Ulrichs-Tag,
macht die Birnen stichig-mad'.

Wenn's am Ulrichstag donnert,
fallen die Nüsse vom Baum.

Sankt Kilian
ist der rechte Rübenmann.

Regen an Alexe
wird zur alten Hexe.

Ist Sieben Brüder ein Regentag,
so regnet's noch sieben Wochen danach.

Wie es die Sieben Brüder treiben,
soll es sieben Wochen bleiben.

Die erste Birn' bricht Margaret,
drauf überall die Ernt' angeht.

Regen am Margaretentag
bringt viel Sorg' und große Klag'.

Gegen Margareten und Jakoben
oft die stärksten Gewitter toben.

Hat Margrit keinen Sonnenschein,
dann kommt das Heu nicht trocken ein.

Margaretens Regen – wird erst nach Monatsfrist sich legen.

Margaretens Regen – bringt keinen Segen.

Bringt Margarete Regenzeit,
so verdirbt Most und Nuß weit und breit.

Wenn Margarete Regen fällt ins Laub,
so fallen die Walnüsse ab,
und die Haselnüsse werden taub.

Magdalena weint gern.

Magdalene weint' um ihren Herrn,
drum regnet's an diesem Tage gern.

Magdalenen – fehlt's nicht an Tränen.

Regnet's am Tage Elias,
gibt es viel Mehltau und Mäusefraß.

Der Hundsstern aufgeht
mit trübem Glantz,
bringt allzeit gern Pestilantz.
Zeigt er sich aber hell und klar,
so ist zu hoffen ein gesundes Jahr.

Die Hundstage beginnen am Apollinaristag; der namengebende Hundsstern (Sirius) geht für die folgenden 30 Tage gemeinsam mit der Sonne auf.

Hundstage hell und klar
zeigen an ein gutes Jahr.

Hundstage heiß und schwül,
braucht der Bauer Hände viel.

Hundstage heiß – Winter lang weiß.

Wie die Hundstage anfangen, so gehen sie aus,
Hundstage klar, gutes Jahr.

Wie das Wetter, wenn der Hundsstern aufgeht,
so wird's bleiben, bis er untergeht.

Klar muß Apollinaris sein,
soll der Bauer sich erfreun.

Jakobi klar und rein,
wird's Christfest frostig sein.

Bläst Jakobus weiße Wölkchen in die Höh'.
sind's Winterblüten zu vielem Schnee.

Sind um Jakobi die Tage warm,
gibt's im Winter viel Kält' und Harm.

Ist es drei Tage vor Jakobi schön,
so wird das Korn dauerhaft.

Vor Jakobi eine Rübe,
nach Jakobi ein Rübchen.

Fällt an Jakobi die Blüte vom Kraut,
wurden keine guten Kartoffeln gebaut.

Ist's vor Jakobi drei Tag geheuer,
so fährt das Korn man in die Scheuer.

Wenn es zu Jakobi regnet,
so regnet es den Weibern in den Backtrog.

Nach Jakobi gehen die Störche.

Wenn auf Annatag die Ameisen aufwerfen,
soll ein harter Winter kommen.

Anna warm und trocken,
macht den Bauer frohlocken.

Sankt Anna klar und rein
wird bald das Korn geborgen sein.

Jakobimarkt in Schwäbisch Hall

Cleß/Moser (um 1860)

Der Jakobimarkt ist einer der Lieblingstage der hallschen Landleute und genießt noch jetzt, wenngleich seine Frequenz abgenommen zu haben scheint, eines bedeutenden Rufs und eines Zulaufes von nah und fern. Alt und jung freut sich das ganze Jahr darauf, und es wird nicht nur der Ankauf vieler Bedürfnisse auf denselben verschoben, sondern auch eine große Kleiderpracht, besonders vom weiblichen Geschlechte, zur Schau getragen. Hier prangen die niedern Häubchen mit langen und breiten, über Schultern und Rücken hinabwallenden, schwarzseidenen Bändern, die über den Schläfen dicht am Ohr rückwärts gescheitelten, von zweideutigen Schmeidigungsmitteln glänzenden Haare, die man erst seit wenigen Jahren in Zöpfe zu flechten anfängt, während man sie früher nach der Männer Weise kurz geschnitten trug und diese Unzier mit der Haube bedeckte. Hier kommen in aller Glorie die Spenzer mit bauschigen Ärmeln auf den Schultern, die Arme entlang, und an den Handgelenken mit Perlmutterknöpfen besetzt, hier die goldenen Kreuze und Kolliers, die vielen goldenen und silbernen Ringe mit falschen Steinen zum Vorschein, und Hunderte dieser artigen Gesichter und schmucken – nicht selten die Nachhilfe des Korsetts verratenden – Gestalten strömen die Gassen auf und ab, zu und von den Tanzplätzen. Aus allen Wein- und Bierhäusern schnarrt's und fidelt's, daß einem die Ohren sausen, und der eigentümliche hallsche Gesang johlt ohrzerreißend in alle Ecken. Der hallsche Landmann singt bis zur Leidenschaft gerne, und es muß bei jeder frohen Veranlassung gesungen sein, aber es wird in so furchtbarer Höhe und mit solcher Stärke gesungen, daß man jeden Augenblick glaubt, die Halsadern der Sänger müßten bersten oder ihr Schädel zerspringen. Da hierbei weder auf den Umfang noch auf die Stimmgattung der Mitsingenden Rücksicht genommen wird, so entsteht ein eigentümlich krähender Chorus, der das Gehör auf eine wahre Marterprobe setzt. Da der hallsche Bauer in diese Bravour seiner Kehle einen Stolz setzt, so ist es bis jetzt noch nicht gelungen, einen sanfteren und harmonischen Gesang einzuführen. Sonderbarerweise singt man dagegen in den Kirchen gut.

Hallsch: hallisch, aus der Gegend von Schwäbisch Hall; der Zusatz „Schwäbisch" für die eigentlich gut fränkische Stadt wurde erst 1934 offiziell.

Spenzer: kurzes Jäckchen

Das Jakobifest im Passauerwald

Felix Dahn (um 1880)

Ein anderes uraltes Fest, welches, wohl auch vorchristlichen Ursprungs, zunächst eine Anerkennung und Weihe der im Heidentum hochheiligen Grenze war und freilich auch manchen spätern fremdartigen Zug aufgenommen hat, ist das dem Passauerwald eigentümliche „Jakobifest“: Es wird auf der Kuppe des Dreisesselberges begangen, auf dem die Grenzen der drei Lande sich so eng zusammenfügen, daß drei Granitblöcke als die Sessel bezeichnet werden, auf denen die drei Landesfürsten, der Fürstbischof von Passau, der Erzherzog von Österreich und der Böhmenkönig, jeder auf seinem eigenen Gebiet um seinen Tisch Platz nehmen können.

Der 1336 m hohe Dreisesselberg liegt im südlichen Böhmerwald.

Heutzutage ist das Fest kein anderes als der sogenannte Hirtenkirchtag „Almenkirta“, wie er auch in Oberbayern gefeiert wird. Hier auf diesem Grenzberg kamen die Hirten der jungen Rinder, die zu Berg getrieben worden, an diesem Tage seit unvordenklichen Zeiten zusammen und vergnügten sich mit besserem Essen und Gespräch, etwa bei einer Zither oder Pfeife: An sie schlossen sich Gäste aus dem Tale an, die ihnen die Lebensmittel zugetragen hatten, und so blieb es Sitte, sie an diesem Tag auf ihrer einsamen Höhe zu besuchen, lange nachdem man vergessen hatte, die alten Umzüge und Umgehungen der Grenzen zu feiern, welche das Heidentum jährlich mit Opfern und anderen feierlichen Bräuchen beging. Noch jetzt bilden die Grenzhirten den Mittelpunkt des Festes, zu dem nun aber viele Hunderte aus allen drei Landen zusammenströmen: Wirte und Bäcker ziehen zu Berg, Krambuden sind aufgeschlagen, die böhmischen Musikanten spielen zum Tanz, man lagert auf dem Gestein, freut sich der herrlichen Fernsicht, tändelt und zecht und macht gute Freundschaften mit den Nachbarn, bis man spät abends scheidet, indes die Hirten oben auf dem Berg noch ein Feuer schüren und den Abziehenden nachjauchzen.

Wenn's bald Jakobi werd

Wenn's bald Jakobi werd,
Is wohl a Freud, a Freud,
Wia si da d'Sendrin rührt,
Grad voller Schneid,
Auf da Alm Kirta werd'n
Tuats net all Tag, all Tag
Drum eßt's und trinkt's no gern,
Was jeder mag!

Vor da Tür steht scho
Voll Freudn da Bua, da Bua,
Möcht d'Senndrin holn zum Tanz,
Laßt ihr koa Ruah.
Hüatabua, schwegl no,
Lusti dazua, dazua,
Schwegl, i zahl di scho
Morgn in da Fruah.

Der Schützenhof in Duderstadt/Eichsfeld

Johann Wolf (1803)

Die Zeit dazu bestimmt der Magistrat, nämlich einen Sonntag und die zwei folgenden Tage am Ende des Juli oder zu Anfang August, da die hoffnungsvolle Ähre sich zur Sichel neigt und da man sich mit reifem

Schützenfeste fanden um diese Zeit vielerorts statt.

Obst erfrischen kann. Am bestimmten Tag holt die Schützenkompanie nachmittags ihre Fahne ab und zieht mit klingendem Spiel zur Stadt hinaus; bei welchem Zug jeder Bürger, bei Verlust des größten Gewinns, sich einfinden muß. Der Schießplatz ist eine große, nahe vor dem Steintor liegende Wiese. Hier lassen vorher mehrere Bürger Zelte aufschlagen, deren man bei neunzig zählt, um drei Tage mit Frau und Kind darin zu kampieren; die Ordnung dieser bunten Zelte, die einen Bogen bilden, gewährt von weitem einen schönen Anblick. In der Mitte des Bogens standen ehemals Auflegepfähle, seit einigen Jahren aber sind drei niedliche Häuschen daselbst errichtet, worin jeder Schütze bei geschlossener Tür im Trockenen seinen Schuß bequem tun kann. Der größte Gewinn, den die Stadt den Bürgern gibt, ist ein ganzer Gebrau, frei von Tranksteuer, den die Gewinnenden zu beliebiger Zeit tun können. Ein solcher Gebrau wird im Durchschnitt für achtzig Taler verkauft. Die eine Hälfte gewinnt der beste Schuß und die andere Hälfte die zwei nächsten Schüsse. Die übrigen Gewinne, die auch jedem Fremden zuteil werden können, hängen von der Anzahl der Schützen und von der Summe des Einsatzes ab. Nebst den Scheiben ist auch ein Vogel aufgestellt, und da beim Vogelschießen das Interesse bisher zu gering war, so ist zu dem Gelde noch die Nutznießung einer gemeinen Wiese für denjenigen ausgesetzt, der die letzten Trümmer des Vogels herabschießt. Zur Seite wird auch aus freier Hand nach einem gemalten Hirsch geschossen, der auf das gegebene Zeichen vor dem Schießstand vorbeigezogen wird.

***Gebrau:** Ergebnis eines Brauvorgangs, auch dieser selbst*

Das größte Vergnügen ist in den Zelten anzutreffen. In einigen sitzen ein Damon und Phintias mit den Ihrigen beisammen, die vor etlichen Monaten es schon verabredet haben, wie sie den Schützenhof gemeinschaftlich halten und was ein jeder aus der Küche und dem Keller mitbringen wolle; sie verzehren nun ihr Mitgebrachtes bei der angenehmsten Unterhaltung, stoßen die Gläser fleißig zusammen und trinken auf noch viele folgende Schützenhöfe. Die meisten Zelte, worin sich der Hausvater mit den Seinigen allein befindet, stellen ein wahres Familienfest vor. Obenan sitzt die alte Großmutter, die, ob sie gleich das ganze Jahr noch nicht vor das Tor gekommen war, sich heute doch bei ihrem Sohne einfindet, um den Schützenhof noch einmal mitzuhalten; in der

***Damon und Phintias:** zwei Anhänger des Pythagoras aus Syrakus, deren Freundestreue als beispielhaft berühmt wurde*

Zeitgenössische Abbildung zur nebenstehenden Schilderung

Mitte sitzen die Eltern, umgeben von ihren hübsch geputzten Kindern, denen es nie zu Hause so gut schmeckt wie hier. Nach dem Essen schenkt die Mutter den Kaffee ein, und die Großmutter greift in die Tasche und beschenkt ihre Enkel und Enkelinnen, etwas zu kaufen oder bei den Spieltischen einzusetzen. Wer Lust hat, um Geschirr von Porzellan, Zinn oder Kupfer zu spielen, der darf sich nur einen Spieltisch wählen. An Ware und an Mitspielenden fehlt es gewiß nicht.

Was aber jedes Vergnügen, das hier genossen wird, vorzüglich erhöht, ist die anderswo nur geträumte oder vorgespiegelte, auf der Talwiese aber leibhaft gegenwärtige Freiheit und Gleichheit. Hier wird niemand einen Unterschied oder Vorrang zwischen Reichen und Armen, Gelehrten und Professionisten, Vorgesetzten und Untergebenen, Mamsellen und Jungfern bemerken können, so vertraulich gehen jene mit diesen um. Ein Fremder, der dieses unverstellte Betragen der Duderstädter beobachtet, muß sie samt ihrem Schützenhof liebgewinnen.

Professionisten: *Handwerker, Facharbeiter;* ***Mamsellen:*** *Dienstmädchen, Gehilfinnen*

Denselben haben schon lange die Bauern aus den nächsten Dörfern liebgewonnen, die am ersten Tag in großen Haufen anrücken, um sich bei und mit ihren Gerichts- und Gutsherren, denen sie oft fronen müssen, wenigstens einmal im Jahr recht lustig zu machen. Wie nun diese Klasse von Menschen kein größeres Vergnügen kennt, als dem Bauche wohlzutun, so lagern sie sich größtenteils bei den Metzgern hin und lassen sich die frischen Würste und Schweinebraten so schmecken, daß ihnen der Saft um den Mund fließt. Darauf schmeckt das Duderstädter Bier desto besser und wird auch desto häufiger getrunken. Nachdem dieses erste Bedürfnis befriedigt ist, so gehen viele von ihnen an die Spieltische. Gegen Abend ziehen sie sämtlich in langen Reihen wieder ab, die Mannspersonen ihre gewonnenen Braten angespießt emporhaltend und die Weibspersonen mit Kringeln und allerlei Geschirr beladen; und so gehen sie unter lautem Schwatzen und Lachen nach Hause, wo man sie mit ihrer Ware begierig erwartet. Beim Abzug des Landvolks treten die Jünglinge aus der Stadt auf, denen die Zeit lange dauerte, bis es Nacht wurde, um auch ihre Freude zu haben. Diese besteht darin, daß sie auf dem ganzen Platz mit ihren Schwärmern eine Weile herumlaufen und auch viele Raketen in die Luft steigen lassen. Hiermit hören die Lustbarkeiten des ersten Tags auf der Talwiese auf, dagegen fangen andere in der Stadt bei Punschgesellschaften und auf dem Tanzsaale an, die spät in die Nacht hinein dauern.

fronen: *Frondienste leisten (unentgeltlich)*

Schwärmer: *Feuerwerkskörper*

An den beiden folgenden Tagen wird dieselbe Ordnung beobachtet, ausgenommen, daß am Dienstagabend die Schützenkompanie feierlich einzieht, wobei die Augen aller Zuschauer auf denjenigen gerichtet sind, der den halben Gebrau gewonnen hat und, einen silbernen Vogel auf der Brust tragend, in der Mitte der zwei ihm zunächst gekommenen Schützen wie im Triumph eingeführt wird.

Schäferlauf in Markgröningen

Wilhelm Waiblinger (um 1825)

… Nun ging ich gerade durch die vollen Straßen der Stelle zu, wo der Schäferlauf gehalten werden sollte. Es war ein weitgedehntes Stoppelfeld, wo bereits zum Wettlauf alles geordnet war und schon eine Menge

Zeitgenössische Abbildung zur nebenstehenden Schilderung

Am Sonntag, der dem Jakobitag am nächsten liegt, finden jährlich abwechselnd in Urach und Wildberg die Schäferläufe statt (andernorts erst im August).

Menschen hinter den aufgestellten Schranken und den hinter denselben mit Brettern überschlagenen Wägen standen. Endlich hörte man Trommel und Schalmeien, ein schwarzes Gewoge von Menschen wälzte sich über die Fläche, und eine weiße Fahne flatterte hoch in den Lüften. Nun ging's an ein Drängen und Durcheinanderschieben, ich war mitten drin und mußte selbst zuweilen darob lachen. Die Läufer waren bereit, das Zeichen ward gegeben, und blitzschnell eilten die rüstigen Kerle das Feld herab. Aber der eine, schon am Ziele fast, ward durch einen anderen trughaft übervorteilt, und nun hätte man den wütenden Menschen sehen sollen, gleich viel durch Ehrgeiz als Zorn aus den Fugen gebracht. Die Mädchen sprangen, aber ich ließ das Spiel und schaute die Menschen an. Tiefe Betrachtungen und manche köstliche Bemerkung war das Resultat. Nun drängte ich mich mitten durch die Haufen, und ich gesteh es mir selbst, ich hielt mich für nichts Geringes, einen sonderbaren Menschen unter tausend gewöhnlichen.

Wetterregeln für den Juli

Die Julisonne hat noch keinen Bauer
aus dem Lande geschienen.

Juli Sonnenbrand – gut für Leut' und Land.

Nur in der Juliglut
wird Obst und Wein dir gut.

So golden die Sonne im Juli strahlt,
so golden sich der Roggen mahlt.

Juli schön und klar – gutes Bauernjahr.

Juliregen nimmt Erntesegen.

Wenn es im Juli bei Sonnenschein regnet,
man viel giftigem Meltau begegnet.

Die Julisonne arbeitet für zwei.

Wie der Juli, so der Januar.

Ein tüchtig Juligewitter
ist gut für Winzer und Schnitter.

Wettert der Juli mit großem Zorn,
bringt er dafür reichlich Korn.

Wenn's im Juli nicht donnert und blitzt,
wenn im Juli der Schnitter nicht schwitzt,
der Juli dem Bauern nichts nützt.

Regnet's zum Juli hinaus,
so guckt der Bauer nicht gern aus dem Haus.

Hagelt's im Juli und August
ist's aus mit des Bauern Freud und Lust.

Im Juli will der Bauer lieber schwitzen,
als hinter dem Ofen sitzen.

Heißer Juli verheißt guten Wein.

Der Juli bringt die Sichel
für Hans und Michel.

Macht der Juli uns heiß,
bringt der Winter viel Eis.

Schnappt im Juli das Weidvieh nach Luft,
riecht es schon Gewitterluft.

Wenn's im Juli gibt hohe Ameisenhaufen,
so magst du nach Holz für den Winter laufen.

Wenn Donner kommt im Julius,
viel Regen man erwarten muß.

Was der Juli verbricht,
rettet der September nicht.

Hört der Juli mit Regen auf,
geht leicht ein Teil der Ernte drauf.

Wenn Ende Juli schon die Schwalben ziehn,
sie vor baldiger Kälte fliehn.

Wenn im Juli die Ameisen viel tragen,
tun frühen und harten Winter sie ansagen.

Ohne Tau kein Regen,
heißt's im Juli allerwegen.

Wettert der Juli mit großem Zorn
bringt er dafür reicheres Korn.

Nur durch die Juliglut
wird Obst und Wein dir gut.

Juli-Sonnenbrand
ist gut für Leut' und Land.

Der Juli bringt die Sichel
für den Hans und für den Michel.

So selten wie ohne Kopf ein Nagel,
ist ein Juli ohne Hagel.

Was der Juli nicht siedet,
kann der August nicht braten.

Ein kalter Juliregen
ist für die Rehbrunft kein Segen.

Im Juli will der Bauer schwitzen,
und nicht hinterm Ofen sitzen.

Ein tüchtiges Juligewitter
freut den Winzer und den Schnitter.

Was im Juli nicht geraten,
läßt der September ungebraten.

Juli heiß
lohnt Müh' und Schweiß.

So golden die Sonne im Juli strahlt,
so golden sich der Weizen mahlt.

Der grüne Montag in Erfurt

Friedrich Reimann (1839)

Auch das Traditionsfest des „Grünen Montag" erlebt jetzt nach der Wende eine Neubelebung.

Eins der Hauptvolksfeste der Erfurter, das noch bis auf den heutigen Tag von alt und jung mit fröhlichem Jubel gefeiert wird, ist der sogenannte Grüne Montag, dessen Ursprung noch aus den Zeiten der republikanischen Verfassung Erfurts sich herschreibt, wo aus den sogenannten fünf großen Handwerken, nämlich den Tuchmachern, Fleischhauern, Kürschnern, Schmieden und Gerbern oder Löbern, Ratsmeister gewählt wurden, die an der Führung des erfurtischen Staatsruders mit Anteil nahmen. Aber nicht allein die obgenannten, sondern auch die übrigen Handwerker, besonders diejenigen, die mit dem Hammer arbeiten, feiern diesen Tag, und besonders sind die Läden der Schuhmacher bei dieser Gelegenheit mit grünen Zweigen und Büschen geziert und am Eingang der Schuhgasse prangt gewöhnlich ein mit Blumengewinden und Kränzen verzierter Ehrenbogen.

Gegen Mittag zieht aber, zumal wenn die Witterung den festlichen Tag begünstigt, die halbe Bevölkerung Erfurts in buntem, fröhlichen Gemisch hinauf zum nahen Steigerwald, an dessen Saume, so wie in den Schattengängen des Innern desselben, sich alles lagert und der Freude und dem Frohsinn unbefangen sich hingibt. Überall sieht man das Panier dieser Göttin lustig flattern – und alle Kümmernisse und so manche Tage voller Gram und Sorgen werden hier, im Schoß der schönen Natur, im wohltätig kühlen Schatten des Waldes und unter den freundlichen Strahlen der Sonne, die durch das dunkle Laubdach der Bäume die fröhlichen Gruppen belauscht, vergessen. Das Echo des Waldes wiederholt die Jubelgesänge, die beim Klang der Becher überall ertönen und erst, wenn die Abschiedsstrahlen der sinkenden Sonne an den hohen Wipfeln der alten Eichen des Steigerwaldes verglimmen und drüben in der Stadt die Abendglocke läutet, verschwindet allmählich das fröhliche Gewühl unter den Bäumen und am Saume des Waldes wird's leer. Die Wege und Pfade nach der Stadt sind dann mit Scharen von Menschen bedeckt, die noch im traulichen Familienkreise zu Hause sich mit Vergnügen der frohen Stunden erinnern, die ihnen dieses Volksfest gewährte.

Verworfene Tage sind im Juli der 19., der 22. und der 28.

August

Feld- und Gartenarbeiten im August

Aus dem Lahrer Hinkenden Boten

Altdeutsche Bezeichnung für den August war Ernting.

Man sät noch Winterkohl, Winterkraut, Zwiebeln, Spinat, Wintersalat und Kohlpflanzen, die man erst im Frühjahr versetzt. Was im vorigen Monat gesät worden, wird an warme Plätze versetzt. Man haut die Brandschaden an den Bäumen aus und bestreicht sie, da, wo man Bäume setzen will, läßt man die Löcher machen und zurichten.

Die Eier, welche in dieser Zeit gesammelt werden, halten sich am längsten. Man legt sie in Häcksel, Korn oder Haber; am besten aber ist es, wenn man sie auf eigenen dazu verfertigten Brettern in Löcher stellt, so, daß kein Ei das andere berührt. Diese Bretter werden an einem trockenen Orte, der doch nicht der Kälte zu sehr ausgesetzt ist, aufgestellt, auch wieder gar strenge Kälte mit Häcksel und Heu bedeckt.

Der „Oswald“ im Donaugau

Felix Dahn (um 1870)

Eine hervorragende und freundliche Gestalt unter den mannigfach düstern Resten des heidnischen Glaubens und Kultus, z. B. dem Bilwisschneider, der Preinscheuche, einem schädlichen Unholde in den

Dieser Brauch steht natürlich in Verbindung mit dem Oswaldstag.

Hirsefeldern, ist der „Oswald, Aswal", der namentlich im Donaugau vorkommt: ein Stück von einer heidnischen Feld- und Erntegottheit und der ihr zugewandten Verehrung. Aus den letzten Ähren eines Roggen- oder Weizenfeldes, die man hart am Raine stehen läßt, winden die Schnitter mittels eines Stabes und kunstvoll je zu dreien verschlungener Halme eine menschenähnliche Gestalt, die mit Feldblumen umwunden und bekränzt wird. Sowie die Gestalt errichtet ist, fallen die Schnitter vor dem Oswald in die Knie und beten, besonders wenn das Getreide gut eingebracht ist und keiner der Mähder sich geschnitten hat; also ein Ernte-Dankopfer. Man tanzt auch wohl im Reigen um den Oswald. – Häufig jedoch schlingt man, ohne eine menschliche Gestalt nachzubilden, nur drei Halme in einen Knoten und spricht dabei: „Das ist für den Oswald." Hier haben wir dann den häufig begegnenden Zug, daß man für den wohltätigen Gott einen Teil des von ihm verliehenen Segens auf freiem Felde stehen läßt, ihn auch fürs nächste Jahr in Gunst zu erhalten; man nennt diese stehengelassenen Ähren den Nothalm.

Jungfrauenprozession am Afratag

K. A. Busl (um 1860)

Der Tag der Märtyrerin Afra (7. August) sah zu deren Ehren die Jungfernprozession. Die Jungfrauen der Stadt Ellwangen zogen am Nachmittag in festlichem Anzug von der Jesuitenkirche aus durch die ganze Stadt: ihnen gesellen sich ungefähr 200 weitere aus jenen naheliegenden Orten bei, in welchen die Jesuiten die christliche Lehre übernommen hatten. Sie kamen an diesem Tage mit Kreuz und Fahnen in die Stadt.

Hermannl-Schutzen am Laurentiustag

Felix Dahn (um 1870)

Von allen Bayerwäldern wird die Kirche des heiligen Hermann bei Bischofsmais lebhaft besucht; am stärksten ist hier der Zudrang des Volkes am St. Lorenz- und Bartholomäustage. Es besteht dabei ein schon sehr alter, eigentümlicher Gebrauch, das sogenannte Hermannl-Schutzen. Die Andächtigen fassen nämlich die hölzerne Statue des Heiligen im Priestergewande und lüpfen sie mit beiden Händen in die Höhe; man muß aber just an einer bestimmten Stelle fassen, sonst bekommt sie bei dem Aufheben das Übergewicht und sinkt nach vorn oder hinten, und dies bedeutet dann, daß wer sie aufhob, noch eine Todsünde auf dem Gewissen hat; man bringt diesem Hermannl viele Opfer in Wachs, besonders auch in Eisenblech geschnittenes Vieh, auch findet man dort häufig die rohen Köpfe von gebranntem Ton, in denen Gerstenkörner eingeschlossen sind; man opfert sie wegen chronischer Kopfleiden. Eine ähnliche Sitte wie das Hermannl-Schutzen findet sich übrigens in Aigen; daselbst liegt in einer leeren Kapelle an der Kirche seit uralter Zeit ein abgerundetes Bruchstück einer Erzfigur, eineinhalb Zentner schwer, angeblich ein Bildnis eines Ritters dieser Gegend, nach dessen Namen der Klumpen „der Würdinger" genannt sein soll. Alles Manns-

Der 2. August (Portiuncula, Maria von den Engeln) bzw. der ihm folgende Sonntag hatte früher erhebliche Bedeutung als großer Beichttag wegen des Portiuncula-Ablasses, den man auch mehrfach gewinnen konnte.

volk versucht sich nun, den schwer zu fassenden gewichtigen Block vom Boden aufzuheben, denn wer den Würdinger nicht heben kann, hat eine schwere Sünde auf sich. Die Kirche erhebt von jedem, der seine Kraft daran versucht, einen Kreuzer Armensteuer. Bei diesen Kraftproben, die immer vor einer Menge von Zuschauern geschehen, finden sich nun häufig Rivalen, und so hat der Würdinger schon zu blutigen Kämpfen Anlaß gegeben, besonders wenn Wallfahrtszüge von verschiedenen Landschaften zusammentrafen. Eine ähnliche Sitte herrscht in der Salvator-Kapelle zu Bogen; daselbst steht in einer Nische ein hölzerner Vorfuß, wer diesen mit einem Stoß der Hand zu schwingen weiß, daß er sich dreimal im Kreise dreht, ist ohne Todsünde. Um die Leonhardskapelle zu Aigen finden auch die berühmtesten Leonhardiritte von ganz Niederbayern statt; die Landleute aus dem Rottal, dem Inn- und Hausruckviertel versammeln sich hier an den drei goldenen Samstagen, dem Georgs- und Leonhardstag in großer Anzahl, zu Wagen oder beritten, wohnen den zahlreichen festlichen Gottesdiensten bei und umfahren oder umreiten hierauf dreimal die Kirche. Ein Hauptgewicht wird dabei auf die Opfer gelegt, die man dem Heiligen bringt, häufig kommen dabei, ganz in altheidnischem Stil, lebendige Gänse und Schweine vor. Die eigentümlichsten aber und häufigsten sind die sogenannten „Rösselopfer", bestehend in aus dickem Eisenblech geschnittenen Figuren, denen man die Gestalt eines Rosses nur mit etwas Gutmütigkeit und viel Phantasie anmerkt. An den Kirchtüren werden diese Eisenrößlein in Körben feilgeboten; jeder Bauer kauft daselbe so viele als er Rosse im Stall hat und trägt sie während des Hochamtes zum Opfer, wo er sie in einem am Altar bereitstehenden Korbe niederlegt; solch ein Rößlein wird mit sieben, neun oder elf Pfennigen bezahlt; niemals darf der Preis eine gerade Zahl ausmachen. Den Handel besorgt die Kirchenverwaltung selbst, welche, sowie sich der Korb am Altar gefüllt hat, denselben schnell wieder an die Kirchentüre bringen läßt und die kaum geschenkten Opfer abermals verkauft; daher – sagen die Bauern – ist ein Eisenrößlein von St. Leonhard siebenmal so teuer als ein lebendiges Pferd. Auch an anderen Orten in Niederbayern werden übrigens lebhaft besuchte Leonhardiritte gehalten.

Allgemeine Wetterregeln

Höhenrauch im Sommer
deutet meist auf strengen Winter.

Machen die Spinnen Häuschen,
so wird's kalt;
ein dick Gewebe, kommen Wolken;
ein seidnes Rad, so wird's schön.

Regenbogen nach vier
gibt den anderen Tag mehr.

Morgenrot – Abendkot.

Man merkt, daß her Gewitter zieh',
schnappt auf der Weid' nach Luft das Vieh,
auch wenn's die Nasen aufwärtsstreckt,
und in die Höh' die Schwänze reckt.

Mit Ostwind – schön Wetter beginnt.

Morgenrot – bringt Wasser in den Schlot.

Morgenrot mit Regen droht.

Nach dem Regen ist gut fischen.

Nach Schnee und Regen – kommt Segen.

Nachts Regen, Tages Sonne
füllet Scheuer, Sack und Tonne.

Regenjahr – Notjahr;
Schneejahr – Brotjahr.

Nasse Jäger, trockene Fischer.

Manche dieser Regeln erfordern für uns heutzutage schon einiges Nachdenken.

Neblig Jahr – macht fruchtbar gar.

Oft gibt der West – schönem Wetter den Rest.

Ohne Nebel gibt es kein Grünfutter.

Regen bei Sturm und Wind
legt den Sturm geschwind.

Regen in der Frühe gelt
als gut Zeichen aller Welt.

Regenbogen am Abend läßt auf gut Wetter hoffen.

Regenbogen am Morgen – des Hirten Sorgen;
Regenbogen am Abend – den Hirten labend.

Regenbogen am Morgen – läßt für Regen nicht sorgen.

Der Schäfersprung am Laurentiustag

Erhard Hugo Meyer (1900)

In manchen Gegenden galt Laurenzi schon als erster Herbsttag.

Unter den Tänzen, die die Freude über den Weide- und Ackerertrag ausdrückten, war der berühmteste der Schäfersprung zu Bretten. Am Laurentiustag (10. August) versammelten sich die Schäfer unter Schalmeienklang in ihrer Zunftherberge, um von da mit Hirtenstäben auf der Schulter zur Kirche zu ziehen. Nach dem Gottesdienst taten sie sich bis gegen Abend in ihrer Zunftstube gütlich. Dann aber liefen auf einem eine halbe Stunde außerhalb der Stadt gelegenen Felde die Meistersöhne und Meistertöchter parrweise, jene nach einem buntbebänderten Lamm, diese nach einem seidenen Halstuch, um die Werte. Der Tag schloß in der Herberge mit Spiel und Tanz. In Stein bei Bretten hat der Tanz den Wettlauf verdrängt und ist zu gewöhnlicherem Hammeltanz, einem echten Kirchweihtanz, geworden. Am Kirchweihdienstag tanzt auf der Wiese das junge Volk um einen geschmückten Hammel und ein Licht, an dem eine Schnur mit einem gefüllten Glas befestigt ist. Brennt nach etwa einer halben Stunde das Licht bis zur Schnur ab, und zerschellt das Glas auf dem darunterliegenden Stein, so hat das gerade tanzende Paar, das einen mit Bändern verzierten Stab hält, gewonnen, er den Hammel und sie die Bänder und Sträuße des Tiers. Man zieht vor das Haus des Siegers und der Siegerin, und aus einem Kübel Wein wird auf dessen Kosten lustig gezecht. In Berolzheim wird nach diesem Kerwetanz der Hammel vor dem Wirtshaus geschlachtet und dann gemeinsam verzehrt, das Fell und das übrige behält der Gewinner. In Pfohren bei Donaueschingen wird dieser Tanz am Pfingstmontag, doch nicht alljährlich, in der alten Tracht aufgeführt.

Als Fremdenattraktion sind solche Schäferbräuche wieder aufgelebt, vor allem in Württemberg (Markgröningen, Urach, Wildberg) und Franken.

Das Fischerstechen in Ulm

Anton Birlinger (um 1860)

Von dem Ursprung und Alter des Fischerstechens in Ulm kann ich aus Mangel der dazu erforderlichen Nachrichten, die bei der Schifferzunft liegen und von derselben nicht leicht zu erhalten sein möchten, nichts melden. Also nur eine ganz kleine Nachricht, auf welche Art dieses Fest jetzt gefeiert wird. Dies geschieht alle zwei Jahre Anfang August, am Ulmischen Schwörtag. Da dieser sich nach Laurentii richtet, so kann folglich nie ein gewisser Tag vorausbestimmt werden. An einem Sonntag ist das Regentenfest, am Montag Schwörtag und am Dienstag Fischerstechen. Diese Tage sind unveränderlich. Schon vierzehn Tage vor dem Regentenfest, am Ulmischen Kirchweihfeste, suchen die jungen Fischer beim regierenden Amtsbürgermeister um Erlaubnis an, ihr Stechen halten zu dürfen, und verehren ihm Fische. [...]

Der Schwörmontag erinnert an die Stadtverfassung von 1387; das Fischerstechen findet nur alle vier Jahre statt.

Zu Bestreitung der Unkosten ist ihnen erlaubt, in der Stadt Beiträge einzusammeln, welches am Tag des Fischerstechens selber geschieht und schon des Morgens zwischen 6 und 7 Uhr anfängt. Man verehrt ihnen entweder Geld oder andere Dinge, z. B. Schnupftücher, seidene Halstücher, silberne und blecherne Löffel, Tabaksrollen usw., denn sie nehmen alles an. Das Geld kommt in verschlossene Büchsen; die andern Dinge werden an die sogenannten Speere gehängt, wovon einer der Hauptspeer heißt, an welchem immer die schönsten Dinge prangen, z. B. silberne Medaillen an roten seidenen Bändern, die die Fischermädchen den jungen Fischern, ihren Geliebten oder Brüdern verehren. Diesen Kollektationszug, der aus zwei Tambouren, dem Bauer, der Bäurin (einem jungen Fischer) und einigen Narren besteht und von einer unsäglichen Menge Menschen begleitet wird, dirigiert ein Fischermeister, als die einzige kluge Person bei demselben; denn jene scheinen für diesen Tag durch ihre Verkleidungen auf die Vernunft verzichtet zu haben. Da die jungen verkleideten Fischer hier natürlicherweise die sogenannte Narrenfreiheit haben, so bedienen sie sich derselben auch öfters in der ausgedehntesten Bedeutung. Bis gegen 2 Uhr nachmittags hat das Kolligieren ein Ende, und dann versammelt sich alles wieder im Gasthof, wo sich nun auch die Weißfischer mit ihren Schönen, Kirchweihjungfern genannt, einfinden. Hier wird noch etwas geschmaust, und dann geht der Zug paarweise zur Donau hinaus. Voran gehen ein paar Tambours, dann 5 bis 6 Musikanten, sodann folgen die Kirchweihjungfern, auf's Festlichste gekleidet, und jede eine Zitrone in der Hand tragend; dann die Mohren und Narren, und endlich die Weißfischer mit ihren Speeren. Der Hauptspeer nebst den anderen Speeren werden auch mitgetragen und nachher auf das Kirchweihschiff ge-

Kollektation/ Kolligieren: *Sammeln, Erbitten von Gaben;* ***Tambour:*** *Trommler*

Eine zeitgenössische Illustration des Ulmer Fischerstechens

bracht. Wenn man an der Donau ist, so werden die Stecher oder Kämpfer verteilt, nachdem vorher noch einmal getanzt worden. Ein Teil derselben bleibt am Ufer oder auf Schiffen, die dicht am Ufer halten. Ein anderer Teil wird ans andere Ufer übergeführt und kommt auf das Kirchweihschiff, auf dem sich auch die Fischermädchen, Tambours und Musikanten und andere Zuschauer befinden.

Nun fängt das Stechen an, das ich als eine allgemein bekannte Sache nicht näher beschreiben will. Die verkleideten Personen stechen gewöhnlich zuerst, dann die Weißfischer. Doch gibt es auch Ausnahmen, und bald kommen ein paar Weißfischer, bald ein paar Mohren, Narren, Bauer, Bäuerin usw. Verheiratete stechen gewöhnlich nicht mit, und es wird nur dann eine Ausnahme gemacht, wenn es an jungen Leuten fehlt und also der Weißfischer zu wenig wären. Die Verheirateten werden dann von dem kolligierten Gelde bezahlt. Das Instrument, womit gestochen wird, ist eine Stange, etwa in der Länge eines Spontons, und heißt der Speer. Der Teil, den der Stecher unter den Arm nimmt, hat ein Querholz, das er fest an die Brust drückt. Das andere Ende der Stange hat ein rundes Scheibchen oder Tellerchen, womit der

***Sponton:** hellebardenähnliche Paradewaffe*

Feind auf die Brust – wenn man sie nämlich trifft – gestoßen wird. Manchmal trifft man freilich anderswohin, wo man es nicht so gerne hat, woraus schon Unglücksfälle, Händel und Schlägereien entstanden sind. Gewöhnlich wird es aber so eingerichtet, daß diejenigen, welche gegeneinander einen Groll auf dem Herzen haben, gar nicht miteinander zu stechen kommen. Auch muß es den jungen Burschen zur Ehre nachgesagt werden, daß sie meistens ehrlich und redlich nach der Brust zielen und dann nicht dafür können, wenn im schnellen Vorbeifahren durch eine unglückliche Wendung des Schiffes ihr Speer anderswohin stößt. Während des Stechens lassen sich Musik und Trommeln wacker hören, vorzüglich werden die letztern so stark als möglich gerührt, wenn zwei Stecher gegeneinander fahren.

Was die Verkleidung betrifft, so hat es damit folgende Bewandtnis: Die Weißfischer gehen ganz weiß gekleidet und sind mit schwarzen Bändern ausgeziert. Ihr ganzer Anzug ist ein knappes weißes Westchen ohne Ärmel, mit Baumwolle ausgefüttert, ebenso knappe Beinkleider, und auf dem Kopf tragen sie eine hohe grüne Mütze von Filz mit großen Federn von Reihern, Pfauen oder Schwänen. Zum Stechen werden gewöhnlich schlechtere Mützen genommen. [...]

Wenn ein Weißfischer trocken bleiben will (eine traurige, teuer erkaufte Ehre, für die er die fürchterlichsten Stöße aushalten muß!), muß er nach der Regel mit allen herumstechen, wo dann freilich auch Bauer, Bäurin, Mohren, Narren und was da ist, über ihn herkommt. Da nun dieses in seinen Augen verächtliche Gegner sind, so fährt er ihnen mit stolzer Miene entgegen und stürzt sie mit einem leichten Stoß ins Wasser. [...]

Ein ähnliches Fischerstechen findet anläßlich der „Sandkerwa“ in Bamberg statt.

Der Bauer und die Bäurin sind in altschwäbische Bauerntracht gekleidet und haben also daher ihre Namen. Die Narren haben eine Art von Harlekinstracht an, einen Fuchsschwanz an der Mütze und hinten an den Beinkleidern, machen sich einen Bart, schwärzen sich auch wohl die Wangen und andere Teile des Gesichts [...] Die übrigen Verkleidungen sind willkürlich und werden ganz der Erfindungskraft der jungen Fischer überlassen. Die meisten gehen auch erst draußen an der Donau in der sogenannten Fischerhütte vor sich. Mohren sind am gewöhnlichsten. [...]

Die Einnahme besteht nicht bloß in dem, was in der Stadt herum eingesammelt wird, sondern jede Person, die das Fischerstechen mit ansehen will, muß dafür etwas zahlen, und die Herren Fischer wissen dabei ihre Maßregeln so gut zu treffen, daß nicht leicht ein Mensch es umsonst wird mit ansehen können. [...]

Wenn alles vorbei ist, so geht der Zug wieder in die Stadt, doch wird vorher noch getanzt, wobei sich die jungen Fischermädchen gar nichts daraus machen, wenn ihre rüstigen Kämpfer ganz von Wasser triefen. Nun geht der Zug durch einige Straßen der Stadt, es wird noch an einigen Plätzen getanzt, vor einigen Wirtshäusern getrunken, und erst jetzt legen die Helden des Tages trockene Kleider an. Dann versammeln sie sich in ihrem Gasthof, wo es dann die ganze Nacht durch mit lärmender Freude munter und lustig zugeht. Des andern Tages tragen sie sich ganz rot, haben die von ihren Mädchen erhaltenen Medaillen, allenfalls auch andere vom Hauptspeer durch's Los empfangene Dinge um sich hängen, ziehen in der Stadt herum, besuchen bald dieses, bald jenes Wirtshaus, trinken und tanzen. Auch außerhalb der Stadt besuchen sie in den folgenden Tagen verschiedene Lustörter und vergnügen sich mit ihren Schönen. Und so währt es bis zu Ende der Woche, welche die Schwörwoche heißt, fort.

Auch in Halle an der Saale (unsere nebenstehende Abbildung) war ein solches Fischerstechen üblich.

Wetterregeln für den August

Fängt der August mit Donnern an,
er's bis zum End' nicht lassen kann.

Nasser August,
macht teure Kost.

Macht der August uns heiß –
bringt der Winter viel Eis.

Fängt der August mit Hitze an,
bleibt sehr lang die Schlittenbahn.

Wenn's im August aus Norden weht,
beständiges Wetter vor dir steht.

Wie der August,
so der Februar.

August ohne Feuer –
macht das Brot teuer.

Ist Nordwind im August nicht selten,
so soll er schönem Wetter gelten.

Der Tau tut dem August so not,
wie jedermann sein täglich Brot;
doch zieht er sich gen Himmel,
herab kommt ein Getümmel.

Trockner August
ist der Bauern Lust ...

Was der August nicht kocht,
kann der September nicht braten.

Der August muß Hitze haben,
sonst wird des Obstbaums Segen begraben.

Wenn im August viele Goldkäfer laufen,
braucht der Wirt den Wein nicht zu taufen.

Wenn der Kuckuck im August noch schreit,
gibt's im Winter teure Zeit.

Wenn's im August ohne Regen abgeht,
das Pferd vor leerer Krippe steht.

Stellt im August sich Regen ein,
so regnet es Honig und guten Wein.

Ein Regen im August
ist für den Wald Erquickungslust.

Viel Staub im August
macht dem Viehe kranke Brust.

Augustensonne, die früh brennt,
nimmt nachmittags kein gutes End'.

Ist's in der ersten Augustwoche heiß,
so bleibt der Winter lange weiß.

Wenn's im August nicht regnet,
ist der Winter mit Schnee gesegnet.

Sollen die Obstbäum' reichlich tragen,
muß der August viel Hitze haben.

Der Augusti
macht den Bauern lusti.

Im August am Morgen Regen,
wird vor Mittag sich nicht legen.

Weht im August der Wind aus Nord,
ziehen die Schwalben noch lange nicht fort.

August ohne Feuer
macht das Brot teuer.

Im August viel Höhenrauch,
folgt ein strenger Winter auch.

Zeitgenössische Illustration des Holzäpfeltanzes

Der Holzäpfeltanz im Odenwald

Friedrich Reimann (1839)

Unter den Bewohnern Dossenheims hat sich noch ein altes Volksfest erhalten, welches jährlich auf den Sonntag nach Mariä Himmelfahrt gefeiert wird; es ist der Holzäpfeltanz.

Allzuviel Brauchtum hat sich um den Himmelfahrtstag nicht entwickelt; die Weihe von Kräuterbuschen an diesem Tag erlebt heute eine auffällige Wiederbelebung, und in Bernried am Starnberger See zieht eine Prozession Tausende von Menschen an.

Die Jünglinge des Dorfes, welche an dem Feste teilnehmen wollen, legen ihren Mädchen am Vorabend einige Holzäpfel vor das Fenster, als ein Zeichen der Einladung. Die wohlhabenden Mädchen holen sich nun die Hüte ihrer Tänzer und schmücken sie mit Bändern, künstlichen Blumen und Zitronen aus. Des Sonntags, nach geendigtem Gottesdienst, versammelt sich das ganze Dorf in und um einen ziemlich kleinen, eingeschlossenen Hofraum. An einem Tisch in der Mitte sitzen die Musikanten; auf der Mauer ein Junge, der, an einer Fichtenstaude, den Preis des Tages hält, einen mit Bändern geschmückten runden Hut für den Sieger und ein Paar Strümpfe für seine Tänzerin. Zu vier Seiten des Kreises stehen vier Bürger des Orts mit Gewehren, als Kampfrichter, wovon einer den Zweig eines Walnußbaumes in der Hand hält. Ehe der Tanz beginnt, geht ein Mann mit einem Sack voll Holzäpfel rings im Kreise umher und leert die Äpfel auf den Boden aus. Außerhalb des Hofes hängt an einem Baum eine geladene Flinte mit einer brennenden Lunte.

Die Mädchen kommen nicht mit ihren Tänzern; sie stehen in Gruppen außer dem Kreis und lassen sich zum Tanz nötigen. Dies ist auch der Fall mit manchem jungen Burschen, dem nun das lustige Volk den Hut vom Kopf nimmt und in den Kreis wirft, wo er sich jetzt an den Reihen anschließen muß.

Wenn der Tanz beginnt, erhält der Erste in der Reihe den Walnußzweig und behält ihn in der Hand bis zum nächsten Kreiswärtel, der ihm denselben abnimmt und an den zweiten Tänzer übergibt. So wälzt sich nun der fröhliche Haufe, unter Scherz und Lachen der Tänzer und Zuschauer (deren Anzahl aus dem benachbarten Heidelberg gewöhnlich sehr groß ist), über die Holzäpfel hin, wobei hie und da ein Pärchen auf die Erde zu liegen kommt, bis die Flinte losgeht und derjenige den Preis davon trägt, in dessen Hand sich in demselben Augenblick der Zweig befindet. Die Gesellschaft begibt sich jetzt auf den Tanzboden im Wirtshaus und der Sieger muß die übrigen bewirten, weswegen denn auch nur die reichen Jünglinge des Dorfes an dem Feste teilzunehmen pflegen.

Sankt-Rochusfest zu Bingen (16. August 1814)

Johann Wolfgang von Goethe

Der heilige Rochus, dargestellt als Pilger, ist Patron für zahlreiche Stände und Gewerbe: Ärzte, Apotheker, Bauern, Bürstenbinder, Chirurgen, Gärtner, Krämer, Pflasterer, Schreiner und Steinhauer.

... Alles drängte sich gegen die Kapelle und strebte zu derselben hinein. Wir, durch die Wege seitwärts geschoben, verweilten im Freien, um an der Rückseite des Hügels der weiten Aussicht zu genießen, die sich in das Tal eröffnet, in welchem die Nahe ungesehen heranschleicht. Hier beherrscht ein gesundes Auge die mannigfaltigste, fruchtbarste Gegend, bis zu dem Fuße des Donnersbergs, dessen mächtiger Rücken den Hintergrund majestätisch abschließt.

Nun wurden wir sogleich gewahr, daß wir uns dem Lebensgenusse näherten. Gezelte, Buden, Bänke, Schirme aller Art standen hier aufgereiht. Ein willkommener Geruch gebratenen Fettes drang uns entgegen. Beschäftigt fanden wir eine junge tätige Wirtin, umgehend einen glühenden, weiten Aschenhaufen, frische Würste – sie war eine Metzgerstochter – zu braten. Durch eigenes Handreichen und vieler flinker Diener unablässige Bemühung wußte sie einer solchen Masse von zuströmenden Gästen genugzutun.

Auch wir, mit fetter, dampfender Speise nebst frischem, trefflichem Brot reichlich versehen, bemühen uns, Platz an einem beschirmten langen, schon besetzten Tisch zu nehmen. Freundliche Leute rücken zusammen, und wir erfreuten uns angenehmer Nachbarschaft, ja liebenswürdiger Gesellschaft, die von dem Ufer der Nahe zu dem erneuten Fest gekommen war. Muntere Kinder tranken Wein wie die Alten. Braune Krüglein, mit weißem Namenszug des Heiligen, rundeten im Familienkreise. Auch wir hatten dergleichen angeschafft und setzten sie wohlgefüllt vor uns nieder.

Niemand schämt sich der Weinlust, sie rühmen sich einigermaßen des Trinkens. Hübsche Frauen gestehen, daß ihre Kinder mit der Mutterbrust zugleich Wein genießen.

Wetterregeln für die Lostage im August

Am 1. ist Petri Kettenfeier, vorwiegend die Protestanten gedachten am 4. des heiligen Dominik und am 5. (für die Katholiken „Maria Schnee“) des heiligen Oswald. Am 7. ist Afra-, am 10. Laurentius-, am 13. Kassianstag, am 15. bekanntlich Mariä Himmelfahrt. Tags darauf feiert man manchenorts das Rochusfest, der Bartholomäustag am 24. beendet die Hundstage, der 28. ist dem großen Kirchenlehrer Augustinus geweiht, und der 30. schließlich galt lange als Felixtag.

An Petri Kettenfeier
gehen die Störche fort.

An Dominik
wachsen die Rüben dick.

Oswaldtag muß trocken sein
sonst werden teuer Korn und Wein.

An Sankt Afra Regen
kommt dem Bauer ungelegen.

Wie das Wetter zu Kassian
bleibt es viele Tage lang.

Die Äpfel wer'n von Lorenzi g'salzen,
von Barth'lmä g'schmalzen.

Lorenzebrot schimmelt nicht.

Nach Laurenzi ist's nicht gut,
wenn's Rebholz jetzt noch treiben tut.

Kommt Laurentius her,
wächst das Holz nicht mehr.

St. Lorenz mit heißem Hauch
füllt dem Winzer Faß und Schlauch.

Manchenorts hat sich für den Laurentiustag auch noch die Sitte der Brotweihe und anschließenden Brotspende erhalten, so in Niederheinig, einem Ortsteil von Laufen im Berchtesgadener Land.

Ist's hell um den Laurentiustag,
viel Frücht' man sich versprechen mag;
jedoch schlechten Wein gibt's heuer,
wenn St. Lorenz ohne Feuer.

Laurentius heiter und gut,
einen schönen Herbst verheißen tut.

Mariä Himmelfahrt klar Sonnenschein,
bringt gern viel guten Wein.

Wie das Wetter am Himmelfahrtstag,
so der ganze Herbst sein mag.

Scheint an Maria Himmelfahrt
die Sonne hell nach ihrer Art,
so freuen sich des Winzers Reben,
um einen guten Trunk zu geben.

Wer Rüben will, recht gut und zart,
sä sie an Mariä Himmelfahrt.

Auf Bartholomä säh den krausen Winterkohl.

Gewitter, die noch nach Bartholomäi kommen,
werden meist heftig.

s 'gilt an Bartholomä:
wer Korn hat, der sä',
wer Gras hat, der mäh'.
wer Hafer hat, der rech',
wer Äpfel hat, der brech'.

Wie's um Bartholomäi wittert,
so den ganzen Herbstmonat.

Wie sich Bartholomäus hält,
so ist der ganze Herbst bestellt.

Bartholmei – schüttet Äpfel und Birnen ei.

Bartholomä – treibt das Kraut in die Höh'.

Wie sich das Wetter am Bartheltag stellt ein,
so soll's den ganzen September sein.

Liegt Reif um den Bartheltag offen,
so ist ein warmer Herbst zu hoffen.

Bleiben die Störche noch nach Bartholomä,
kommt ein Winter, der tut nicht weh.

Das Fest des heiligen Felix wurde, ähnlich wie auch viele weitere volkstümliche Heiligenfeste, 1969 aus dem offiziellen Kalender der römischen Kirche gestrichen.

Gewitter um Bartholomä
bringen Hagel und Schnee.

Regen an St. Bartholomä
tut den Trauben bitter weh.

Um die Zeit von Augustin,
geh'n die warmen Tage hin.

Bischof Felix zeiget an,
was wir in vierzig Tag' für Wetter han.

Der Drachenstich in Furth

Nach Albert Müller (1846)

Wir wollen hier eines eigentümlichen Volksfestes gedenken, das zu Furth alljährlich am Sonntag nach dem Fronleichnamsfeste begangen wird. Dieses Fest heißt der Drachenstich und verdankt seinen Ursprung wahrscheinlich einer jener alten Lindwurmsagen, die ehedem fast bei allen Gebirgsländern unter dem Volke verbreitet waren. Das Schauspiel, welches zum Nutzen der Wirte, Bäcker und Metzger noch immer sehr viele Zuseher aus der Umgegend herbeizieht, geht in den ersten Nachmittagsstunden des genannten Tages auf dem großen Stadtplatz vor sich. Die auftretenden Personen: ein Rittersmann zu Pferd, in Harnisch und Blechhaube, umgeben von einer Schar Trabanten, dann eine Königstochter aus unbekanntem Lande, die zum Zeichen ihres hohen Standes ein Goldkrönlein auf dem Haupte trägt und mit soviel Silbergeschnür und Schaummünzen behängt ist, als man nur immer auftreiben kann. Eine Ehrendame, die Nachtreterin genannt, begleitet die Prinzessin. Letztere nimmt auf einer erhabenen Bühne Platz, und ihr gegenüber stellt sich in einiger Entfernung der Drache auf, ein greuliches Monstrum, dicken ungestalten Leibes, freilich nur ein Holzgerippe, mit bemalter Leinwand überzogen und von zwei im Innern verborgenen Männern bewegt. Ein dichtes Gewühl sammelt sich jedesmal um diese abenteuerliche Erscheinung, und dann macht sich der Drache bisweilen den Jux, mit weit aufgesperrtem Rachen unter die Menge zu rennen, die eiligst zurückweicht, und dann in den possierlichsten Lagen übereinander purzelt. Der Hauptspaß aber ist, wenn es dem Ungetüm gelingt, eine Böhmin aus dem Haufen herauszupacken und ihr mit den Zähnen die breite Tellerhaube vom Kopf zu reißen. Dieser Coup erregt unausbleiblich ein echt homerisches Gelächter, aus tausend Kehlen erschallend.

Heute findet der viele Besucher anziehende Drachenstich in Furth im Wald am zweiten und dritten Augustsonntag statt; das hier erwähnte „Holzgerippe“ wurde 1974 durch eine hochtechnisierte Drachenfigur von achtzehn Metern Länge und dreieinhalb Metern Höhe ersetzt.

Dann rückt der Drache gegen die Bühne vor und stellt sich an, als wolle er die Prinzessin verschlingen, doch der kühne Ritter sprengt ihm entgegen und bohrt seine Lanze tief in den Rachen des Ungeheuers. Bei diesem Manöver muß aber derjenige, welcher die Stelle des Ritters spielt (immer ein junger Bürgerssohn), sich wohl in acht nehmen, daß er die in der Gaumenhöhlung verborgene Blase trifft.

Das Volk will heute Blut sehen, sei es auch nur unschuldiges Ochsenblut, und wenn der Held des Tages fehl sticht, so überschüttet ihn ein Hagel von Spottreden. Ist der Lanzenstoß glücklich beigebracht, so zieht der Ritter sein Schwert und haut den Drachen ein paar mal über den Schädel; dann macht er ihm mit einem Pistolenschuß vollends den Garaus.

Die Trabanten nehmen jetzt den Ritter und die Prinzessin in die Mitte und geleiten sie in die Herberge zum Rittertanze. Auch die Zuschauer zerstreuen sich in die Schenken, und das Fest endet, wie die Volksfeste immer, mit einem allgemeinen Trinkgelage.

In früheren Zeiten ging der Drache hinter der Prozession; das wurde aber abgeschafft.

Aus Entfernungen von 12–15 Stunden kommen Böhmen und Pfälzer zum Drachenstich und warten begierig auf das herabfließende Drachenblut, das sie mit weißen Tüchern samt der blutgetränkten Erde auffassen und in die Flachsfelder legen, auf das der Flachs gerate und lang werde. Dieses wird für ein erprobtes Mittel gegen die Hexen gehalten.

Bauernweisheiten

Das Maul ist wie ein Gaul – beide brauchen den Zaum.

Wer ein groß Maul hat,
muß auch einen breiten Rücken haben.

Keine Maus erstickt unter einem Fuder Heu.

Kleine Mäuse haben auch Schwänze.

Die Kühe, die am meisten brüllen,
geben die wenigste Milch.

Aus dem Ei des Mitleids ist schon oft
die Henne der Liebe gekrochen (Rußland).

Der Pflug am Morgen macht die besten Furchen.

Junger Most sprengt alte Schläuche.

Die Mücke ist nie so klein,
daß sie nicht dem Pferde zur Beschwerde ist (Norwegen).

Wer mahlen will, muß in der Mühle bleiben.

Der braucht viel Brei,
welcher jedem den Mund stopfen will (Niederlande).

Zum Müßiggang gehören hohe Zinsen oder hohe Galgen.

Ein guter Nachbar ist besser als ein Bruder in der Ferne.

Böse Nachbarschaft ist schlimmer
als Bauchschmerzen (Lombardei).

Man soll nicht alles an einen Nagel hängen.

Nur ein Narr schafft sich für jede Maus
eine Katze an (Spanien).

Neid kriecht nicht in leere Scheuern.

Ein Nein zur rechten Zeit erspart viel Widerwärtigkeit.

Je fester man eine Nessel anfaßt, desto weniger brennt sie.

Am Neste kann man sehen, was für ein Vogel darin wohnt.

Neuerung bringt Teuerung.

Nichts macht so müde wie Nichtstun.

Was nicht nutz ist, ist auch nicht recht.

Ein Ochs, der viel brüllt, zieht wenig.

Wer's Glück hat, dem kalbt ein Ochs.

Wo der Ochse König ist, sind die Kälber Prinzen.

Ein rechtschaffener Ochse geht mitten durch den Dreck.

Einem Ochsen kann man nur einmal das Fell über die
Ohren ziehen.

Das Rutenfest in Ravensburg

Anton Birlinger (um 1860)

Es ist sehr zu bedauern, daß über den eigentlichen Ursprung des Schuljugendfestes „Rutenfest" genannt, und der Gebräuche desselben keine Nachrichten vorliegen. Manche leiten dieses Fest von dem im Jahre 1311 am Bartholomäustage dahier stattgehabten Turnier ab und gründen ihre Vermutung auf die Tatsache, daß diese Schulfeier von jeher in der Bartholomäiwoche mit den eingeführten kriegerischen Emblemen: Fahnen, Trommeln, Degen, Säbel, Wehrgehänge, Federbüsche usw., abgehalten wurde [...]

Embleme: *Abzeichen, Symbole*

Welche Ansicht der Wahrheit am nächsten liege, muß dahingestellt bleiben; genug, das Fest war von jeher zunächst ein Schuljugendfest und wurde jedesmal am Montag nach Mariä Himmelfahrt mit folgenden Gebräuchen begangen.

Der erste Schüler hieß „Oberst-Fähnrich", die folgenden fünf „Fähnriche"; sie bekleideten sich mit Federhüten, Degen, Säbeln oder Hirschfängern und hatten eine weiße und blaue Fahne (die Farben der Stadt). Zwei Partims-(Sing-)Knaben waren Tambours.

Hirschfänger: *langes, an der Spitze zweischneidiges Jagdmesser zum Abstechen angeschossenen Wildes*

Die erste Schülerin wurde „Oberst-Königin", die folgenden fünf „Königinnen" genannt und schmückten sich mit Kränzen und künstlichen Blumen. Am Festtag morgens um 4 Uhr begaben sich die Tambours vor die Wohnungen der Fähnriche und Königinnen, um sie durch das Rühren der Trommeln zu wecken. Vor 6 Uhr versammelten sich hierauf die Fähnriche bei dem Oberst-Fähnrich und zogen dann, diesen an der Spitze, mit einem der Oberst-Königin gewidmeten Kränzchen und seidenen Band (was er gewöhnlich auf einem blinkenden Teller trug) unter Vortritt der Tambours in der Stadt herum und hierauf zu der inzwischen ebenfalls von ihren Königinnen umgebenen Oberst-Königin. Hier entledigt sich der Oberst-Fähnrich mittels einer kleinen Anrede seines Geschenkes an dieselbe, welche, den Gruß erwidernd, ihm zum Andenken eine mit Namenszügen von Perlen und goldenen oder silbernen Verzierungen, dann einem flatternden seidenen Bande versehene Zitrone auf die Degenspitze steckte. Nach hierauf eingenommenem Frühstück ging der Zug der Fähnriche, wie vorher mit dem

Kränzchen, so jetzt mit der Zitrone, abermals durch einige Straßen der Stadt und zurück zum Oberst-Fähnrich.

Um 8 Uhr versammeln sich alle Schüler und Schülerinnen auf ihren Schulen und zogen von da aus in die Kirchen zum Schulfest-Gottesdienst, nach dessen Beendigung wieder auf die Schulen gezogen und hier den Lehrern von jedem Schüler, je nach Vermögen, ein kleines Geschenk, der sogenannte „Ruten-Pfennig", übergeben wurde. Von hier aus begab man sich vor das Rathaus, von wo aus um 10 Uhr der Zug durch die Markt- und Herrengasse auf die Kuppelnau stattfand, welchem sich immer auch eine große Zahl Erwachsener anschloß und in den Gesang der üblichen geistlichen Lieder mit einstimmte.

Mittags 12 Uhr hielten die obrigkeitlichen Mitglieder, städtischen Bediensteten und übrigen Honoratioren mit ihren Frauen in der auf der Kuppelnau errichteten Laubhütte ein Gastmahl und waren, so wie die folgende Zeit des Tages über der größte Teil der Einwohnerschaft (was dem Feste zugleich die Eigenschaft eines Volksfestes gab), Zeuge sowohl des jugendlichen Verdienstes, das sich durch die nach dem Mahle vorgenommene Schulprämien-Verteilung kundgab, als auch der jugendlichen Freuden, welche durch freiwillige Beiträge an Kleiderstoffen, nützlichen Gerätschaften usw. bereitet und teils zum Wettrennen (Springen), teils zur Lotterie (Ziehen) bestimmt wurden. Ersteres geschah gewöhnlich nach der Prämienverteilung dadurch, daß man jene Gegenstände einzeln an mehrere Reihen in die Erde gepflanzter Stöcke (später an ausgespannte Seile) hing und auf ein von dem betreffenden Lehrer gegebenes Zeichen (eins, zwei, drei: lauft!) die Schüler und Schülerinnen je klassenweise danach springen und haschen ließ. Was ein Kind erfaßte, blieb sein; da jedoch mancher gewandtere Bursch mehrere Stücke erbeutete, während mancher Schwächere oder im Springen Gestürzte leer ausging, so wurde die Anordnung getroffen, daß jedes nur ein Stück behalten dürfe, und da immer gerade so viele Stücke angehangen wurden, als die Zahl der in einem Tempo Springenden betrug, so konnte keines mehr leer ausgehen. Die gewöhnlich am folgenden Tage vorgenommene Lotterie (das Ziehen) war für die kleineren, zum Wettrennen noch nicht fähigen Kinder bestimmt. Eine Lotterie ohne Nieten, mithin so viele Kinder, so viele Preise.

Schwendtage (siehe Seite 30) sind im August der 1. (der als besonders unheilschwanger galt – auf keinen Fall an diesem Tage heiraten!), der 17., der 21. und 22. und schließlich der 29.

September

Gartenarbeiten im Herbstmonat

Aus dem Lahrer Hinkenden Boten

Herbstmonat ist ein alter Name für den September, noch früher nannte man ihn Scheidung.

Man fährt fort im Küchengarten zu säen Spinat, Zwiebeln, gelbe Rüben, Rettich, Petersilie, Salat, Kresse, setzt Erbsen; alles an warme Plätze; versetzt auch an warme Orte das vorher Gesäte, und zwar den Salat enge, weil im Winter viel davon verdirbt, und das Übrige im Frühling umgesetzt wird. Winter-Endivie wird gebunden, abgeschnitten, und die Wurzel stehengelassen, welche wieder frische Blätter treibt. Das Obst muß trocken abgenommen werden, wenn man es aufbehalten will, man muß es aber nicht eher in den Keller tun, bis daß die Kälte anbricht. Um die Bäume legt man verwesten Schweinedung mit guter Erde vermischt, auch ausgelaugte Asche oder Ruß. Man pflanzt Schnittlinge von Johannis- und Stachelbeeren, beschneidet Steinobst und versetzt es.

Bei Räumung der Brunnen ist die Vorsicht nicht außer Acht zu lassen, daß solche vorher recht ausdünsten, ehe man einen Menschen hinunterschickt. Wenn ein hinuntergelassenes Licht verlöschet, so ist dies ein Zeichen, daß die Ausdünstung verschwunden ist. Wacholderbeeren werden jetzt abgeklopft und eingesammelt. Hühner- und Taubenhäuser werden gereinigt, und der Mist mit untermengter Asche aufs Feld oder auf die Grasplätze und Wiesen gebracht.

Bauernweisheiten

Auch in Paris macht man aus Hafer nicht Reis (Polen).

Mit der Peitsche treibt man den Hunger nicht aus.

Die Frau im Haus, so selber wacht,
aus einem Pfennig zehne macht.

Pferd ohne Zaum, Kind ohne Rut tut nimmer gut.

Wer sein Pferd nicht pflegt und nährt,
ist des Tiers nicht wert.

Wer plagt sein Pferd und Rind,
hält's schlecht mit Weib und Kind.

Auch ein gutes Pferd stolpert einmal (Frankreich).

Wo der Pflug vom Rost gefressen,
wird sehr wenig Korn gegessen.

Gebrauchter Pflug blinkt, stehend Wasser stinkt.

Brachen, pflügen und stark misten
füllt dem Bauer seine Kisten.

Tiefer Pfluggang – lange Ähren.

Wer tief pflügt, muß tief düngen.

Prozessiert ihr um eine Kuh, legt ein Pferd ihr noch dazu (Niederlande).

Ein magerer Vergleich ist besser als ein fetter Prozeß (Schweiz).

Das schlimmste Rad am Wagen knarrt am lautesten.

Ein räudiges Schaf steckt die ganze Herde an.

Der Raupen wegen muß man den Baum nicht niederlegen.

Wer die Raupen tilgen will, muß das Nest verbrennen.

Junge Rebe muß verdorren,
kommt sie neben alten Knorren.

Wo die Reben nicht beschnitten werden,
wird ein Wald daraus.

Recht tun läßt sanft ruhn.

Eben recht ist weder eng noch weit.

Es gehen viele Reden in einen Wollsack.

Wären alle reich,
so wollte niemand das Boot rudern (Norwegen).

Kleiner Reichtum ist groß, wenn man ihn zusammenhält.

Was bald reif wird, wird bald faul.

Wenn der Reiter nichts taugt, hat das Pferd schuld.

Alter Roggen mehrt sich im Sack.

Der Ruf macht die Sau feister, als sie ist.

Frühe Saat trügt oft, späte nimmer.

Säe gutes Korn, so erhältst du gutes Brot.

Früher Sämann borgt nie von spätem.

Wer säet und die Saat nicht pflegt,
hat umsonst die Hand bewegt.

Wer zu dick säet, braucht die Scheunen nicht größer bauen.

Guter Same geht bald auf.

Guter Samen will auch guten Boden haben.

Wenn die Sau satt ist, stößt sie den Trog um (Niederlande).

Wenn man die Sau sattelt, wird doch kein Reitpferd daraus.

Selbst gesponnen, selbst gemacht,
rein dabei ist Bauerntracht.

Der Tauchaer Jahrmarkt

Otto von Reinsberg-Düringsfeld (1898)

Der Jahrmarkt, welcher alle 3 Jahre am 3. September in Taucha stattfindet, ist ein wahres Volksfest der Leipziger geworden.

Taucha lebte lange in blutigen Kämpfen mit Leipzig, bis dieses endlich den Sieg davontrug und sich später dadurch rächte, daß die Bürgerschaft alljährlich am Tage des Herbstmarktes nach Taucha hinauszog, um dort Schimpfspiel und Mummenschanz zu treiben.

Allmählich war der gehässige Zweck dieser Besuche vergessen, nur die Lust zum Maskenscherze blieb, und aus dem früheren Triumphzug der Bürger entstand das heutige harmlose Fest, das namentlich für die Kinder der eigentliche Karnevalstag im Jahre ist. Schon ganz frühmorgens laufen sie einzeln oder truppweise in den Verkleidungen, die sie sich selbst anfertigen oder verschaffen konnten, auf den Straßen herum. Eine Mütze von Papier, eine Ganz- oder Halbmaske aus demselben Stoff, verkehrt angezogene Röcke oder Jacken und dazu eine mehr oder minder große Trompete von Ton an einer Schnur um den Hals bilden den herkömmlichen Anzug, den oft auch größere Burschen nicht verschmähen.

Schnurren: *Kinderpfeifen*

Die Schnurren sind die Hauptbelustigung des Tages, groß und klein, alt und jung kauft zum Tauchaer Jahrmarkt Schnurren, wie die Waldteufel in Leipzig genannt werden. Man hat sie von allen Größen, in allen Farben, zu allen Preisen und schon tags vorher hört man an verschiedenen Orten der Stadt den monotonen Ruf: „Wer kauft Schnurren?“, welcher am Festtag selbst von allen Seiten ertönt.

Gegen Mittag beginnt der eigentliche Auszug nach Taucha. Omnibusse mit Fahnen und Girlanden verziert, große offene Stellwagen mit Musik stehen zur Abfahrt bereit und rollen, möglichst voll geladen, unter dem Singen, Blasen und Schnurren der Passagiere oder den Klängen der Musik von dannen. Familien treten den Weg zu Fuß an, den Kinderwagen, in welchem die jüngsten Sprößlinge der voranziehenden Eltern Platz genommen haben, mit den Lebensmitteln ausgefüllt, die man der Ersparnis wegen von zu Hause mitnimmt, und die älteren Kinder entweder den Wagen schiebend, welchen das Dienstmädchen zieht, oder mit ihren Schnurren und Laternen nebenherlaufend. An jedem Wirtshaus, das an der Straße liegt, wird angehalten, um sich zu erfrischen oder Bekannte zu erwarten, mit denen man sich verabredet und die man noch nicht getroffen hat, und nicht selten hält man sich in diesen Stationen so lange auf, daß man es vorzieht, sich den vom Jahrmarkt Zurückkehrenden anzuschließen, ohne in Taucha gewesen zu sein.

Zum Glück ist der Verlust nicht groß: der Markt, welcher auf einer Wiese vor dem Städtchen abgehalten wird, ist nur bemerkenswert durch das außerordentliche Gedränge, welches auf demselben stattfindet, und den betäubenden Lärm, den die vereinten Schnurren und Trompeten hervorbringen.

Westfälische Trachten

Erntefest in Westfalen

Annette von Droste-Hülshoff (um 1840)

Einen gleich starken Gegensatz zu den derben Sitten des Landes gibt der Beginn des Erntefestes. Dieses wird nur auf Edelhöfen und großen Pachtungen im altherkömmlichen Stil gefeiert. Der voranschreitenden

Musik folgt der Erntewagen mit dem letzten Fuder, auf dessen Garben die Großmagd thront, über sich auf einer Stange den funkelnden Erntekranz; dann folgen sämtliche Dienstleute, paarweise, mit gefalteten Händen, die Männer barhaupt, so ziehen sie langsam über das Feld dem Edelhof zu, das Tedeum nach der schönen, alten Melodie des katholischen Ritus absingend, ohne Begleitung, aber bei jedem dritten Vers von den Blasinstrumenten abgelöst, was sich überaus feierlich macht und gerade bei diesen Menschen und unter freiem Himmel etwas wahrhaft Ergreifendes hat. Im Hofe angelangt, steigt die Großmagd ab und trägt ihren Kranz mit einem artigen Spruch zu jedem Mitglied der Familie, dann wird er über das Scheuertor an die Stelle des vorigjährigen gehängt und die Lustbarkeit beginnt.

Tedeum: *Großer Gott, wir loben Dich*

Das Hutschießen im Spreeland

Adalbert Kuhn (um 1850)

Um die Erntezeit findet in der Umgegend von Fürstenwalde (Brandenburg) das sogenannte Hutschießen statt. Es wird eine Fichte von den jungen Burschen des Dorfes aus der Heide geholt, glatt geschält, oben mit einer Windfahne versehen, so daß sie wie ein Mastbaum aussieht, und mitten im Dorfe aufgerichtet. Vorher werden noch ein Tuch und andere Preise an der Spitze befestigt, und danach klettert man oder würfelt auch darum. Auf dem freien Platze um den Baum ist dann Musik, zu der man tanzt. – Auf den Edelhöhen und Ämtern wird der Herrschaft ein Kranz gebracht, dafür gibt sie einen Hahn, d. h. eine Mahlzeit, Musik und Tanz. Ehemals aber erhielten Knechte und Mägde einen Hahn, der gegriffen wurde.

Die Sichelhenke

Johann Philipp Glökler (um 1860)

Es ist die Heuernte das schönste und angenehmste aller Geschäfte des ackerbautreibenden Volkes der württembergischen Baar! Sie ist ein Zeuge seines poetischen, sinnigen Gemütes! Mag die Getreideernte

Eine alte Illustration der Sichelhenke

einen weit größeren Segen ins Haus bringen, mag dem Bauern das Herz im Leibe hüpfen über all dem Reichtum seines Feldes: solche Fröhlichkeit herrscht doch nicht unter den Schaffenden; solchen Jubel geben die Jüngern doch nicht kund, wie dies im „Heubet“ geschehen. In einzelnen Orten erscheint zwar die Jugend auch im Sonntagsgewande, dennoch findet sich nicht die Freude des „Heubets“. Aber festlos geht deshalb die Getreide- (Dinkel-) Ernte doch nicht vorüber: Die Sichelhenke ist es, mit der sie beschlossen wird. Sie ist eine großartige Mahlzeit, welche der Hausvater allen denen bereiten läßt, die ihm in der Ernte helfend zur Seite gestanden. Hat sich jung und alt beim Sonntagsvormittagsgottesdienst beteiligt, haben sich da die Herzen tiefdankend zum Geber der Garben gewendet und gerührt ihm Preis und Ehre dargebracht für die glücklich beendigte Einheimsung des Feldersegens, so versammelt der Mittag den Bauern und die Bäuerin, die Söhne und Töchter, Knechte und Mägde, Taglöhner und Taglöhnerinnen beim fröhlichen Schmause, der durch die lange Arbeit der vorangegangenen Tage gar lieblich gewürzt ist. Was die Kochkunst hervorzubringen vermochte, wird aufgetragen. Daß das Hauptgericht: Knöpfle, Sauerkraut

Neben Bräuchen um die (früher liegende) Heuernte war zum Abschluß der Getreideernte die Sichelhenke in vielen Landschaften üblich.

Knöpfle oder Spätzle werden nudelartig aus Teig bereitet, Küchle aus Hefeteig werden in Fett herausgebacken.

und Speck, nicht fehlen darf, ist selbstverständlich; aber des letzteren wird so viel hergetan, daß für die ganze Woche es reichen würde. Doch nicht bloß mit Speck ist die Tafel beschwert; ein Schinken, „Hammerstotzen" genannt, sendet seinen Geruch freundlich den Schmausenden zu, und bald soll er auch ihren Gaumen ergötzen. Sogenannte Küchlein und gedörrte Zwetschgen und Schnitze füllen die Lücken im Magen noch aus. Und damit nicht der Durst die Fröhlichkeit störe, läßt der Hausvater Bier die Fülle vom Wirtshaus holen, ja sogar Wein perlt manchmal im Glase. Endlich wird die Tafel aufgehoben, an der man sich lecker labte; auch dieses Fest ist vorüber – die Sicheln sind aufgehängt, doch nicht um zu rasten, bis der kommende Sommer sie wieder zum Schneiden der Halme begehre; denn noch steht das Sommerfeld, auf dem insbesondere Hafer gebaut wird, in voller Pracht, und auch dieses fordert die Sichel mit ihrer ganzen Schärfe zum Kampfe auf.

Allgemeine Wetterregeln

Ägidii: 1. 9.; Benedicti: 21. 3.; Urbani: 25. 5.; Kiliani: 8. 7.; Viti: 15. 6.; Gregori: 12. 3.; Philippi Jacobi: 1. 5.; Vincula Petri (Petri Kettenfeier): 1. 8.; Simonis und Judä: 28. 10.; Bartholomäi: 24. 8.; Natali Domini: Geburt des Herrn; Blasii: 3. 2.; Oculi mei: dritter Fastensonntag; per Circulum Anni: das ganze Jahr hindurch

Geht der Hirsch in die Brunft,
so säe Korn und Vernunft.

Morgens lauter Finkenschlag,
kündigt Regen für den Tag.

Ist der Herbst warm, hell und klar,
so ist ein fruchtbares Jahr zu hoffen.

Säe Korn Aegidii,
Haber, Gerste Benedicti,
säe Flachs und Hanf Urbani,
Wicken, Rüben Kiliani,
Viti Kraut,
Erbsen Gregori,
Linsen Philippi Jakobi,
grab' Rüben Vincula Petri,
schneid' Kraut Simonis und Judä,
fang' Wachteln Bartholomäi,
heiz' warm Natali Domini,
iß Lammsbraten Blasii,
guten Hering Oculi mei,
trink Wein per Circulum Anni.

Spinnen am Abend
erquickend und labend,
Spinnen am Morgen
Kummer und Sorgen.

Siehst den Storch viel waten,
kannst auf Regen raten.
Auch bedeutet's Regen noch,
zieh'n die Mäuse sich zu Loch.

Steigt morgens der Nebel,
so steht Regen bevor,
sinkt er, gutes Wetter.

Schäfchen, die hoch am Himmel weiden,
immer nur gute Tage bedeuten.

Scheint die Sonne auf den nassen Stein,
wird gleich wieder Regen sein.

Schöpft die Sonn' heut' Wasser,
so gießt sie morgen das Bad aus.

Sobald die Sonne aufzieht,
halten die Frösch' ihre Goschen.

Seht ihr den Neumond hell und rein,
so wird ein gutes Wetter sein;
ist aber selbiger sehr rot,
so ist er vieles Windes Bot'.
Ist er denn bleich, so glaube frei,
daß nasse Zeit dahinter sei.

Singen die Finken und Buchfinken
früh vor Sonnenaufgang,
so verkünden sie Regen.

Starker Donner, keine Wetter.

Südwest: – ein Regennest.

Sonnenschein und Regen
bringt dem Menschen Segen.

Sonnenschein hat den Brotschrank nie geleert,
aber Nässe den Mangel oft vermehrt.

Sonnenschein zerbricht keine Bäume.

Sonnjahr Wonnjahr, Kotjahr Notjahr.

Sonntagswetter spukt am Freitag vor.

Späte Rosen im Garten
zeigen schönen Herbst und milden Winter an.

Springen die Fische im Wasser empor,
steht das Regenwetter bevor.

Staubregen ist meistens guten Wetters Anzeige.

Steht das Rotwild im Holze fest,
sucht's vor Wintersnot sein Nest.

Steigt die Lerche hoch,
singt sie lange hoch oben,
habt bald ihr das liebliche Wetter zu loben.

Spinnen am Abend: hier geht es keineswegs, wie oft fälschlich angenommen wird um die Spinnen, sondern um das Spinnen! Wenn man schon am Morgen spinnen muß, statt aufs Feld zu gehen, führt das leicht zu Sorgen...

Von ganzen und halben Feiertagen im Bauernjahr

Karl von Leoprechting (1855)

Von den ziemlich vielen ganzen und halben Feiertagen ist zu merken, daß erstere streng mit Besuch des Gottesdienstes gehalten werden, und zwar vor- wie nachmittags, doch ist die Vesper oder der Rosenkranz allzeit um 2 Uhr schon zu Ende. Zur Zeit der Heu- oder Getreideernte, wo trockene Tage oft selten, die Benützung derselben aber dringend nötig ist, wird allerdings an Sonn- und Feiertagen des Nachmittags auf dem Felde gearbeitet, jedoch geschieht solches nur ungerne und in äußerster Not. Auch dies sticht sehr vorteilhaft gegen den städtischen Handwerker ab, der den Sonntag morgens arbeitet, statt die Kirche zu besuchen, den Nachmittag aber und den folgenden Montag wohl dazu im Wirtshaus verbringt. Die sogenannten halben Feiertage auf dem Lande waren früher ganze gebotene Feiertage, welche aber nun schon seit bald einem Jahrhundert von der Kirche aufgehoben, von der weltlichen Obrigkeit sogar als Festtage verboten worden sind. Die noch immer zu Recht bestehende Haltung derselben auf dem Lande darf nicht so verstanden werden, als wenn an diesen Tagen alle Arbeit gänzlich ruhe.

Man enthält sich nur gerne der gröberen Feldarbeit, geht morgens in die Kirche, verrichtet dann die oft auf solche Tage versparten vielfältigen häuslichen Arbeiten, und besucht vielleicht auf den Abend das Wirtshaus.

Da die mehrsten dieser abgeschafften Feiertage in Zeiten fallen, wo die Feldarbeit ohnehin gering, so ist deren schädlicher Einfluß durchaus nicht in der städtisch eingebildeten Größe zu suchen. Schneider und Näherinnen, Sattler und Schuster gehen an diesen Tagen ordentlich ihrer Stör nach; Maurer und Zimmerleute desgleichen; doch tun diese, durch ihre Arbeit viel in die Stadt geführt, nach städtischer Art den Montag gern vertrinken.

Stör: Arbeit, die man reihum auf den verschiedenen Höfen verrichtet

Erntebräuche in Thüringen

August Witzschel (1866)

Dem, welcher den letzten Schnitt tut, ruft man zu: „Du hast den Alten und mußt ihn auch behalten." (Merkers bei Tiefenort). Die letzte Garbe wird auch etwas unförmlicher, dicker gebunden, bekommt die Form eines Hahns und heißt „Erntehahn" (Wünschensuhl).

Die hier für Thüringen geschilderten Bräuche waren natürlich auch anderwärts verbreitet.

Beim Binden des Getreides nimmt der Vorschnitter von jeder Fruchtart die letzte Garbe für sich und draus wird zum „Erntehahn" ein großer Kranz gebunden, der dem Gutsherrn mit einem Glückwunsche überbracht wird. Dafür bekommen die Schnitter eine Mahlzeit, welche gewöhnlich auf dem Hofe gehalten und „Erntehahn" genannt wird. (Tiefenort, Marksuhl).

Auf dem letzten Acker einer Getreideflur, namentlich auf dem letzten Kornacker, läßt man beim Schneiden einige Halme ungemäht stehen, dreht sie zusammen, bindet oben unter den Ähren ein Strohseil darum und schmückt diesen Halmbusch, der so die Gestalt einer Puppe erhalten hat, mit Laub und Feldblumen aller Art. Auch wird in die Mitte der Halme ein Kreuz von dünnen Holzstäben gesteckt und die Ähren so um den Stock gewunden und geflochten, daß eine menschenähnliche Figur mit Kopf und Armen daraus entsteht, die gleichfalls mit Laub und Blumen ausgeputzt wird. Alsdann reichen sich zuweilen Schnitter und Schnitterinnen die Hände und umtanzen, ein Lied singend, den Halmbusch oder die Korngruppe. Früher sprach auch der Vorschnitter, ehe der Tanz begann, mit entblößtem Haupte ein Gebet oder einen Segenspruch. Dieser Erntebrauch besteht in der Umgegend von Eisenach, im Werratal und Feldagrund noch an vielen Orten, und wo er nicht mehr in Übung ist, lebt er wenigstens noch im Andenken der Leute. Beachtung verdienen die Namen, womit man den Brauch bezeichnet. Bei Salzungen nannte man den Halmbüschel „den Struisz" (Strauß) oder „den Alten"; bei Berka „die alte Schusel"; um Eisenach und Marksuhl herum heißt er „Wichtelmann", „Waldmann" und „Feldmann". Bei Völkershausen und im Feldagrund bleibt er „für die gute Frau" stehen, bei Tiefenort „für die arme Frau"; auch läßt man dort für die arme Frau eine kleine Garbe auf dem Felde liegen. Man nennt auch den Halmbüschel „das arme Fräche". Gewöhnlich bleibt er draußen auf dem Felde stehen, bis ihn die armen Leute beim Ährenlesen mit abschneiden; an manchen Orten schneidet man aber beim Weggang vom Acker die Ähren oben ab, damit nicht ein anderer, der Wichtel oder der Johannisschnitter, vom Kornboden des Besitzers das Jahr über mitesse. In Unterellen läßt man den Waldmann als Wächter des Korns draußen auf dem Felde bis zur Einfahrt des letzten Fuders; dann wird er mit einem frischen Kranze geschmückt und auf dem Kornwagen vom Vorschnitter gehalten, während der Wagen, von den Schnittern begleitet, die Lieder allerlei Inhalts singen, langsam zum Dorfe und auf den Hof des Besitzers einfährt.

Bei der Obsternte nimmt man dem Baum nicht alle Früchte. Man läßt die eine oder die andere daran hängen, damit der Baum auch im nächsten Jahr etwas geben möge.

Grummet: zweiter Schnitt des Heus

Wenn das Grummet eingefahren wird, läßt man auf der Wiese ein kleines Häufchen liegen. Es gehört dem „Holzfräle" (Holzfrauchen) für den gebrachten Segen (Meininger Oberland).

Dem Gutsherrn wurde sonst nach jeder Ernte mit dem letzten Heu, Korn, Weizen usw. ein Erntekranz überbracht. Auf dem letzten Heufuder saßen Weiber und Kinder der Mäher mit dem aus Wiesenblumen gefertigten, mit Bändern geputzten und an der Heugabel oder dem Rechen befestigten Kranze. Die Leute erhielten dann eine Mahlzeit. Jetzt wird nur am Schluß der Ernte ein Kranz gebracht, aus allen möglichen Blumen und Früchten gewunden (Umgegend von Lengsfeld).

Wenn sonst die erste Fuhre Korn eingefahren wurde, so frug die Frau: „Mann, was bringst du?". „Brot für die Kinder und den Tod für die Mäuse", war die Antwort. Das sagte man, um das Korn vor den Mäusen zu schützen. Man warf auch die erste Garbe für die Mäuse in die Tenne oder steckte, um die Mäuse fernzuhalten, Erlenreiser stillschweigend in die vier Ecken des Banzen.

Beim Dreschen wird in die letzte Garbe eine Magenwurst gesteckt und mit der Garbe in die Tenne geworfen. Sie heißt die „Barrenwurst" oder „Banzenwurst" und wird von den Dreschern gemeinsam verzehrt. Nach dieser Mahlzeit wird hier und da ein Bursche in Erbsstroh gehüllt und in diesem Kostüm durch das Dorf geführt.

Magenwurst: *Schwartenmagen, dicke Wurst mit gewürfeltem Fleisch usw.*

Wetterregeln für die Lostage im September

Der Erntemonat September ist reich an Lostagen. Der 1., an dem in vielen Gegenden schon die Roggenaussaat begann, ist Ägidius-, der 7. Reginentag, am 8., auch „kleiner Frauentag" genannt, feiert man Mariä Geburt, am Tag darauf den Namenstag des heiligen Gorgon. Der 12. ist das Fest Mariä Namen, der 14. Kreuzerhöhungstag, am 21. gedenkt man des heiligen Matthäus, und am 29. schließlich ist Michaelis. Regional kommen hinzu im Allgäu Sankt Magnus am 6., im Münsterland am 17. Lambertus sowie am 18. Lantpert, am 22. Mauritius und am 28. Wenzel (Wenzeslaus).

Wenn's am 1. September schön ist,
soll's den ganzen Monat gut Wetter bleiben.

Ägidius Regen – kommt ungelegen.

Wenn St. Ägidius bläst ins Horn,
so heißt es: Bauer, sä' dein Korn!

Wer Korn schon um Ägidi sät,
nächstes Jahr viel Frucht abmäht.

Am 15. September, dem Tag „Mariä Schmerzen", endeten die sogenannten „Frauendreißiger".

Wie das Wetter an Ägidius,
so es vier Wochen bleiben muß.

Ist's an St. Ägidi rein,
wird's so bis Michaeli sein.

Wie St. Ägidientag,
so der ganze Monat mag.

Ist Regine warm und wonnig
bleibt das Wetter lange sonnig.

Wie das Wetter am Magnustag,
es vier Wochen bleiben mag.

Wenn Maria, die Jungfrau, geboren ist,
so säe dein Korn, 's ist die rechte Frist.

Maria gebor'n – Bauer sä Weiz'n und Korn!

Kommen die Raupen zu Mariä Geburt in den Kohl,
so sterben sie gleich nachher wie toll.

Wird Marien Geburt gesät,
ist's nicht zu früh und nicht zu spät.

Wie sich's Wetter an Mariä Geburt verhält,
ist's noch weitere vier Wochen bestellt.

Um Mariä Geburt
fliegen die Schwalben furt;
bleiben sie noch da,
ist der Winter nicht nah.

St. Gorgon – treibt die Lerchen davon.

Regnet's am St. Gorgonstag,
geht die Ernte verloren bis auf den Sack.

Lantpert war Bischof von Freisung, und sein Kult ist seit dem elften Jahrhundert nachweisbar.

An Mariä Namen
sagt der Sommer Amen.

Ist's hell am Kreuzerhöhungstag,
so folgt ein strenger Winter nach.

Lamberti nimm Kartoffeln heraus,
doch breite ihr Kraut auf dem Felde aus;
der Boden will für seine Gaben
doch ihr Gerippe wieder haben.

An Matthäus war vor Einführung des Gregorianischen Kalenders Tag- und Nachtgleiche, weswegen der Tag auch schon als Winterbeginn betrachtet wurde.

Auf Lambert hell und klar
folgt ein trocken Jahr.

Trocken wird das Frühjahr sein,
ist St.Lantpert klar und rein.

Tritt Matthäus ein, muß die Saat beendet sein.

Matthäus macht Tag und Nacht gleich,
und der Honig fließt nicht mehr:

Matthäus packt die Bienen ein.

Matthies – macht die Birnen süß.

Matthies – macht die Trauben süß.

Ist an Matthäus Sonnenschein,
gibt es nächstes Jahr viel Wein.

Wenn Matthäus weint statt lacht,
aus dem Wein er Essig macht.

Hat Matthäus schön' Wetter im Haus,
so hält es noch vier Wochen aus.

Tritt Matthäus stürmisch ein,
wird's bis Ostern Winter sein.

Matthäuswetter hell und klar
bringt guten Wein im nächsten Jahr.

Gewitter um Mauritius
bedeutet Schaden und Verdruß.

Es holt herbei Sankt Michael
die Lampe wieder und das Öl.

Wie viele Fröste vor Wenzeslaus fallen,
so viel werden nach Jakobi folgen.

Michel steckt das Licht an;
das Gesind' muß zum Spinnen heran.

Auf St. Michael beende die Saat,
sonst wirst' du's bereuen zu spät.

An Michaeli kauft man gut Vieh.
Doch den Verkauf bricht nicht übers Knie.

Gallustag ist am 16. 10., Georgi am 24. 4., Walpurgisnacht ist die Nacht vor dem 1. 5.

An Michaele heizen vele,
an Galle – alle!

Trockener Michael und Gallus
deuten trockenes Frühjahr an.

So viel Reif und Schnee vor Michaeli,
so viel nach Walpurgis.

So viele Tage es vor Michaeli reift,
so viele wird es nach St. Georgen Frost geben.

Auf nassen Micheltag
nasser Herbst folgen mag.

Regnet's sanft am Michelstag,
folgt ein milder Winter nach.

Soviel Reif und Schnee vor Michaelis fällt,
solange das Eis nach Georgi hält.

Michael mit Nord und Ost deutet auf 'nen scharfen Frost.

Wenn Michael viel Eicheln bringt,
Weihnachten die Felder mit Schnee dann düngt.

Lambertifest in Münster

Heinrich Hart (um 1870)

Alte Sitten und Bräuche, denen ein poetischer Gehalt nicht abzusprechen war, mußten den neuen realen und materiellen Anforderungen weichen. Die Polizei war über Nacht rationalistisch und moralisch geworden, sie unterdrückte Volkslustbarkeiten und Volksfeste, von

Bis heute hat sich das Lambertifest (hier eine alte Illustration) erhalten.

denen jahrhundertelang ein Strom festlicher Fröhlichkeit ausgegangen war. So das Lambertifest, das uns Kindern stets als das große Freudenfest gegolten hatte. Da waren auf allen Straßen laubumwundene Pyramiden errichtet, aus deren Grün Licht an Licht leuchtete. Um jede Pyramide wurde bis spät in die Nacht hinein getanzt und gesprungen; zu dem Reigen erklangen uralte Weisen, und Kinder und Erwachsene bemühten sich im Wetteifer, harmlos toll zu sein. Die Polizei aber fand mit einem Mal, daß das Fest zu Sittenlosigkeiten Anlaß gebe, daß es den Verkehr, die Nachtruhe störe usw. So wurden die Pyramiden von den Straßen in die Höfe verbannt, die natürlich zu eng waren für das notwendige Maß von Fröhlichkeit. Das Lichtfest erlosch. Um des bißchen Liebestaumels willen, der ein paar uneheliche Geburten mehr hervortrieb, mußte ein Strom von Freude versanden. Auch den Fasching hätte die preußische Ernstboldigkeit gern erdrosselt. Aber der erwies sich widerstandsfähiger; immerhin wurde er gedämpft und eingedämmt.

Aberglaube um die Ernte

Karl Troebs (1933)

Viele Bräuche gehen, auch wenn ihnen später ein christlicher Sinn unterlegt wurde, auf heidnische Zeiten zurück.

Nun wird das Mühen vom Pflügen und Säen und Betreuen der Äcker und der Gärten belohnt. Eine Fülle von Bräuchen umgibt im Frankenland das große Geschehen der Einsammlung der Früchte. Der Beginn der Ernte ist immer hochfeierlich, stille, weil er voll Hoffens und Fürchtens ist. Er beginnt möglichst am Tage der holden Freia, der gütigen Helferin, in der alles Lebens Fortgang und Gedeihen, alle Fruchtbarkeit und alles häusliche Glück beschlossen ist. Und die ersten paar Hände voll Ähren werden kreuzweise geschnitten, weil sonst die schädigenden Gewalten, der Bilwißschnitter, der Roggenwolf, die Kornmuhme oder Kornhexe das ganze Feld beherrschen. Auch wenn die erste Fuhre des Getreides in die Scheuer gebracht ist, werden in ihren vier Ecken etliche Garben übers Kreuz übereinandergelegt, um den Erntesegen gegen den Drachen zu verwahren. Ist die Schnitternte vorbei, so wird die günstigste Zeit zur Aussaat im kommenden Jahre erkundet, drei Kornähren werden in die Erde gelegt: vor Sonnenaufgang die eine, die andere zu Mittag und die dritte nach Sonnenuntergang. Die am besten gedeihende zeigt an, ob frühe, mittlere oder späte Saat geraten ist. Auf den Stoppelfeldern wird aus der letzten Garbe ein zeltförmiges Häuschen gebunden und mit Feldblumen geschmückt für Thor-Wodan, den zeugenden, die Erde befruchtenden Alten, den Segner und Schützer der Feldfrucht, und sein heiliges weißes Roß. Darin klingt Ernteopfer der Vorzeit nach. Es war früher noch deutlicher, als man um diese geschmückte Garbe herum tanzte und sang: „Oh heiliger Sankt Mäha, bescher übers Jahr meha. So viel Köppla, so viel Schöckla. So viel Ährla, so viel Jährla." Es ist aber zugleich ein Symbol, das Fruchtbarkeitszauber gibt und nimmt: mit Hilfe der Männer springen die jungen Mädchen und Frauen hinüber, und sie selber und der Acker werden also geweiht. Das Segnen der Schnitter ist seit alter Zeit bekannt. Wer durch die arbeitenden Schnitter geht, wird gebunden und mit Kornsträußchen und Strohring gegen Lösegeld beschenkt. Die letzte Schnitterin wird in Garben gebunden, sie bringt das letzte vom Felde und wird fröhlich geehrt.

Ein neubelebter Brauch: Segnung der ersten Trauben

Ein Beitrag in einer Heimatzeitschrift, aus dem wir hier auszugsweise zitieren, verweist auf die Neubelebung eines auf frühchristlicher Tradition beruhenden Brauches im fränkischen Weinland:

Auch andernorts erfahren heute alte Bräuche eine Wiedergeburt.

Der Weinbauverein in Randersacker und die Weinbruderschaft Franken erlebten am 20. September 1991 in der Pfarrkirche St. Stephan die Segnung der Trauben, die nach dem Gottesdienst verteilt wurden. Eine beeindruckende weltliche Feier schloß sich an. Ein Jahr später verbanden die Randersackerer ihre Traubensegnung mit der Weihe eines neu geschaffenen Bildstocks in der Weinlage Pfülben. Eine große Anzahl von Gläubigen beider Konfessionen erlebte betend und singend eine unvergeßliche Stunde inmitten der Weinberge, über denen noch die Abendsonne strahlte und dann der Mond aufging. Jeder kostete nach der Andacht und einer heiteren Predigt des Kapuzinerpaters Manuel Baderhuber die neuen Früchte und bekam ein Gläschen vom vorjährigen Wein. Im September 1993 fand zum dritten Mal die Traubenweihe statt.

Dem Beispiel von Randersacker folgte in Würzburg die Weinbruderschaft am 2. Oktober 1992 mit einem Gottesdienst in der Kirche St. Michael neben dem Priesterseminar. Hier brachten Kellermeister der drei großen Würzburger Weingüter die Trauben zum Altar: von den Lagen des Bürgerspitals Heilig Geist, des Julius-Spitals und von den staatlichen Gütern.

Heuer (1993) hat der Weinort Nordheim erstmals die Trauben in seiner Kirche mit einer sehr würdigen Feier segnen lassen.

Wetterregeln für den September

An Septemberregen für Saaten und Reben
ist dem Bauer gelegen.

Wie im September tritt der Neumond ein,
so wird das Wetter den Herbst durch sein.

September warm, Oktober kalt.

Ziehen die wilden Gänse weg,
fällt der Altweibersommer in den Dreck.

Septemberdonner prophezeit
vielen Schnee zur Weihnachtszeit.

Wenn im September viel Spinnen kriechen,
sie einen harten Winter riechen.

Wittert's im September noch,
liegt im März der Schnee noch hoch.

Was der August nicht kocht,
wird der September nicht braten.

Später Donner hat die Kraft,
daß er viel Getreide schafft.

Septemberregen – kommt der Saat gelegen.

Wenn der September donnern kann,
so setzen die Bäume noch Blüten an.

Wie der September, so der künftige März.

Septemberregen – dem Bauer Segen,
dem Winzer Gift, wenn er ihn trifft.

Auf warmen Herbst folgt meist langer Nachwinter.

Durch des Septembers heitren Blick
schaut noch einmal der Mai zurück.

Donnert's in diesem Monat, so soll es im folgenden Jahr
viel Obst und Getreide geben.

Soll der September den Bauern erfreu'n,
so muß er gleich dem Märze sein.

Ist der September hell und klar.
so hoffen wir auf ein fruchtbar Jahr.

September warm und klar
verheißt ein gutes nächstes Jahr.

Septemberwetter warm und klar
verheißt ein gutes nächstes Jahr.

Septemberwärme dann und wann
zeigt einen strengen Winter an.

Schaffst im September nichts in'n Keller,
so schaust im Winter auf leere Teller.

September ist des Herbstes Mai.

Septemberanfang mit feinem Regen
kommt dem Bauern recht gelegen.

Im September viel Schleh',
im Winter viel Schnee.

Donnert's im September noch,
liegt der Schnee zur Weihnacht hoch.

Was Juli und August
am Weine nicht vermocht,
das wird auch vom September
nicht gargekocht.

Nach Septembergewittern
im Winter Schnee- und Kältezittern.

Hopfenblatten und Flachsbrechen

Eduard Fentsch (um 1870)

Mit der Hopfenernte begann man früher oft am Mauritiustag (22. 9.).

Wo der Hopfenbau von Bedeutung ist, wie an der Fränkischen Rezat um Spalt, im untern Aisch- und Zenngrund, da entfaltet sich zur Zeit des „Hopfenblattens" sonderlich in den Städtchen und Märkten ein reges, lustiges Leben. Die Nachbarn helfen sich gegenseitig beim Blatten aus; die jungen Leute nehmen die günstige Gelegenheit wahr und würzen sich die Arbeit mit Scherz und Geplauder. Allgemein ist die Sitte des Höpferlösens. Die Fruchtpflanzen des weiblichen Hopfens, die berühmte Hopfendolde, ist hie und da mit grünen Laubblättchen durchwachsen, eine Anamorphose, welche hierzulande die Bezeichnung Höpfer oder Hopfenkönig führt. Der Bursche, welcher einen Höpfer gefunden, vergoldet dessen Blättchen und macht ihn seinem Schatz oder sonst einer Dirne zum Geschenk, welche einen Kuß als Gegenleistung zu bieten hat. Es macht einen ungemein freundlichen Eindruck, die heitere Schar der Blattenden in den Vorplätzen und selbst vor den Häusern mitten unter den braungrünen, hochaufgeschichteten Hopfenreben, umdurftet von dem scharfen, erregenden Geruch der Dolden in ihrer Arbeit zu belauschen. Da läßt sich auch manch gute Weise aus älterer Zeit noch vernehmen, wie z. B. „Als ich an einem Sonntag früh" oder „Zufriedenheit ist mein Vergnügen", oder sonst ein Liedlein, das anderwärts bereits verklungen ist. –

Am Landrücken, im Aischtal und wo weiter noch der Flachsanbau von etlicher Bedeutung ist, bildet auch die Zeit des Flachsbrechens eine mehr als gewöhnlich erregte und lustige. Das Brechen geschieht in eigenen Brechhäusern durch die Dirnen und die im Taglohn verwendeten Weiber. Wer in den kritischen Herbsttagen in die Nähe kommt, mag allbereits in hübscher Entfernung das lebhafte Wechselgespräch und den Gesang der Brecherinnen vernehmen. Betritt er aber das Weichbild des Brechhauses, so wird er unbarmherzig aufgehalten und muß sich eine Beisteuer gefallen lassen zum Branntweintunke, der beim Flachsbrechen – wider die sonstige Gewohnheit – in ganz anständigem Maße vertilgt wird.

Die verworfenen Tage erstrecken sich im September zusammenhängend auf den 21. bis 28.

Oktober

Gartenarbeiten im Weinmonat

Aus dem Lahrer Hinkenden Boten

Zu Anfang dieses Monats werden die Krautsetzlinge, drei zusammen, gesetzt, und das Herzblatt in die Erde getan, Kohlgewächse und Wurzelwerk werden teils eingeschlagen, teils versetzt; Bäume werden vom Moos und dürren Reisern gesäubert; junge Bäume in Löcher versetzt, die schon einige Wochen vorher gemacht worden sind; die Krone wird erst im Frühjahr gestutzt; alle Bäume angebunden.

Weinmonat und Weinmond sind alte Bezeichnungen für den Oktober; in noch früherer Zeit nannte man ihn auch Gibhard.

Zum künftigen Gebrauche der Hauswirtschaft setze man einen hinlänglichen Vorrat von allerhand Kohl, Wintersalate, Wurzelwerk etc. in einen Keller oder helles Gewölbe in Sand ein. Das späte Lagerobst wird abgenommen, bei trockenem Wetter bleibt es des Nachts unter den Bäumen liegen und schwitzt; gegen Mittag aber sucht man das beste aus, trocknet es wohl ab, und legt es auf der Stelle in Fässer ein. Das geringere wird getrocknet oder verkauft.

„Ausdrisch" und „Drischlleg"

Eduard Fentsch (um 1870)

Drischlleg: *Weglegen des Dreschflegels*

Der ***Hahnenkamm*** *ist ein Bergzug zwischen Wörnitz und Altmühl, der im Hesselberg 689 m Höhe erreicht.*

Vor allem sind es Ernte und Ausdrisch, welche zum mindesten einen besseren und reicheren Imbiß zum Gefolge haben. Die letzten Halme, die geschnitten, die letzten Ähren, die gebunden werden, der letzte Schlag des Dreschflegels bei der „Ausdrisch", die „Sichelhenk" und „Drischlleg" sind, wie anderwärts, so auch in Mittelfranken von Fröhlichkeit und scherzhaftem Brauche begleitet. Am Jura heißen die letzten Drischschläge der Niederfall, und das Mahl, welches die Bäuerin bei dieser Gelegenheit ihrer Familie und ihrem Gesinde zubereitet, führt dieselbe Bezeichnung. Wer den letzten Schlag tut, muß sich einen Schabernack gefallen lassen. Am Hahnenkamm werden ihm die ausgeschnittenen Geschlechtsteile eines Kalbes als Voressen aufgetischt, d. h., „er bekommt die Fut". Was dem Witz an Feinheit gebricht, ersetzt das Gelächter. An der oberen Altmühl, an der Tauber und Aisch erhält er die „Alte". Von den Nudeln, welche an diesem Tag nicht fehlen dürfen, wird zu diesem Behuf eine in Form eines alten Weibes ausgebacken und ihm vorgesetzt.

Dieser „Niederfall" wird als Festmahl nach der Weinlese auch heute noch (wie einem Beitrag zu „Frankenland" vom Oktober 1997 zu entnehmen ist) im fränkischen Weinland gefeiert. Der Name leitet sich wohl ab vom „auf die Knie niederfallen" als Dankgebet für eine gute Ernte.

Weinlesebrauchtum in Baden und Franken

Sind die Leute mit dem Herbsten fertig, so wird mit der Glocke ein Zeichen gegeben, und jetzt darf man „etzne". Da rennen die Kinder, aber auch reiche Bauerntöchter in den Bergen und suchen die hängengebliebenen Trauben und verkaufen sie. In Dertingen wird an jedem Morgen geläutet, vorher darf niemand hinein, ähnlich in Ehrenstetten (Staufen). In Oberachern durften früher die Vorgesetzten, Wittfrauen und Trottmeister zuerst herbsten. Früher wurde in Nüstenbach in den Weinbergen geschossen, gewacht und nachts ein Feuer „angezunden", gegessen und getrunken. Aber die Weinberge liefern hier keinen Ertrag mehr. In andern Weingegenden wird noch, wenigstens bei gutem Herbst, mancher Schuß getan, mancher Freudenschrei ausgestoßen und manches Lied gesungen. Werden die letzten Trauben heimgebracht, so bindet man einige vollbehangene Reben an einen Pfahl und steckt diesen vorn an die Bütte und nimmt dann eine „Erntegans" in Endingen am Kaiserstuhl ein. Ähnlich in Ehrenstetten (Staufen). In Uhldingen am Bodensee werden die Bütten des letzten Wagens bekränzt, und in den Spundlöchern der Fässer, die den neuen Wein heimführen, prangt an vielen Orten ein Blumensträußle oder gar ein mit Bändern geschmücktes Maienbäumchen. Der „Herbstbraten" oder das „Trottmahl" ist noch weiterhin üblich. In Reckingen (Waldshut) gab es beim Festmahl Küchle, „Chnüblätz", und als Neckerei wurde in eins ein Stück einer alten, beim Heften der Reben bräuchlichen Schürze eingebacken. Wer dieses erhielt, hieß für den Tag „Heftlumpe". Wird sauer Wein gewonnen, kann der Bauer wenigstens nach der Sage sich zu dem Frevel hinreißen lassen, daß er ihn dem Kruzifix ins Gesicht schüttet. Gerät er dagegen gut, so nennen die Einwohner von Neckarzimmern nach dem Volksscherz ihren Ort Neckarzimmern, andern Falles bescheidentlich nur Zimmern. Im Hause des Stabhalters wird einige Tage vor Weihnachten nach einer Messe in der Wendelinuskapelle ein Ohm vom Genossenschaftswein von den Durbachern und Rottenauern vertrunken. Sogar ein eigenes Kartenspiel, „der letzte Stich", wird dabei gespielt um den sogenannten „Murren", einen Wecken.

***Etzne:** Nachlese halten*

***Stabhalter:** Ortsvorsteher;*
***Ohm:** altes Flüssigkeitsmaß, zwischen 137 und 160 Liter*

Der obige Text erschien 1877 in dem „Grenzboten"; der nachfolgende von J. Ludovicus Gotofredus dagegen stammt schon von 1649:

Wenn im Herbst die Trauben reifen, muß jeder, der herbsten will, die Erlaubnis des Herrn einholen oder derer, an die der Zehnte gezahlt wird. Sämtliche Weinberge werden in bestimmte Teile abgegrenzt, und die Lese wird der Reihe nach vorgenommen, zuerst im Tal, dann auf den Anhöhen. Wenn einer später lesen will, muß er sich die Erlaubnis dafür einholen und dann auf eigene Kosten den Zehnten zur Kelter des Herrn schaffen. In Würzburg ist es Sitte, daß nach Beendigung der Weinlese die jungen Leute, denen die Aufsicht über den Zehnten anvertraut ist, aus Streu und Stroh Fackeln flechten, diese anzünden und unter Singen in die Stadt einziehen; sie behaupten, dadurch dem „Herbst" seine Unreinlichkeit zu benehmen und auszubrennen.

Herbst: *geerntete Trauben*

Das Dreschflegel-Hängen

Friedrich Reimann (1839)

Der Gegenstand dieses Vergnügens ist ein fetter Schmaus, welchen, nach hergebrachter Sitte, kein braver Bauer in Württemberg unterlassen darf. Dieses Vergnügen wird an manchen Orten auf folgende Art angestellt: Wenn der Bauer die Früchte beinahe ganz aufgehoben hat und der Drescher das letzte Stroh drischt, so ladet ersterer die Drescher zur Flegelhenket ein; diese bedanken sich in einer herkömmlichen Formel und wollen, „weils so sein muß", kommen. Nun beginnen sie, das letzte Stroh mit einem freudigen Flegeltakt abzuschlagen und hängen dann, nachdem sie in des Bauern Stube getreten, die Flegel herum. Den Anfang zum Schmaus öffnet ein mächtiger Krug, welcher, ehe das Essen kommt, zugrunde gezecht wird. Nun dampft die Fleischsuppe auf der Tafel, Schweinefleisch und Blonzen belasten ein darunter geschmeidig gewordenes Sauerkraut und ein Rösterbraten äugelt hellbraun dem gierigen Gaumen entgegen. Die Drescher lagern sich um die befrachtete Tafel und erwarten das Zeichen zum Angriff, welches in einem Amen, von dem breitschultrigen Knechte gesungen, besteht.

__Blonzen__, auch Blunze oder Plunze: Blutwurst

Jetzt geht es auf das Mahl los; Drescherscherz und der beste Wein würzen es; aus zurückhaltendem Zischen wird Gemurmel und aus diesem ein Freudengeschrei, bis die Schüsseln ihre Bestimmung erreicht haben. Hierauf holt man den Spielmann und es beginnen schwäbische Schleifer mit den Mädchen der Nachbarn, welche ungeduldig schon lange durch das Fenster auf ihre Tänzer hinüberäugelten und auf das Abholen zum Tanz harrten. Der Drescher tut herzlich schön mit seiner Dirne und nicht selten wird hier, gleich wie bei Stutzer-Bällen, eine Liebschaft angeknüpft.

Wetterregeln für den Oktober

Bringt der Oktober viel Frost und Wind,
so sind der Januar und Februar gelind.

Wenn's im Oktober friert und schneit,
bringt der Jänner milde Zeit.
Wenn's aber donnert und wetterleuchtet,
der Winter dem April an Launen gleichet.

Der Oktober macht die Pferde mager.

Im Oktober der Nebel viel,
bringt im Winter der Flocken Spiel.

Im Oktober Sturm und Wind
uns den frühen Winter kündt.

Wenn die Bucheckern geraten wohl,
Nuß- und Eichbaum hängen voll,
so folgt ein harter Winter drauf,
es kommt der Schnee mit großem Hauf.

Warmer Oktober, kalter Februar.

Wie's im Oktober wittert, so im nächsten März.

Ist der Oktober kalt,
so hat das nächste Jahr wenig Raupen.

Fällt im Wald das Laub sehr schnell,
ist der Winter bald zur Stell'.

Hält der Baum die Blätter lang,
macht ein später Winter bang.

Bringt schon der Oktober Schnee und Eis,
ist's schwerlich im Januar kalt und weiß.

Oktober-Sonnenschein
schüttet Zucker in den Wein.

Wenn das Blatt am Baume bleibt,
ist der Winter noch recht weit.

Wenn der Zugvogel im Oktober zeitig geht,
naher Winter vor der Türe steht.

Siehst du fremde Wandervögel,
wird es kalt nach alter Regel.

Ist der Oktober warm und fein,
folgt scharfer Winter hinterdrein.
Ist er aber naß und kühl,
recht mild der Winter werden will.

Wenn der Oktober nicht hilft,
so ist dem Winzer nicht zu helfen.

Warmer Oktober weist fürwahr
oft auf sehr kalten Februar.

Oktobersaft macht Brüderschaft.

Kommt schon im Oktober die Feldmaus ins Dorf,
so kümmre dich eifrig um Holz und um Torf.

Muß man im Oktober die Schafe wegtreiben,
werden Regen und Schnee nicht lange ausbleiben.

Hat schon im Oktober der Has' ein dick's Fell,
dann kümmere dich um viel Brennholz schnell.

Durch Oktobermücken
laß dich nicht berücken.

Oktober freundlich und mild:
der März danach rauh und wild.

Fällt im Oktober das Laub sehr schnell,
ist bald der Winter dann zur Stell'.

Bringt der Oktober viel Frost und Wind
bleiben Januar und Februar lind.

Nichts kann besser vor Raupen schützen
als Oktoberreif in Pfützen.

Blühn spät im Oktober noch Rosen im Garten,
so läßt der Winter auf sich warten.

Will's Laub nicht von den Bäumen weichen,
ist dies ein hartes Winterzeichen.

Oktobergewitter sagen beständig:
der kommende Winter wird wetterwendig.

Im Oktober der Nebel viel,
deutet im Winter auf Schneeflockenspiel.

Oktoberwind, das glaube mir,
verkündet harten Winter dir.

Oktober und März
gleichen sich allerwärts.

Hält im Oktober noch das Laub,
so wirbelt zu Weihnachten Staub.

Das Oktoberfest in alten Zeiten

Otto von Reinsberg-Düringsfeld (1898)

Der Beginn des Oktoberfestes wurde zwar inzwischen auf den dritten Sonntag im September vorverlegt, aber es hat seinen früheren Namen behalten.

Es wird seit mehr als fünfzig Jahren in München ein allgemeines Volksfest gefeiert, das mit dem ersten Sonntag im Oktober beginnt und unter dem Namen Oktoberfest weit und breit berühmt ist.

Als nämlich am 12. Oktober 1810, dem Geburtstag des verstorbenen Königs Maximilians I., König Ludwig I. von Bayern, damals noch Kronprinz, sich mit der Prinzessin Therese von Sachsen-Hildburghausen vermählte, wollte auch die Hauptstadt des Landes ihre freudige Teilnahme an diesem Ereignis kundgeben und die Erinnerung an den Tag durch ein alljährlich wiederkehrendes Fest wach erhalten. Ein Pferderennen, die beliebteste Volksbelustigung, sollte den Glanzpunkt der Festlichkeiten ausmachen, der Platz, auf welchem es abgehalten wurde, Theresienwiese genannt und das ganze Volk aufgefordert werden. Der Aufruf blieb nicht fruchtlos. Aus allen Kreisen Bayerns strömte man zu dem Feste auf der Theresienwiese herbei, und dieses gestaltete sich mit der Zeit zu einem landwirtschaftlichen Zentralfest um, das allmählich seine jetzige Bedeutung gewann.

Der Hauptfesttag ist der erste Sonntag im Oktober. Tags vorher geht in der königlichen Reitschule die Prüfung und Musterung der Pferde, des Rind- und Mastviehes und der übrigen Viehgattungen vor sich. Die Mähnen der Pferde sind zierlich geflochten, Gebiß und Zaum glänzend geputzt, und seidene Bänder in den Landesfarben flattern daran.

Das preiswürdige Vieh bekommt nach der Rangordnung Täfelchen mit einer bezeichnenden Nummer und wird am Sonntagmorgen in eigens errichteten Schranken zur Schau ausgestellt. Auch zum Behuf der Ausstellung der Erzeugnisse des Acker-, Garten-, Obst- und Seidenbaues ist eine besondere Bretterbude aufgeschlagen. Die Preise selbst werden nach einem zweifachen Maßstab bestimmt: nach dem eigentlichen Wert und nach der Entfernung von München.

Nachmittags um 2 Uhr nimmt das Fest, von Kanonenschüssen verkündet, seinen Anfang, und mehr als 70–80 000 Menschen ziehen der südöstlich von der Stadt gelegenen Theresienwiese zu. Sie ist festlich geschmückt. Hohe Flaggen mit dem bayerischen und Münchner Wap-

pen wehen auf der sogenannten Sendlinger Anhöhe, weiße und blaue Fähnchen bezeichnen die ovale Rennbahn, in deren Mitte ein längliches Rechteck, von Bretterbuden umgeben, offen gehalten ist, um allen hungrigen und durstigen Seelen als Zufluchtsort zu dienen.

Wer sich jedoch eines echten, erlesenen Trunkes erfreuen will, zieht sich auf die Höhe zurück, wo in improvisierten Schenken vortreffliches Bier aus dem benachbarten Markte Tölz in unversiegbaren Quellen fließt. In der Mitte der Höhe, deren terrassenförmige Erhebung zur Aufnahme eines Teiles der Zuschauer benutzt wird, ist, dem königlichen Zelte gegenüber, eine Tribüne für die Musik errichtet, an der Wiese, längs der Rennbahn, ordnen sich Wagen an Wagen zu einer bunten glänzenden Reihe, und der höhere Adel versammelt sich im Königszelte.

Neue Kanonensalven verkünden die Ankunft der königlichen Familie, welche von einer Deputation des Magistrats und den Anordnern des Festes am Pavillon empfangen wird. Eine Abteilung Landwehrgre-

Deputation: *Abordnung;* ***Magistrat:*** *Stadtrat*

nadiere bildet die Ehrenwache. Der König begibt sich alsbald unter das Volk, besichtigt die zur Ausstellung eingebrachten Tiere und Gegenstände und überreicht, in sein Zelt zurückgekehrt, die von der Prüfungskommission festgesetzten Prämien eigenhändig den Ausstellern.

Ist diese Zeremonie vorüber, so beginnt das Wettrennen. Trompeter zu Pferde eröffnet einen neuen Zug, in welchem man die Rennpreisträger in spanischer Tracht mit ihren gold- und silbergestickten oder zierlich bemalten Fahnen und Standarten, die Rennbuben in schmucker vielfarbiger Kleidung, von den Rennmeistern und einer Anzahl Jockeys zu Pferde beaufsichtigt, und die Rennpferde, von ihren Besitzern geführt, erblickt. An die verschlossene Schranke zurückgekehrt fängt zuerst ein lustiger Kampf der Rennknaben um den Vorrang an, dann öffnen sich die Flügel der Schrankentüren, und unter dem freudigen Zuruf der Menge laufen 20–30 Pferde dem Ziele zu. Die Bahn, welche eine Viertelmeile im Umkreis beträgt, muß viermal umritten werden. Bei jedem Umreiten wächst die Spannung, die Teilnahme des Publikums wird immer lebhafter und lauter, Tücher flattern, Mützen und Hüte werden geschwenkt, bis endlich bei dem Ankommen der ersten Renner ein allgemeines Jauchzen und Zurufen losbricht.

Viertelmeile: etwa 1800 m

Am nächsten Tage fängt das Festschießen mit Stutzen und Armbrust nach der Scheibe, dem Vogel und laufenden Hirsch an. Die reichen, mit schweren Geldgewinnen behangenen Preisfahnen werden schon sonntags im Saale des bürgerlichen Rathauses der allgemeinen Schaulust ausgestellt. Am Montagmorgen versammeln sich nun die aus allen Gauen des Landes herbeigezogenen Schützen im Rathaus, die Lose werden verteilt, und dnn wird in wohlgeordnetem Zuge auf die Festwiese marschiert. Den Stadttrompetern folgen die in spanische Tracht gekleideten Preisträger mit den Preisfahnen, hierauf unter Vortritt eines wohlbesetzten Musikkorps der Schützenmeister, an welchem sich die übrigen teilnehmenden Schützen anschließen, die ein buntes bebändertes Blumensträußchen auf Hut oder Mütze als Abzeichen tragen. Das Schießen dauert unter lebhafter Teilnahme des Publikums die ganze Woche hindurch, und während dieser Zeit wird die Theresienwiese mit ihren zahlreichen Restaurationszelten, Buden und Schenken aller Art nie leer von Besuchern aus der lebensfrohen Stadt.

Wetterregeln für die Lostage im Oktober

Zwischen dem Remigiustag am 1. und Sankt Dionys am 9. feiert man am ersten Oktobersonntag Erntedank. Dem Theresientag am 15. folgt tags darauf als vor allem für die Viehzucht bedeutender Herbstlostag Sankt Gallus, der 17. ist der heiligen Hedwig gewidmet. Am 18. ist Lukas-, am 20. Wendelins-, am 21. Ursula-, am 23. Severinstag, am 28. gedenkt man der Apostel Simon und Judas (Thaddäus), und am letzten des Monats schließlich des heiligen Wolfgang. Im Elsaß, in der Schweiz und in der Trierer Gegend begeht man obendrein am 2. (manchenorts am 5.) den Leodegarstag.

Remigius starb um 535 als Bischof von Reims, Leodegar war Bischof von Autun und wurde 679 enthauptet, Dionysius ist einer der Vierzehn Nothelfer.

Theresia von Avila verstarb 1582 in der Nacht vom 4. auf den 15. Oktober. Das ist kein Druckfehler: die Einführung des Gregorianischen Kalenders zu diesem Stichtag führte zum Ausfall der fraglichen Tage.

Regen an Sankt Remigius
bringt für den ganzen Monat Verdruß.

Laubfall an Leodegar
kündet an ein fruchtbar Jahr.

Regnet es an St. Dionys,
wird der Winter naß gewiß.

Regnet's an Sankt Dionys
regnet's den ganzen Winter gewiß.

An Theres' ist Weinles'.

Um St. Gallus soll man die Raupennester verbrennen.

Auf Sankt Gall
bleibt die Kuh im Stall.

Hedwig und Galle
machen's schöne Wetter alle.

Vor Gallus muß das Gartenwerk in Keller,
das im nächsten Jahr, ehe der Kuckuck schreit,
Samen bringen soll.

Ist St. Gall' trocken,
so folgt ein Sommer mit nassen Socken.

Wenn St. Gallus Regen fällt,
der Regen sich bis Weihnachten hält.

Wenn Sankt Gallus die Butten trägt,
ist's ein schlechtes Zeichen für den Wein.

St. Gall' ernt' die Rüben all.

Wenn Gallus kommt, hau ab den Kohl,
er schmeckt im Winter trefflich wohl.

An St. Gall' flieg auf den Berg und sä' im Tal.

Auf St. Gallustag
nichts mehr draußen bleiben mag.

St. Gallen – läßt den Schnee fallen.
Die heilige Hedwige – gibt Zucker in die Rübe.

Das Fest der heiligen Hedwig wurde 1680 für den 17. eingeführt, 1929 dann um einen Tag vorverlegt, wodurch es mit dem Gallustag zusammenfällt.

Ab St. Hedwig und St. Gall'
schweigt der Vögel Schall.

Auf Sankt-Gallus-Tag
muß jeder Apfel in'n Sack.

Ist St. Lukas mild und warm,
kommt ein Winter, daß Gott erbarm'.

Am St. Lukastag soll das Korn
schon in die Stoppeln gesät sein wor'n.

Wer um St. Lukas Roggen streut,
es nicht in nächster Ernt' bereut.

Wer an Lukas Roggen streut
es im Jahr darauf nicht bereut.

Sankt Wendelin, verlaß uns nie
schirm unseren Stall, schütz unser Vieh!

Wendelin ist vor allem Schutzherr der Hirten; an dem seinem Namensfest am nächsten gelegenen Samstag findet in Niederstaufen im Allgäu zu seinen Ehren der Prozesssionsritt auf den Kinberg statt.

An Ursula räums Kraut rein,
sonst schneit's drein.

St. Ursulas Beginn
zeigt auf den Winter hin.

Wenn Simon und Judas vorbei,
rückt der Winter herbei.

St. Simon und Judä
hängt an die Stauden Schnee.

Simon und Juda, die zwei
führen oft Schnee herbei.

An Sankt Wolfgang Regen
verspricht ein Jahr voll Segen.

Wenn Simon und Judas vorbei,
ist der Weg dem Winter frei;
es sitzen auch die heiligen Herrn
am warmen Kachelofen gern.

Sankt Ursulas Beginn
zeigt auf den Winter hin.

Wenn es Sankt Severin gefällt,
bringt er schon mit die erste Kält'.

Beim Flachsbrechen

Lucian Reich (1853)

Wenn im Oktober die Arbeit des Hanfbrechens bei einer eigens hierzu gebauten Feuerstätte im Freien, die je einer Familie abwechslungsweise zur Benutzung zustand, vorgenommen wurde, so halfen außer den bestellten Lohnbrecherinnen noch angesehene Bauerntöchter mit, welche man Ehrenbrecherinnen nannte. Kam nun während des Geschäftes, wobei es gewöhnlich lustig zuging, ein bekannter junger Mann vorüber, so beeilten sich ein paar der Mädchen, ihm zuvorzukommen. Jede trug eine Handvoll feiner Reisten (gebrochenen Hanf), mit welcher sie dem Ankömmling den Weg bestreuten, sprechend:

„Es reist ein schöner Herr wohl übers Land,
Wir hoffen, er hab einen großen Verstand,
Wir wollen ihm streuen in Ehren,
Er wird uns auch was in die Reisten verehren!"

Der Angesprochene, um sich loszukaufen, langt in die Tasche, reicht den schalkhaften Brecherinnen scherzweise das kleinste Geldstück, welches er bei sich trägt, und spricht:

„Weil ihr mir die Ehr erweiset,
Und mich gar einen Herren heißet,
So will ich mich nicht länger wehren,
Und euch diesen Kronentaler in die Reisten verehren!"

Die Mädchen unter Scherz und Lachen:

„Dieser Kronentaler ist viel zu klein,
So zahlen arme Bäuerlein;
Die Herren spenden immer mehr,
Drum gib uns noch einen Zwölfer her."

Und keiner war je so ungalant, daß er nicht den schönen Drängerinnen mehr gespendet hätte. Reiche Bauernsöhne gaben sogar nicht selten in der Tag einen Kronentaler, selbst mehr, vorausgesetzt, daß ihnen die „Reisten“ und diejenigen, welche sie gestreut, gut gefallen.

Den Schluß des ländlichen Geschäfts machte jedesmal ein Schmaus, welchen die Hausfrau ihren Helferinnen zum besten gab – und als Beweis, daß diese stets einen guten Appetit von der Arbeit mitzubringen pflegten, kann das alte Sprichwort gelten: Hunger haben wie eine Brecherin. Während dem Ehrenmahl erschienen die ledigen Burschen des Ortes, jeder mit einem Stab in der Hand, und indem sie sich vor das Haus postierten, unterhielten sie sich durch die offenen Fenster mit den essenden Schönen in der untern Stube. Weil aber dem Mahle niemals Äpfel- oder Birnenschnitze fehlen durften, so verlangten die Außenstehenden, scherzweise durch die hohle Hand sprechend, bald von dieser, bald von jener Innesitzenden einen Schnitz, dessen Geben oder Verweigern natürlich stets großen Spaß verursachte.

War das Essen vorüber, so stellten sich die Burschen im Spalier vor dem Hause auf mit vorgehaltenen Stäben – und wenn die Mädchen heraustraten, um nach Hause zu gehen, so mußte sich jede die Begleitung eines solchen galanten Stabhalters gefallen lassen.

Kirchweih

Elard Hugo Meyer (1898)

Das Hauptfest der Landbevölkerung ist die Kirchweih, die alemannische Chilbi, Kilbi, Kilbe, Kilwe, Kürba, die fränkische Kirbe, Kerbe, Kärwe sowohl auf dem rechten badischen wie auf dem linken elsässischen Rheinufer. Der echte Bauer gibt eher das Weihnachts- und das Osterfest als die Kirchweih auf. Alle Lebensalter, von dem Kind in der Wiege und dem schwachen Leibgedinger auf der Ofenbank etwa abgesehen, die Meister und ihre Ehehalten oder „Völcher“, die reichsten Bauern und die ärmsten Häuslinge, die Lebenden und in gewissem Sinne auch die Toten, deren man an diesem Tage mitgedenkt, nehmen an diesem Freudenfeste den fröhlichsten Anteil, den leidenschaftlichsten aber die erwachsene Jugend. Denn es ist nicht nur ein Fest des frommen Gedächtnisses an die Einweihung der Kirche und vielerwärts zugleich an deren Schutzheiligen, sondern auch, und zwar vorwiegend ein schwelgerisches Erntefest, das nach getaner schwerer Sommerarbeit die ganze Familie, die oft zerstreute Freund- oder Verwandtschaft und die Armen zur Lust vereinen, vor allem aber auch die Taglöhner und die Dienstleute, die das gute Beste bei der Feldarbeit getan haben, durch

Ehehalten, Völcher *(Völker): Gesinde*

den vollen Genuß aller Erntegaben und ein paar Tage Freiheit belohnen soll. In die kirchliche Feier ist auch der Gräberbesuch zum Andenken an die Verstorbenen aufgenommen, aber, wie es scheint, nur im südlichen oder alemannischen Teil des Landes, wie denn überhaupt die fränkische Kärwe einen ausgelassenen, oft possenhafteren Charakter hat als die alemannische Kilbi. Außer den Freunden des Mahles und des Zechens ist es ganz besonders der Trubel des Jahrmarkts mit seiner höchsten Wonne, dem Tanz. Ja im durchweg protestantischen Markgräflerlande, wo die Kirchweih meistens abgekommen, ist oft nur der Tanz, anderswo, z. B. in Hohenbodman und Neusatzeck etwa noch das bessere Essen als ihr einziger Rest verblieben. Also nicht nur die Dienstbotenfreiheit, sondern auch dieser freudigste Verkehr der beiden Geschlechter weist der Kirchweih hier die geeignetste Stelle an.

Markgräflerland: *Landschaft im südlichen Breisgau (Baden)*

Die Kirchweih ist das vielseitigste aller Feste, ein kirchliches und ein weltliches, ein Gemeinde- und ein Familienfest, vor allen andern aber ein gemeinsames Freudenfest und daher zu den verschiedenartigsten Lustbarkeiten, aber auch Ausschweifungen ausgewachsen. [...] Nachdem Kaiser Joseph II. einen Tag, den dritten Sonntag im Oktober, für die Kirchweih, spottweise „Kaiserkirchweih“ genannt, festgesetzt hatte, nahmen auch in unserem Jahrhundert die andern süddeutschen Staaten diesen Kirchweihtag an. [...] Mit dem dritten Oktobersonntag fällt oft der Gallustag, der 16. Oktober, zusammen, auf dem schon 1601 im Rheingau nach dem alten Spruch „Gallus hat Alles den Dallus“ das allgemeine Erntefest war. [...]

Da werden in den fröhlichen Weindörfern der Pfalz wie auf den stillen Schwarzwaldhöfen die Stuben geputzt und getüncht, Berge von fetten „Küechli“ und „Plotz“ backt die Bäuerin Tag zuvor in der Küche für jung und alt, Herrn und Knecht, Taglöhner und Bettler, und sollte der ganze Mehlvorrat drauf gehen, und das ärmste Haus versieht sich für diese Tage, oft die einzigen im Jahre, mit Fleisch. [...] Die Kinder und Dienstboten bekommen noch vieler Orten neue Kleider.

Bauernweisheiten

Prägnanter lassen sich doch diese Lebensweisheiten, von denen auch der heutige Stadtmensch nur profitieren kann, kaum ausdrücken.

Wer will was gelten, der komme selten.

Mit einem Sieb ist schlecht schöpfen.

Alte Schuhe verwirft man leicht,
alte Sitte schwerlich weicht.

Scharfe Messer schneiden sehr,
scharfe Zungen noch viel mehr.

Alles tun zu seiner Zeit, Sonntagsarbeit nicht gedeiht.

Weise Sprüche, gute Lehren
soll man tun und nicht nur hören.

Mit fremdem Schaden ist wohlfeil klug werden.

Besser heimlicher Schaden als offene Schande.

Wer im Schaden schwimmt, hat es gern,
wenn andre mit ihm baden.

Es is selten e Schädle, wo nit au e Nützle dabei is.

Faule Schäfer haben gute Hunde.

Besser schielen als blind sein.

Man soll nicht mehr schlachten, als man salzen kann.

Wer länger schläft als sieben Stund',
verschläft sein Leben wie ein Hund.

Besser schlichten als richten.

Ein schmeichelndes Kalb saugt zwei Mütter aus.

Wer gut schmert, der gut fährt.

Vor der rechten Schmiede wird man recht beschlagen.

Schmiedes Kinder sind die Funken gewöhnt.

Jeder singt, wie ihm der Schnabel gewachsen ist.

Schnelle Sprünge geraten selten.

Schönheit zieht mehr als Ochsen (England).

Schritt vor Schritt kommt auch ans Ziel.

Besser ohne Abendessen ins Bett gehn
als mit Schulden aufstehn.

Wer die Leiter hält, ist so schuldig wie der Dieb.

Wenn die Schützen sich streiten, ist der Bär geborgen
(Norwegen).

Wenn eine alte Scheune brennt, ist nicht gut löschen.

Vom Schweigen schmerzt die Zunge nicht (Rußland).

Für jedes Schwein kommt sein Martinstag (Frankreich).

Wer sein Schwein hungern läßt,
bekommt schlechte Schinken.

Willst du gern die Tochter han,
sieh vorher dir die Mutter an.

Was man seinem Schwein gibt, ist nicht weggeworfen.

Fetter Trank macht fette Schweine.

Wenn das Schwein am fettesten ist,
muß es am meisten den Metzger fürchten.

Wer stets zu den Sternen aufblickt,
wird bald auf der Nase liegen (Schottland).

Den Krebs straft man nicht mit Ersäufen.

Man streitet mehr um Schalen, Hülsen und Kleien
als um Kern und Frucht.

Beim Tanze zettelt man an, was hernach ausgewoben wird.

Der hat gut tanzen, dem das Glück aufspielt.

Gute Worte ohne Taten sind Binsen und Rohr.

Mancher sieht immer auf andere Teller.

Leere Tonnen geben großen Schall.

Wenn das Pferd tot ist, kommt der Hafer zu spät.

Der Plantanz in Oberfranken

Eduard Fentsch (um 1870)

Die größte Summe offenkundiger, hellauter Freudigkeit drängt sich beim Landvolk auf den Kirchweihtanz (Kirwa, Kärrwa im Vogtland) zusammen. Ein reicherer festlicher Schmaus und fröhliche Gäste im Hause, Musik und Tanz in der Schenke bilden seine Geleitschaft. Wir versparen uns eine einläßliche Kritik der Speisekarte am Kirchweihtag und beschränken uns auch nur auf jene Momente, welche als sonderlich volkstümlich gelten können. Dazu gehört vor allem der „Plantanz"; er ist im Fichtelgebirge und seinen Vorlanden, im Frankenwald und im Bambergischen üblich. Am förmlichsten wird er im Mistelgau abgehalten, und von dorther entlehnen wir auch unsere Schilderung.

Die Verabredungen zum Plantanz nehmen schon mehrere Tage vor der Kirchweih ihren Anfang. Die unbescholtenen Burschen des Dorfes wählen unter sich den Platzmeister, den Seneschall des Festes, und hiernächst sucht sich jeder eine wackere, jungfräuliche Dirne als Platzmad aus. Am Vorabend wird der Platz (Plan, Blo) unter der Dorflinde oder um den Kirchweihbaum geebnet und zum Tanz taugsam gemacht, der Baum selbst aber mit Fähnchen und Bändern geschmückt. Im Frankenwald ist die Linde am Plan häufig so zugestutzt, daß ihre Krone zwei oder drei ringförmige Absätze bildet. Im ersten Ring wird ein hölzernes Gerüst aufgeschlagen, das die Musikanten aufzunehmen hat.

***Seneschall:** alter Ausdruck für Oberhofmeister, hier Festvorsteher*

Sind diese ersten Vorbereitungen getroffen, so wird am Sonntag selbst nach dem Gottesdienst auf einem zierlich geschmückten Wagen und mit Musik der feine Sand beigefahren, welcher auf den Estrich des Platzes ausgebreitet wird. Nachmittags gegen 3 Uhr ziehen die Platzburschen mit Musik von Haus zu Haus, sammeln Kücheln, finden sich endlich – jeder mit seiner Platzmad – beim Dorfschulzen ein, und ziehen von hier aus ins Wirtshaus, voran die Musik, dann der Platzmeister mit der bemalten, hölzernen Pitsche, und endlich die Paare. Jeder Bursche hält mit der Rechten die Mad, in der Linken aber ein zierliches, grünes Trinkglas, das am oberen Ende eine Reihe eingeöhrter Glasringlein enthält, die beim Schütteln und Schwingen einen fröhlichen Klang geben. Der Zug bewegt sich nach dem Sechs-Achteltakt der

Mad: *Maid, Mädchen*

Musik im gemessenen Kontertanzschritt, bis er auf den Tanzboden der Schenke anlangt, wo die ersten drei Reigen aufgeführt werden. Dann erst geht es auf den Platz, und hier muß wieder jeder Bursche die drei ersten Touren mit seiner Platzmad tanzen, wonach ihm erst die Wahl unter den übrigen frei steht. Außer den Platzburschen und ihren gewählten Genossinnen darf aber niemand den Plan betreten. Namentlich darf es kein anderer Dorfbursche wagen mitzutanzen, während bei den Mädchen, die den Platz sehnsüchtig umstehen, doch hie und da eine Ausnahme gestattet wird.

Wenn es dämmert, wird der Plan geräumt und auf dem Tanzboden des Wirtshauses wird nun erst der Tanz der übrigen Rechnung getragen. Für die Platzburschen und Maden ist aber gewöhnlich ein eigenes Gelaß vorbehalten, wo sie nach erklecklichem Abendimbiß wieder ins aristokratischer Abgeschlossenheit ihren Tanz unter sich fortsetzen.

Zu den Originalitäten des Mistelgauer Plantanzes gehört insbesondere auch die gewandliche Ausstattung der Burschen und Mädchen. Jene krempen ihren Schlapphut nach vorne hinauf und vorne auf der kühnen, weitabstehenden Spitze prangt ein stattlicher Blumenstrauß mit herabflatternden, bunten, golddurchwirkten Seidenbändern – ein Geschenk der Platzmad. Eine breite, fast bis an die Knöchel reichende Linnenschürze, am Rande mit roteingesticktem Zierat, wird unterm Rock hoch über den Hüften gebunden. Die Platzmad aber wird alsbald nach dem vormittägigen Gottesdienst in bekannter Weise „bebändert“, und der Bursche verehrt ihr hinwider einen Blumenstrauß, den sie ans Mieder steckt und der ihr mindestens bis an die Stirne reichen muß.

Erhaltenes Oktoberbrauchtum

Altes Brauchtum blieb erhalten und wird heute sogar wiederbelebt.

Neben den häufig in den Oktober fallenden Kirchweihfesten hat sich der Erntedank in den Kirchen am ersten Oktobersonntag, also dem ersten Sonntag nach Michaelis, bis heute erhalten. Bauern und Gärtner legen die schönsten Früchte ihrer Arbeit um den Altar nieder, und mehr und mehr kommen in städtischen Kirchen auch Erzeugnisse dazu, die andere Gemeindemitglieder im Laufe ihres bisherigen Arbeitsjahres geschaffen haben.

Die Kirchweih bietet auch manchenorts die Gelegenheit, sich in den alten Trachten zu zeigen. Dazu ist ein Bericht des „Meininger Tagblatts" aus dem Jahre 1994 interessant, der von dreizehn Kirchweihfeiern im Laufe des Jahres im thüringischen Grabfeld berichtet, bei denen man alte Trachten bewundern konnte. Eine entsprechende alte Tradition wurde im dortigen Milz bereits 1949 wieder aufgenommen.

Vor allem in den Alpengebieten ist der Almabtrieb, bei dem man das kunstvoll mit Blumen geschmückte Vieh von den Bergweiden heimtreibt, bis heute ein festlicher Anlaß. Der Termin dafür hängt nicht nur von der jeweiligen Gegend und der Höhenlage der Weiden ab, sondern alljährlich von der jeweiligen Witterung. Alter Tradition zufolge ist aber der letzte Tag dafür immer der Gallustag am 16. Oktober.

Auf das gleiche Datum fällt der Gedenktag des heiligen Lullus, der 769 als Abt von Mainz das Kloster Hersfeld gründete, weswegen man um diese Zeit das Hersfelder Lullusfest feiert.

Der Namenstag des heiligen Lukas am 18. des Monats ist Anlaß für den am folgenden Wochenende beginnenden, schon seit 1405 abgehaltenen und mit einem großen Volksfest verbundenen Lukasmarkt („Lauxmaat") in Mayen in der Eifel, einem wahren „Eifeler Oktoberfest". Von hier aus soll sogar die Volksfestbelustigung des „Haut-den-Lukas" ihren Ausgang genommen haben, was durchaus nicht unwahrscheinlich ist, da in der Gegend viele Steinbrüche und Basaltgruben lagen und die kräftigen Steinhauer sicher auch gerne diesen Jahrmarkt besuchten.

Des heiligen Wendelin, Patrons der Hirten und (vor allem der Viehzucht treibenden) Bauern, gedenkt man am 20. Noch heute findet wie schon seit vielen Jahrhunderten im allgäuischen Niederstaufen-Schei-

degg, etwas nördlich von Lindau, eine Reiterprozession unter Teilnahme von sechs Gemeinden statt, bei der man zur hochgelegenen, um 1590 erbauten Wendelinskapelle hinaufzieht und einen Feldgottesdienst unter Teilnahme von Alphornbläsern feiert.

Aus „Simon und Juda" wurden „Sieben Juden"...

Zumindest noch in den siebziger Jahren begann man im unterfränkischen Gochsheim am 28. Oktober mit dem abendlichen „Siebenjudläuten". Dieses Datum hilft uns auch gleich auf die Sprünge, was die merkwürdige Bezeichnung betrifft - sie ist schlicht eine Verballhornung von „Simon-Judä-Läuten". Daß es vom Turm der seit 1540 protestantischen Michaelskirche erfolgt (bis 21. Februar als auch sonst durchaus verbreitetes „Winterläuten"), ist ein schöner Beleg für die Beständigkeit alten Brauchtums.

Alte Kirchweihtänze im Spessart

Valentin Pfeifer (1934)

Das Jahreshauptfest des Spessarts ist seine Kirchweih. Diese wird in vielen Spessartdörfern noch feierlich abgeholt. Nicht selten treten dabei ganz alte Tänze auf den Plan, wie z. B. der Kissentanz. Burschen und Mädchen bilden einen Kreis. Darinnen dreht sich eine Jungfer – mit einem Kissen in den Händen – nach den Weisen des Fiedelbogens. Sie wirft das Kissen einem Burschen zu, der nun auch in den Kreis tritt. Beide knien auf Polster, erheben sich und tanzen einige Takte miteinander. Jetzt verläßt das Mädchen den Spielraum, während der Bursche allein weitertanzt und das Kissen in die Hand eines andern Mädels schickt. Dies begibt sich nun in die Kreiskette und wirft das Kissen wiederum einem Burschen zu. So verläuft der Kissentanz, bis der Kreis zu klein geworden, d. h. ein Kreisbilden nicht mehr möglich ist.

Auch der „Spiegeltanz" wird manchmal noch aufgeführt. Es sitzt ein Mädchen auf dem Stuhl und hält vor sich einen großen Wandspiegel. Um die Sitzende drehen sich im Ringelreihen – Schottischtakt – Tänzer und Tänzerinnen. Der eine und der andere Bursche nähert sich der Junger und blickt hinter ihrem Rücken in den vorgehaltenen Spiegel. Schüttelt das Mädchen den Kopf, so wird diese Abweisung von der

Tanzrunde lachend quittiert. „Knaukt", d. h. nickt das Mädchen, dann ist der betreffende junge Mann als Tänzer willkommen.

Eine verblaßte Erinnerung an die ehemalige Aufführung des Opfertieres mag wohl der „Hammeltanz" sein. Die Ortsjunggesellen steuern

Eine alte Darstellung des Hammeltanzes

zusammen und kaufen einen Hammel, während die Mädchen den Schal stiften. Mit diesem gedeckt und mit farbigen Bändern (Schlippchen!) an Hals und Kopf geziert, wird der Schafbock im Triumph durchs Dorf und in den Tanzsaal geführt. Die Paare drehen sich um den Preis des Tanzes, um den „Hammel". Während des Tanzes geben sie sich der Reihe nach einen Blumenstrauß. Es wird eine Weckeruhr gestellt. Die Sache ist nämlich die: dasjenige Tanzpaar, welches just beim Rasseln des Weckers den Strauß in Händen hat, ist Preisträger und hat den „Hammel" gewonnen. In Gegenden ohne Schafzucht können die Burschen oft keine Hammel auftreiben. Da tanzen sie um ein Kalb (Faulbach a. M.) oder um einen Kuchen, welcher alsdann ins Wirtshaus „hineingespielt" wird (Rück bei Obernburg), oder um einen Hahn oder „Gickel" (Mechenhard bei Klingenberg).

Allgemeine Wetterregeln

Unten reiche fränkische Bauerntochter in Festtracht, gegenüber Würzburger Bürgermädchen um 1800

Fällt das Laub zeitig im Garten,
so ist ein schöner Herbst und Winter zu erwarten.

Fällt der erste Schnee auf ein beregnetes Erdreich,
so deutet es auf geringe Ernte,
wenn auf ein hartes, gefrornes, auf gute.

Fällt der erste Schnee in Dreck,
wird der Winter ein Geck.

Heller Herbst, windiger Winter.

Nebliger Morgen, goldner Abend.

Sitzt das Laub auf den Bäumen fest,
so deutet es auf strengen Winter.

Spät im Herbst Baumblüten
deuten auf kein gutes Jahr.

Viele Nebel im Herbst
deuten auf schneereichen Winter.

Trübe Wolken sind – selten ohn' Regen.

Viel Nebel im Herbst
deutet auf einen langen Nachwinter.

Viel Schnee, viel Heu, aber wenig Korn.

Viele Rosen – scharfes Wintertosen.

Was als Dunst aufsteigt,
fällt als Regen nieder.

Was der Blitz treffen will,
das trifft er schnell.

Was mühsam auf dem Feld geworben,
ist oft im Scheunenfach verdorben.

Wenn alte Ochsen spielen, toben und ländern,
will sich das Wetter ändern.

Wenn am Morgen kein Tau gelegen,
warte bis Abend auf sicheren Regen;
fällt aber Regen wie feiner Staub,
an gut' Wetter glaub'!

Wenn das Land reich ist,
ist das Wasser arm.

Wenn das Weinholz wohl reift,
so hofft man über's Jahr viel Wein.

Wenn den Hunden die Bäuch' knurren,
viel Gras essen und murren,
so bleibt der Regen
selten underwegen.

Wenn der Himmel gezupfter Wolle gleicht,
das schöne Wetter dem Regen weicht.

Wenn der Hund das Gras benagt,
und die Frau ob Flöhen klagt,
der Rauch nicht will zum Schornstein 'naus,
kommt bald ein Regen übers Haus.

Wenn der Kuckuck zu den Häusern fliegt,
wenn die Rotschwänzchen herumfliegen,
die Speiern niedrig fliegen,
wird schlechtes Wetter.

Speiern: *Späher, Eichelhäher*

Wenn der Maulwurf sein Loch grabt tief,
so der Frosch um Regen rief.

Wenn der Mist tüchtig stinkt,
so gibt's Regen.

Wenn der Mond hat einen Ring,
so folgt der Regen allerding.

Wenn der Nebel fällt zu Erden,
wird bald gutes Wetter werden;
steigt der Nebel nach dem Dach,
folgt bald großer Regen nach.

Viel Naß – wenig ins Faß.

Wenn der Nebel aufsteigt,
verspricht er allgemein Regen.

Wenn der Wein im Vollmond blüht,
soll er vollkommene Beeren bekommen.

Wenn der Wind der Sonne folgt,
so bleibt das Wetter tagelang gut.

Wenn die Esel gellen,
so verderben sie das Wetter.

Wenn die Ameisen sich verkriechen,
werden wir bald Regen kriegen (Pfalz).

Der Wolfgangtag

Otto von Reinsberg-Düringfeld (1898)

Wolfgang, geboren in Schwaben um 924, war dreizehnter Bischof Regensburgs und starb 994.

Der heilige Wolfgang, dessen Andenken der letzte Tag des Oktobers gewidmet ist, wird nur in der Regensburger Diözese, deren Bischof er war, als Patron verehrt, und sein Name scheint die Ursache zu sein, daß er von den Hirten zur Abwehr der Wölfe angerufen wird.

Auf dem nach ihm benannten St. Wolfgang- oder Abernsee im Hausruckviertel, wo in der nordwestlichen Bucht der Falkenstein hervorspringt, die Felsenwand, auf welcher der Heilige einst eine Einsiedelei erbaut haben soll, pflegen die Schiffer, die nach St. Gilgen fahren, jedesmal dem Echo, welches dort herausschallt, zuzurufen: „Heiliger Vater Wolfgang, komme ich zurück? sage Ja!" indem sie es für die Vorbedeutung guter Hin- und Rückfahrt haben, wenn das „Ja" vom Echo achtmal zurückgegeben wird. Da man das Echo bei Windstille am deutlichsten hört, so wird ihr Glaube selten getäuscht.

Mit großer Feierlichkeit wird der Wolfgangtag in dem Ort St. Wolfgang, welcher am gleichnamigen See liegt, begangen.

Früher veranstalteten die Holzknechte und Fäller einen Umzug, bei welchem sie alle im Sonntagsstaat mit blanken Sägen und Hacken erschienen. Vier bebänderte und aufgeputzte Knechte trugen auf einer Bahre einen Glaskasten, in welchem die Axt des heiligen Wolfgang mit Perlen, Blumen und goldgestickten Bändern geschmückt ruhte. An beiden Seiten dieses Glaskastens flatterten ebenfalls buntfarbige Bänder, deren Enden von Schäfermädchen und Knaben gehalten wurden. Voran ging die Schuljugend, hinterdrein die Schar der Dorfbewohner des Tales. Auf dem Wechselberge hielt der Zug; die Axt wurde auf einen Felsenvorsprung gestellt, worauf man mit großer Andacht sang, betete und die Fußstapfen des heiligen Wolfgang küßte, und dann ging der Zug in der vorigen Ordnung ins Tal zurück. – Viele trugen künstlich geschnitzte Holzarbeiten wie Kruzifixe, Figuren und ausgeschnittene Bilder, welche der Geschicklichkeit des heiligen Wolfgang zugeschrieben werden, mit sich.

Der Oktober hat nur drei der „verworfenen Tage": den 3., 6.und 11.

November

Gartenarbeit im Wintermonat

Aus dem Lahrer Hinkenden Boten

Man setzt Endivie in den Gartenkeller, schlägt Kohlrabi, Weißkraut etc. im Garten ein, und deckt es bei einfallender Kälte zu; bedeckt die Spargel- und Artischockenländer mit viel langem Dünger, fährt fort Gelbrüben zu saen, Erbsen zu setzen. Im Baumgarten gräbt man die Erde an den Bäumen um, bringt verwesenen Dung zu den Wurzeln, ohne sie zu berühren, und deckt im folgenden Monat die Löcher wieder zu. – In diesem Monat legt man neue Miststätten an, auf deren Grund man Schilf, Erbsenstroh etc. legt, auch dergleichen in die Fahrten des Hofes bringt; diese Grundlage aber, wenn sie nämlich eine Zeitlang durchfault ist, bringt man aus den Fahrten zusammen auf die Miststätte, worauf man frischen Mist darüber schüttet.

Wintermonat ist der alte Name für den November; eine noch ältere Bezeichnung ist Nebeling.

Kinderfreuden an Allerheiligen und Allerseelen

Hans Boesch (1900)

Allerheiligen und Allerseelen, der erste Tag des Novembers, sind dem Gedächtnis der Verstorbenen gewidmet. Die Kinder werden mit Gebäck, welches in verschiedenen Gegenden verschiedene Form und dieser entsprechende Name hat, beschenkt. In Augsburg gibt es Seelenbrezeln, in Bayern Seelenwecken und Seelenzöpfe, in Schwaben Seelbrot usw. Man besucht die Gräber, in Ehingen an der Donau die Kinder noch mit der Absicht, im Grase kleine Münzen zu finden, welche die Verstorbenen hingelegt haben sollen. Für die Münzen kaufen sich die Kinder „Seelbirnen" oder ein Gebäck, „Sailen" genannt.

Der „Spitzltag" – Allerseelen

Eduard Fentsch (um 1870)

Allerseelentag ist der 2. November, Stephanstag der Weihnachtsmontag, Palmsonntag der Sonntag vor Ostern.

Ein Tag allgemeiner Jugendfröhlichkeit schier in der ganzen Oberpfalz ist der Spitzltag, der auf St. Stephan oder auf den Allerseelentag fällt. Da halten die Kinder scharenweise Umzug, und bei jedem Bäcker ertönt der Ruf „Spitzl 'raus", „Spitzl aussa", dem durch Darreichung etlicher Spitzln, zu diesem Zwecke eigens gebackener Spitzwecken, genügt werden muß. Die Spitzln kommen schließlich unter allgemeinem Jubel zur Verteilung. Im Böhmerwaldvorlande, wo vorzugsweise der Allerseelentag (Armenseelentag) als Spitzltag gilt, ziehen mit den Kindern auch die Armen der Umgegend von Haus zu Haus, um die Spitzln (Seelenbrot) in Empfang zu nehmen. Dabei lautet ihr Spruch:

G'lobt sei's Christes um a Spitzl!
Mei' Muttar is a Ritzl,
Mei' Vodar is a Hobasock,
Gedds ma, wuos i mog.
Niad z'viel und niad z'weng,
Daß i mei' Ranzl niad z'spreng.

An der Altmühl, wo gleichfalls der Spitzltag auf den 2. November fällt, weisen alle zu dieser Zeit abgehaltenen Märkte eine Reihe von Bäckerbuben auf, wo Spitzln feilgeboten werden, und führen den Namen „Spitzlmärkte". Hier muß auch der Bursche, wenn er nicht die Liebe auf's Spiel setzen will, seinem Schatz mindestens ein Paar Spitzln schenken, wogegen ihm dieser am Palmsonntag Entgelt bietet, ihn in's Wirtshaus führt und mit weißem Bier, mürbem Brot und einem Eierfleck regaliert (das sogenannte Wirtsgehen).

Regalieren: *bewirten*

Wetterregeln für die Lostage im November

Den Monat eröffnet der Allerheiligentag am 1., auf den vielfach die Gebräuche des Allerseelentags am 2. vorverlegt werden. Am 6. ist Leonhardi, am 11. Martini; der 15. ist dem heiligen Leopold gewidmet, der 19. der heiligen Elisabeth. Am 21. ist Mariä Opferung, des heiligen Klemens gedenkt man am 23., der heiligen Katharina am 25., Konrads am 26., und der vielbeachtete Andreastag am 30. beschließt den Monat.

Im November gibt es nur einen einzigen „verworfenen Tag“ - es ist der 12.

Wenn's zu Allerheiligen schneit,
dann lege deinen Pelz bereit.
Regnet's aber an diesem Tag,
viel Schnee im Winter kommen mag.

Allerheiligen-Reif
macht die Weihnacht starr und steif.

Allerheiligen bringen den Nachsommer.

Altweibersommer ist eigentlich keine Jahreszeit, sondern der Name für die feinen Fäden junger Spinnen; man nennt sie auch Mariengarn oder Frauensommer.

Altweibersommer tut nicht lang gut,
und steht er auch in aller Heiligen Hut.

Allerheiligen bringt Sommer für alte Weiber,
der ist des Sommers letzter Vertreiber.

Am 1. November haue einen Span aus einer Buche,
ist er trocken, so wird der Winter kalt und hart;
ist er naß, so wird der Winter feucht.

Schnee an Allerheiligentag
selten lange liegen mag.

Bringt Allerheiligen Sonnenschein,
tritt ein schöner Nachsommer ein.

Nach der vielen Arbeit schwer
an Leonhardi die Rösser ehr.

Wolken am Martinstag
der Winter unbeständig werden mag.

Nach Martini scherzt der Winter nicht.

St. Martin trüb
macht den Winter lind und lieb;
ist er aber hell,
macht er Eis gar schnell.

Mit „Rädel" ist hier das Spinnrad gemeint.

Ist um St. Martin der Baum schon kahl,
macht der Winter keine Qual.

Wenn's um Martini regnet und bald drauf Frost einfällt,
so bringt's der Saat Schaden.

Wenn das Laub nicht vor Martini fällt,
sich ein harter Winter lange hält.

An Martini Sonnenschein –
tritt ein kalter Winter ein.

Ist es um Martini trocken und kalt,
so ist ein gelinder Winter zu hoffen.

Wenn um Martini Nebel sind,
so wird der Winter meist gelind;
zieht die Spinne ins Gemach,
kommt ihr gleich der Winter nach;
hecken die Hühner in den Ecken,
kommt der Winter mit Frost und Schrecken.

Wenn das Laub von Bäumen und Reben
nicht vor Martini abfällt,
ist ein kalter Winter zu hoffen.

St. Martin kommt nach allen Sitten,
gern auf dem Schimmel angeritten.

„Auf dem Schimmel reiten" soll hier bedeuten, daß er Schnee mitbringt.

Ist das Brustbein der Martinigans weiß,
so wird der Winter streng.

St. Martin
macht Feuer im Kamin,
dann, oh Mädel,
greif zum Rädel.

Martinstag war früher Zahltag für Schulden.

Ist es um Martini trüb,
wird der Winter gar nicht lieb.

Sankt Martin ist ein harter Mann
für den, der nicht bezahlen kann.

Der heilige Leopold
ist dem Altweibersommer hold.

Sankt Elisabeth sagt es an,
was der Winter für ein Mann.

Wenn an Mariä Opferung die Bienen fliegen,
werden ein Hungerjahr wir kriegen.

Dem heiligen Klemens traue nicht,
nur selten zeigt er ein mildes Gesicht.

Kathrein
stellt den Tanz ein.

Wie an St. Kathrein,
wird's auch an Neujahr sein.

Wie es um Katharina, trüb oder rein,
so wird auch der nächste Februar sein.

St. Katharinenschnee
tut Kohl und Samen weh.

Schau in der Andreasnacht,
was für Gesicht das Wetter macht:
So wie es ausschaut, glaub's fürwahr,
bringt's gutes oder schlechtes Jahr.

Noch niemals stand ein Mühlenrad
an Konrad, weil er Wasser hat.

Der Andreasschnee
tut Korn und Weizen weh.

Der Andreasschnee bleibt 100 Tage liegen
und erstickt das Getreid.

X.A.v.BRAUN & SCHNEIDER. KNILLING.

Bestattungsgebräuche in Westfalen

Friedrich Kampmann (um 1890)

Siehe zur Bedeutung der Fastnachtsgilden auch den Beitrag auf Seite 40.

Die freiwilligen Vereinigungen zu gegenseitiger Wehr und Hilfe nennt man in Westfalen Fastnachtsgilden und Nachbarschaften [...] Ist ein Sterbefall in der Nachbarschaft eingetreten, dann hat der nächstwohnende Nachbar sofort die „Bauersprache" anzusagen, das heißt, er bringt die Trauerkunde allsogleich zum benachbarten Hause, zugleich mit Tag- und Zeitbestimmung, wann die Auskleidung der Leiche erfolgen soll. Von hier aus ist dann die Botschaft unverzüglich weiter zu melden zum folgenden Nachbar, und so geht es weiter von Haus zu Haus, zunächst nur durch die enger umgrenzte Nachbarschaft.

Zur festgesetzten Stunde, wenn tunlich noch am selben Nachmittag, versammeln sich die Frauen der Nachbarschaft, mit Ausnahme derer, die etwa zu der leidtragenden Familie in verwandtschaftlichem Verhältnis stehen, im Sterbehaus. Die überlebenden Bewohner desselben sind zum nächsten Nachbar gegangen, um dort in der eigens für sie hergerichteten Stube bei einer Tasse Kaffee den ersten Schmerz über den Verlust zu lindern. Der Nachbar aber waltet im Nachbarhaus unterdessen seines Amtes. Er hat den Sarg bestellt, den Stoff zum Totenkleid gekauft, Zeit und Stunde der Beerdigung bei dem zuständigen Pfarrer sich angeben lassen usw. Mit Ehrfurcht und heiliger Scheu wird das Haus von den Nachbarfrauen betreten. Beim Überschreiten der Schwelle kniet jeder nieder und verrichtet ein kurzes, stilles Gebet für den Verstorbenen. In der Wohnstube steht auf dem Tisch eine Flasche mit Schnaps, auch Zucker ist in einer Schale aufgesetzt, mit dem das Getränk nach Wunsch versüßt werden kann.

Sobald alle Frauen der Nachbarschaft versammelt sind, geht es an die Arbeit. Die beherzteren unter ihnen vollziehen die Auskleidung und Reinigung des Toten, auch das Sterbebett wird entfernt und gereinig; die anderen nähen das Totenhemd. Inzwischen hat sich der Nachbar, der überhaupt jetzt Hausverwalter ist und für alles Sorge tragen muß, von den überlebenden Familiengliedern die Namen der Verwandten und deren Wohnsitz angeben lassen. Nach der Zahl der Nachbarn wird die Summe dieser Namen geteilt, dann nach dem ermittelten Ergebnis gruppenweise zusammengefaßt und auf Zettel geschrieben. Nach Beendigung der Reinigungsarbeiten und des Totenschmuckes werden diese Zettel ausgelost. Jede der anwesenden Frauen zieht einen solchen, und die darauf namhaft gemachten Verwandten sind unverzüglich zur Teilnahme an der Beerdigung einzuladen. Desgleichen geht jetzt zum zweiten Mal die Bauersprache um, und zwar durch den ganzen Fastnachtssprengel, zugleich mit Angabe der Zeit und Stunde des Begräbnisses. Auch die Träger werden bestimmt und zum letzten Liebensdienst eingeladen. Niemand darf es wagen, die Bauersprache „stehen zu lassen", das heißt, die Botschaft nicht weiter zu sagen; er würde sich dadurch nicht allein Haß und Schande in der ganzen Nachbarschaft, sondern auch noch obendrein eine Bestrafung zuziehen.

Die hier so eindringlich geschilderte Nachbarschaftshilfe bei einem Todesfall war natürlich, wenn auch vielleicht nicht so streng organisiert, auch anderweitig auf dem Lande üblich.

Wenn das Haus gereinigt ist und die Nachbarinnen nach voraufgegangenem stillem Gebet sich zurückgezogen haben, dann führt der Nachbar die leidtragende Familie in ihre Wohnung zurück. Mit diesem Liebesdienst hat er für diesen Tag der Pflicht genug getan. Er kann heimkehren und seinem Geschäft nachgehen.

Gegen Abend, wenn es Zeit zum Schlafengehen wird, erscheint die Totenwache; es sind Leute aus der Nachbarschaft, die im angrenzenden Zimmer unter gemeinschaftlichem Gebet und leise geführtem Gespräch bis zum Morgengrauen die Wacht halten. Diese Liebestätigkeit wiederholt sich jeden Abend, solange die Leiche über der Erde steht, nur wechseln die Personen.

Am Vorabend des Begräbnisses versammeln sich die Hausväter der Nachbarschaft im Nachbarhaus, um die Leiche in den Sarg zu legen. Der nächste Nachbar ist auch jetzt wieder die alles leitende und ordnende Person. Wenn die Einsargung vollzogen ist, dann stellen sich auch die erwachsenen Mädchen der Nachbarschaft ein. Sie tragen einen großen Kranz, der zur Ausschmückung des Sarges dienen soll. Ihnen liegt es ob, die Leiche und den Sarg zu schmücken.

Zunächst wird die Totenkammer einer gründlichen Säuberung unterzogen. Der Raum wird gefegt, wenn nötig, sogar geschrubbt, die Bettlade gereinigt oder ausgewaschen, Matratzen und Strohsäcke an die Luft befördert usw. Selbstverständlich reichen die anwesenden Männer unter schwierigen Umständen zu solchen keineswegs angenehmen

Mit Allerseelen, dem protestantischen Buß- und Bettag, dem Volkstrauertag und dem Totensonntag ist der November geprägt von Gedanken an die Verstorbenen.

Arbeit dienstbereit die Hand. Alsdann wird die Leiche im Sarg aufgestellt und mit Bändern, zu weilen auch mit Heiligenbildchen geschmückt. Erst wenn die letzte Arbeit vollbracht ist, wird der Sargdeckel aufgelegt, und dann verschwindet die Gesellschaft still und geräuschlos, wie sie gekommen.

Am folgenden Morgen sammeln sich beim Sterbehaus die Leidtragenden aus dem ganzen Fastnachtssprengel, aus jeder Familie eine Person, um der Leiche das letzte Geleit zu geben. Der nächste Nachbar ist auch hier wieder der Ordner des Ganzen. Alle Verwandten und Fastnachtsmitglieder werden mit Kaffee und Zwieback bewirtet. Die Nachbarfrauen übernehmen die Bedienung, überhaupt die ganze Aufwartung. Wenn es Zeit zur Abfahrt wird, dann ruft der Nachbar die versammelten Leidtragenden zum gemeinsamen Gebet. Dann treten die Träger an den Sarg heran, schließen ihn und tragen ihn über die Diele durch die große Einfahrtstür zum Wagen. Damit ist der Liebesdienst im Hause des Verstorbenen zum Abschluß gebracht.

Die Totenbretter

Felix Dahn (um 1870)

Wie zum Teil im bayerischen Oberlande besteht im Bayerischen Wald die Sitte, „die Totenbretter", worauf die Leichen vor dem Begräbnis im Hause zu liegen pflegen, als Denkzeichen aufzustellen. Sie werden an den sogenannten „Kirchenwegen", aber auch sonst an den Straßen, Feldpfaden, Zäunen, neben den Feldkreuzen und Kapellen oder unter Bäumen angebracht. Früher legte man sie auch über die kleinen Gräben an den Fußwegen. Von ihrer ältern, schlichten Form, die das wirkliche Totenbrett mit eingeschnittenen und schwarzgemalten Namenszügen, Jahrezahl und drei Kreuzen darstellte, ist man seit längerem abgekommen und gibt ihnen eine monumentale Gestalt, wozu selten das wirkliche Brett benützt wird, als Säule, Pyramide oder dgl., die zierlich bemalt und mit Bildern, Kreuzen, Inschriften versehen sind. Letztere bezeichnen die alten „Totenbretter" jetzt gewöhnlich als „Denkmal für den N. N., welcher auf diesem Wege zur christlichen Ruhestätte gebracht wurde etc.", häufig von einem Vers begleitet, der an die irdische Hinfälligkeit erinnert und zum Gebete für die Verstorbenen mahnet. Schon auf dem ältern und auch auf den neueren Totenbrettern ist folgender Spruch einer der üblichsten und ergreifend in seiner Einfachheit:

„Das ist eine harte Reis':
Wenn man den rechten Weg nicht weiß;
Frag die drei heiligen Leut,
Die zeigen Dir den Weg in d'Ewigkeit."

„Die heiligen drei Leut" sind Jesus, Maria und Josef.

An einem Draht sind unter den Bildern häufig Rosenkranz-Korallen (Paternoster) angebracht, die zum Gebet für die auf diesen Brettern Gelegenen einladen und, wenn sie vorwärts geschoben werden, im Gewissen zu einer gleichen Anzahl „Vaterunser" verpflichten. Dasselbe ist auch bei den Feldkreuzen der Fall. Überhaupt sind die Denkmale bestimmt, die Andacht der Vorübergehenden den „armen Seelen" zuzuwenden; mit großer Pietät wird in der Regel der ernsten Aufforderung entsprochen, und die Totenbretter werden nicht minder wie die Kreuze als geweihte Gegenstände betrachtet.

Wetterregeln für den November

Die November-witterung ist besonders wichtig für die im Boden ruhende Saat.

Novemberdonner hat die Kraft,
daß er viel Getreide schafft.

Donnert's im November gar,
so folgt ihm ein gesegnet' Jahr.

Hat der November zum Donnern Mut,
wird das nächste Jahr wohl gut.

Wenn im November die Wasser steigen,
so wiederholt sich dies alle Wintermonate und
ein nasser Sommer ist zu fürchten.

Steht im November das Buchenholz im Saft,
so wird der Regen stärker als der Sonne Kraft;
ist es aber starr und fest,
sich große Kälte erwarten läßt.

Hängt das Laub bis in'n November rein
wird der Winter lange sein.

Blühen im November die Bäume neu,
währet der Winter bis zum Mai.

Sitzt im November das Laub fest an den Ästen,
kommt bald der Winter mit strengen Frösten.

Wie der November, so der darauffolgende März.

Novemberschnee auf nassem Grund,
bringt gar schlechte Erntestund'.

Wenn der November regnet und frostet,
dies der Saat ihr Leben kostet.

November-Morgenrot
mit langem Regen droht.

Novemberschnee – tut den Saaten nicht weh.

Je mehr Schnee im November fällt,
um so fruchtbringender ist's fürs Feld.

Friert im November zeitig das Wasser,
wird es im Januar um so nasser.

Der Novemberschnee
tut den Saaten wohl statt weh.

Wenn Donner im November grollt,
ist's kommende Frühjahr den Früchten hold.

Viel Regen im November,
viel Wind im Dezember.

Baumblüte im November gar
noch nie ein gutes Zeichen war.

Bei Novemberwasser auf den Wiesen
wird das Gras im Lenze sprießen.

November tritt oft hart herein,
doch braucht nicht viel dahinter sein.

Wenn im November die Füchse bellen,
wird der Winter viel Schnee bestellen.

Sperrt schon im November der Winter das Haus,
so hält er sicher nicht lange aus.
Bleibt jedoch der Vorwinter aus,
kommt ein Nachwinter mit Frost und Braus.

Wenn der November blitzt und kracht,
im nächsten Jahr der Bauer lacht.

Fällt im November das Laub früh zur Erden,
wird's nächstes Jahr ein feiner Sommer werden.

Wenn im November der Donner rollt,
wird dem Getreide Lob gezollt.

Wenn im November die Sterne hell leuchten
läßt dies auf baldige Kälte deuten.

Bringt der November Morgenrot,
der Aussaat viel an Regen droht.

Leonhardiritte einst und heute

Der heilige Leonhard kam zu seinen Ehren als Viehpatron vermutlich aufgrund eines Mißverständnisses: er wurde nämlich frühzeitig mit Ketten als Symbol für seinen Einsatz für Gefangene dargestellt, und die hielt man dann für Viehketten.

„Um die Leonhardskapelle zu Aigen finden die berühmtesten Leonhardiritte von ganz Niederbayern statt...", schreibt um 1870 Felix Dahn; ergänzen wir seine Schilderung im folgenden durch einen Bericht aus dem Jahr 1926 (Rudolf Kriss):

Nach dem Hochamt fand die Opferung der eisernen Tiere statt; der Zudrang dazu war sehr groß, zwei Stunden lang kamen ununterbrochen die Menschen, suchten sich in der Schatzkammer gegen Erlag von 10 Pfennig die gewünschten Tiere, Pferde, Kühe oder Schweine, heraus, trugen sie sonach gläubig und andächtig um den Altar herum, um sie dann wieder in einen bereitgestellten Korb zurückzuwerfen. Gegen 1 Uhr Mittag rüstete man sich zum Umzug. Erst kam auf schweren Bauerngäulen sitzend die männliche Jugend dahergeritten, ihnen folgten einige blumengeschmückte Wagen mit weißgekleideten Kindern; die interessanteste Gruppe ist aber der Wagen des heiligen Leonhard. Auf ihm steht still und regungslos wie eine Statue ein junger Bursche, der als heiliger Leonhard verkleidet ist, und zwar ganz nach dem Muster der in der Kirche stehenden Statue des Heiligen; er ist mit dem Mönchsgewande bekleidet und hält in der linken Hand den Abtstab, während ihm um die Rechte die eiserne Gefangenenkette herabhängt. Hinter ihm stehen drei als Engel verkleidete Mädchen. Nach dieser Gruppe folgt die Geistlichkeit, die gleichfalls beritten ist; drei Priester sitzen im vollen Ornat (Rauchmantel und Diakonsgewänder) auf drei prächtigen Rossen und gewähren einen äußerst wirkungsvollen Anblick. Hinter ihnen folgen noch eine Anzahl Honoratioren in blumenbekränzten Wägen, die den Zug beschließen. Nach der Benediktion sprengen die Burschen mit ihren Rossen noch eine kurze Strecke ins Feld hinaus, mit welcher Sitte das Fest sein Ende findet.

***Honoratioren:** Amtspersonen und bedeutende Gemeindemitglieder; **Benediktion:** Segnung*

Der Leonhardiritt in Aigen bei Bad Füssing, gewöhnlich am Sonntag vor dem Leonhardstag, wurde 1972 wieder aufgenommen. Am Leonhardstage selbst, dem 6. 11., finden in Oberbayern in Kreuth, Murnau-Froschhausen und Bad Tölz die „Leonhardifahrten" statt, an denen auch zahlreiche geschmückte und bemalte sogenannte Truhen- oder Kastenwagen mit Zweier- oder Viererbespannung teilnehmen. Für eine gleiche Veranstaltung in Schliersee-Fischhausen ist Termin der Sonntag, der dem Leonhardstag am nächsten liegt, wohingegen man in Holzhausen-Teisendorf den Leonhardsritt am Pfingstmontag unternimmt.

Martinsumzüge im Rheinland

Friedrich Wilhelm Brücher (1895)

Zwei ausgesprochene Kinderfeste waren und sind das St. Martinsfest (11.11.) und das St. Nikolausfest (6.12.). In Rheinberg besteht noch in manchen Familien die Sitte, zur Belustigung der Kinder am Abend vor Martini an der Decke des Zimmers oder der Küche eine mit Zuckerwerk, Äpfeln, Nüssen und einigen Kartoffeln oder bitterschaligen Rüben gefüllte große Tüte (St. Martinssack) aufzuhängen, an deren unterem Ende ein langer Papierstreifen befestigt ist, den man anzündet. Unter demselben tanzen die Kinder herum, indem sie sich an den Händen gefaßt haben und das Liedchen singen:

Eine alte Darstellung des seinen Mantel teilenden heiligen Martin

Ferke: *Ferkel;* ***de Kalver hebb'n Stärte:*** *die Kälber haben Schwänze;* ***Hörnder:*** *Hörner;* ***krupen in de Dörnder:*** *kauern sich in den Dornen (-hecken) zusammen*

„Sent Märtes, Märtes Vögelche,
Rond, rond Vögelche,
Wo flog et,
Wo stov et?
All over de Rhin,
Wo de fette Ferkes sin.
De fette Ferkes soll'n geschlacht sin,
Heißa, sent Märte,
De Kalver hebb'n Stärte,
De Köhj hebb'n Hörnder
On krupen all in de Dörnder,
Heißa, sent Märte!"

Sobald die Tüte von der Flamme ergriffen wird, fällt der Inhalt zu Boden und jetzt gilt's im Dunkeln, denn es darf kein Licht in der Stube sein, die einzelnen Gegenstände zu erhaschen. Rechten Scherz gewährt es, wenn ein Kind, eine Rübe oder eine Kartoffel für einen Apfel haltend, in diese hineinbeißt oder darüber ausgleitet und hinfällt. An demselben Abend pflegt man auch kleine Buchweizenkuchen, sogenannte St. Martinsküchelchen, zu backen.

In einigen Orten ziehen die Kinder mit bunten Fackeln, ausgehöhlten Runkelrüben und „Bronkappeln" (Kürbissen), in denen ein Taglicht brennt, durch die Straßen des Dorfes und singen:

Sinter Märters Vögelke: *Eisvogel;* ***root Kögelke:*** *rote Kapuze;* ***blau Stärje:*** *blaues Schwänzchen*

„Sinter Märtes Vögelke
Met dat root Kögelke,
Met dat blau Störje,
Hopsa, Sinter Märte!"

Bettelkinder, darunter, wie es sich eigentlich von selbst versteht, auch Kinder gutsituierter Eltern, ziehen vor die Häuser wohlhabender Leute, um einen Tribut in klingender Münze zu erheben. Dabei wird in Krefeld folgendes Lied angestimmt:

Seeve Stääte: *sieben Schwänze*

„Sint Määte, die Kuh hätt seve Stääte,
Hier wohnt ein reicher König,
Gibt uns nicht zu wenig,
Laß uns nicht zu lange stehn;
Denn wir müssen weitergehn!"

Erhielten die Kinder eine Gabe, so bedanken sie sich mit den Worten:

„Hier wohnt ein reicher Mann,
Der uns viel geben kann,
Viel kann er geben,
Lang soll er leben,
Selig soll er sterben,
Das Himmelreich erwerben!"

Bleibt aber die Tür des „reichen Königs" hartnäckig geschlossen, so wird von den kleinen Sündern die Rache heraufbeschworen:

„Dat Hus, dat steht op ene Pen,
Do wohnt ene rike Gitzhals dren.
Gitzhals, lange Hals,
Morge mos du stärve!"

In einigen Orten werden feierliche Umzüge veranstaltet. Da reitet dann St. Martin in Bischofstracht mit Mitra und Stab dem Kinderzug voran. Hell leuchten die Fackeln durch das Dunkel der Nacht, und aus hundert Kinderkehlen steigt das Lied zum Himmel empor:

„St. Martin, St. Martin,
St. Martin ritt durch Schnee und Wind,
Sein Roß, das trug ihn fort geschwind."

Das Gänsreißet zu Furth

Friedrich Panzer (um 1850)

In Furth in Niederbayern wurde zu Martini das „Gänsreißet" gehalten. Der Wirt befestigte an das eiserne Gitter des Fensterstockes ein Seil; das andere Ende hielt ein Mann im oberen Stocke des gegenüberliegenden Hauses. In der Mitte des Seiles wurde ein alter Ganser mit den Füßen aufgehängt. Nun ritten die Burschen unter dem Seil durch, um dem Ganser den Kopf abzureißen. Oft faßte ihn einer mit beiden Händen, konnte ihn aber nicht ganz abreißen, welches dann den folgenden leicht gelang. Wer nun den Kopf in der Hand behielt, bekam von dem Wirt eine gebratene Gans. Ein Bursch mit einer Geisel stand bei dem Seil und trieb die Pferde zum schnellen Lauf an.

Der grausame Brauch, Gänsen den Kopf abzureißen, verschwand spätestens mit dem Aufkommen des Tierschutzgedankens. - Eine Geisel ist eine Peitsche.

Allgemeine Wetterregeln

Ob es nun Hühner oder Lerchen, Regenwürmer oder Maulwürfe sind: das Verhalten der Tiere ist ein sicheres Anzeichen für Witterungsumschwünge.

Wenn die Hühner in den Regen gehn,
so hält er lange an.

Wenn die Hühner sich im Sande baden,
so regnet's gerne ohne Schaden.

Wenn die Katze sitzt am Feuer,
ist der Regen nicht geheuer.

Wenn die Krähe schreit,
ist der Regen nicht weit.

Wenn die Katzen sich putzen, gibt es gutes Wetter.

Wenn die Kuh das Maul nach oben hält im Lauf,
so ziehen bald Gewitter auf.

Wenn die Lerche hoch fliegt und lange hoch oben singt,
so verkündet sie schön Wetter.

Wenn die Möwen nach dem Lande fliegen,
werden wir Sturm kriegen.

Wenn die Mücken im Schatten spielen,
werden wir bald Regen fühlen.

Wenn die Mücken stechen,
gibt es Regen.

Wenn die Schwalben fischen,
kommt ein Gewitter.

Wenn die Regenwürmer aus der Erde kriechen
oder Maulwürfe Erde auswerfen,
wird schlechtes Wetter (Tirol).

Wenn die Schnecke ein grünes Blatt mit sich führt,
es gewiß gut Wetter wird.
Beladet sie sich mit Grund,
so tut sie starken Regen kund.

Wenn die Schwalben niedrig fliegen,
verkünden sie Regen.

Wenn die Sonne scheint sehr bleich,
ist die Luft an Regen reich.

Wenn die Sonne sticht,
der Bauer spricht:
die Kühe beißen und brommen,
es wird ein Regen kommen.

Wenn die Spinnen im Regen spinnen,
wird er nicht mehr lange rinnen.

Wenn die Spinnen weben im Freien,
kann man sich lange schönen Wetters freuen.

Wenn die Vögel und Dachse sehr fett sind,
so hofft man einen sehr kalten Winter.

Das Martinifest in Ostfriesland

Hermann Meier (1868)

Hier findet das fröhliche Treiben am Vorabend des Martinstages statt, um damit zugleich des Geburtstages Martin Luthers am 10. zu gedenken.

Am Abend des 10. November, dem Geburtstag Martin Luthers, feiern unsere Kinder das Martinifest, welches indes nicht zu Ehren des Reformators, sondern des Bischofs Martin gefeiert wird, der im 5. Jahrhundert Oberhirte zu Tours war und als Heiliger im ganzen vormaligen Friesland und Utrecht bis nach Emden verehrt wurde. Dort war ihm der Dom, hier ein Altar gewidmet.

In Emden versehen sich die Knaben mit sogenannten Rummelpotten, die Mädchen mit Kip-Kap-Kögels. Der Erfinder des Rummelpotts ist leider nicht bekannt, er mag in seiner Art ein Genie gewesen sein, eins aber hatte der Himmel ihm versagt: ein musikalisches Gehör. Dieses Instrument besteht aus einem mit Wasser gefüllten Topf oder Fäßchen, über welches möglichst stramm ein Stück eingeweichte Schweinsblase gezogen wird, in deren Mitte ein Endchen spanisches Rohr befestigt ist. Fährt man nun mit der benetzten Hand an dem Rohr auf und ab, so gibt das einen Ton, der, obgleich er mit dem Grunzen eines Schweines nicht wenig Ähnlichkeit hat, dem Knaben doch gar lieblich ins Ohr klingt.

Der Kip-Kap-Kögl der Mädchen ist eine selbstverfertigte papierene Laterne, mit bunten Bildern beklebt, und wird auf einem Stock getragen. Ausgehöhlte Rüben, Möhren, Kürbisse und andere Früchte, die man an einem Band trägt, ersetzen häufig dessen Stelle.

Noch heute finden vielerorts am Abend des Martinstages Laternenzüge der Kinder statt. In Miltach im Bayerischen Wald veranstaltete man am Samstag vorher einen Martiniritt. Verbreitet sind auch die Martinimärkte um diese Zeit; einer der originellsten ist wohl der „Ledigenmarkt“ in Haslach im Kinzigtal. Die „Ledigen“ waren aber nicht, wie man das heute sehen möchte, „Singles“, sondern Dienstboten, die „ihrer Stellung ledig“ waren und auf dem Markt einen neuen Arbeitgeber zu finden hofften.

Bei Anbruch der Dunkelheit beginnt das Fest. Von Haus zu Haus wogt die rosige Kinderschar, man sieht so viele fröhliche, beleuchtete Kindergesichter, hört so mancherlei Lieder, wie sonst im ganzen Jahre nicht. Die Kleinen werden mit allerlei Gebäck, mit Äpfeln und Pfennigen beschenkt.

Nach und nach leeren sich die Straßen, die Kinder sind heimgekehrt und freuen sich der erhaltenen Geschenke. Dann aber beginnen sich in Aurich und Esens besonders allerlei abenteuerliche Gestalten zu zeigen, die in solcher Anzahl die Straßen der kleinen Stadt durchstreifen, daß man auf Gnade und Ungnade seine Hühneraugen preisgeben muß.

Greifen wir denn nun einmal hinein in dies Maskenleben und schauen uns die einzelnen Personen näher an. Wir holen uns zunächst ein paar „Ritter“ heraus, denn daß sie diesem noblen, wenngleich etwas veralteten Metier obliegen, das beweisen uns die silberpapierüberzogenen, pappenen Panzer sowie die aus ähnlichem Stoffe geformten Helme. Ihre Waffen bestehen aus einer Lanze oder einem Säbel von Tannenholz, welches Inventarienstück, gewöhnlich von den ritterli-

***Metier:** Handwerk*

chen Kämpen selbst mit sehr primitiven Hilfsmitteln angefertigt, bedeutend zur Enttäuschung des Zuschauers beiträgt. Unähnlich ihren streitbaren Vorfahren im Mittelalter, welche sich bekanntlich nicht viele Mühen gaben, die Meinung des Besitzers zu erforschen, wenn es sich um Erlangung irgendeines wertvollen Gegenstandes handelte, nahen sie demütig mit nicht zu verkennender Gebärde und finden sich vollkommen befriedigt, wenn die geringste der klingenden Münzen in die vorgehaltene Büchse fällt.

Ihnen folgt schweigend der „Handwerksbursche". Gewöhnlich ist der Repräsentant dieser Figur ein angehendes Mitglied des Handwerks, das sich auf diese Weise zu seinem künftigen Beruf als „Fechter" vorbereiten kann. Den Luxus einer Maske kennt er nicht; er hat einfach sein Gesicht geschwärzt, wenn und soweit dies überhaupt bei ihm noch erforderlich war. Sein struppiges Haupt trägt einen Gegenstand, den wir möglicherweise für einen Hut ansehen würden, wenn nicht die Zeit längst jede Ähnlichkeit mit diesem nützlichen Kleidungsstück zerstört und ein Vergleich unmöglich gemacht hätte – dann natürlich werden immer die seltensten Exemplare dieser Art der Rumpelkammer entzogen. Statt des Reisekittels dient ein Hemd, das überhaupt bei der Maskerade eine große Rolle spielt; ein Knotenstock und im besten Falle ein Ränzel vervollständigen die äußere Erscheinung. Der Handwerksbursch ist meistens ein stiller Gesell, dem die Gabe des Gesanges mangelt und der in Übereinstimmung mit seinen Kollegen aus der Wirklichkeit seine Absichten bloß durch die Worte andeutet: „Erlauben Se 'n armen Reisenden!" Seines unscheinbaren Äußeren und seiner Schweigsamkeit wegen „erlaubt" man aber häufig nicht, und der arme Bursche muß es erleben, daß man ihn ohne einen Zehrpfennig ausweist, um einer eben eintretenden Schar von „Räubern" Platz zu machen.

__Fechter:__ beschönigend für Bettler

Diese für heute abend polizeilich erlaubten Räuber sind nicht etwa Banditen in zerrissenen Hosen und Jacken, wie sie hier in Ostfriesland auch domizilberechtigt sind; nein, sie sind mit jedem Zoll ein Rinaldo. Sie starren von Gold, von dem Kalabreser winkt die Feder; in dem Gürtel stecken allerlei Mordwaffen, und der Hauptmann erfreut sich gewöhnlich des Besitzes einer wirklichen Büchse.

__Rinaldo:__ vielbesungener, romantisch verklärter italienischer Räuber; __Kalabreser:__ breitrandiger Hut, nach der italienischen Region Kalabrien benannt

Friedlich neben diesen harmlosen Söhnen der Wildnis treten zwei „Schäferinnen" auf, in weißen grünbekränzten Schäferkleide und den

Schäferstab in der Hand. Ihre äußere Erscheinung ist niedlich, ihren Schäfergesang in der höchsten Fistel aber ersparte man ihnen gern.

Da sind ferner Tiroler und Tirolerinnen, Türken und Kosaken, wandernde Mausfallen-Händler und Kesselflicker, mit den Waren ihres Geschäfts beladen. Ein Schlächtergesell präsentiert die auf seiner Mulde delikat aussehenden Würste, in welche du aber nicht hineinbeißen darfst, denn sie enthalten – Sägespäne.

Bauernweisheiten

Wie wär's, wenn Sie sich jeden Tag eine dieser Bauernweisheiten einprägen?

Treue ist ein selten Wildbret.

Wer im Trockenen sitzt, hat leicht über den Regen lachen.

Wenn jeder vor seiner Tür fegt, wird es überall sauber.

Wenn man einem übel will,
find't man der Axt leicht einen Stiel.

Überfluß bringt Überdruß.

Mit ungleichen Pferden ist übel ackern.

Ungleiche Schüsseln machen scheele Augen.

Wenn die Katze Unglück haben soll,
bleibt ihr die Maus im Halse stecken (Lettland).

Von fremdem Unglück tut der Kopf nicht weh (Litauen).

Wer's Unkraut ein Jahr läßt stehen,
kann sieben Jahre jäten gehen.

Dem Unkraut schadet der Frost nicht (Portugal).

Ein stumpfer Rechen läßt das Unkraut liegen.

Unnütze Hände melken die Ochsen (Unterinntal).

Treue hat Brot, Untreue leidet Not.

Den Vater kennt man an dem Kind,
den Herrn an seinem Hausgesind.

Ein Vater ernährt eher zehn Kinder,
als zehn Kinder eine Vater.

Vaterunser ist der Armen Zinsgut.

Hunde und Verleumder prüfen die Natur von hinten.

Versprochene Beeren füllen die Körbe nicht (Lettland).

Versprochene Eier geh'n hundert auf den Zehnt (Rußland).

Viele Hunde sind des Hasen Tod.

Zu wenig und zu viel ist des Teufels Spiel.

Viele Federn machen ein Bett.

Vögel, die zu früh singen, fängt am Abend die Katze.

Kein Vorteil ohne seinen Nachteil.

Wenn der Wächter nicht wacht, so wacht der Dieb.

Wahrheit ist ein selten Kraut, noch seltner,
wer sie selbst verdaut.

Das Andreasorakel

Victor Lommer (1881)

Der Andreastag (30. November) ist – ähnlich wie der Thomastag (21. Dezember) – der Orakeltag aller Heiratslustigen. Ein Gänserich von weißer Farbe wird an diesem Tage in die Spinnstube geholt und ihm die Augen verbunden. Das Mädchen, vor dem er stehen bleibt, kommt im nächsten Jahre zu Falle. Die Gans ist auch ein Bestandteil der Spinnstubengebräuche. Berchta, Beschützerin der Spinnerinnen, heißt die Gänsfüßige.

__Berchta__ ist eine alte germanische Göttin, identisch mit „Frau Holle".

Aus Sachsen-Anhalt wird folgendes berichtet:

In Brambach deckte das Mädchen in der Andreasnacht den Tisch für zwei Personen. Sie setzte sich daran und sagte:

„Res, Mes, Sankt Andres,
ich bitte dich, laß erscheinen
den Herzallerliebsten meinen,

in seiner Gestalt, in meiner Gewalt,
in seinem Habit, wie er des Sonntags zur Kirche geht."

In Natho trat das Mädchen in der gleichen Nacht vor sein Bett und sprach:

„Bettstatt, ich trete dich,
Heiliger Andreas, ich bitte dich,
meinen Zukünftigen zeige mich."

In dieser Nacht warfen wohl die Dienstboten einen Pantoffel oder einen Schuh in die Stube der Herrschaft. Fiel er mit der Spitze nach der Tür zu, so wurde ihnen, wie sie glaubten, der Dienst gekündigt. Ein Analogieglaube: so wie die Spitze des Schuhes zur Tür zeigt, also geht der Mensch zu Tür hinaus und verläßt das Haus. So versuchten die Menschen immer wieder aus der Ungewißheit des Lebens herauszukommen und die Zukunft zu ergründen.

Eine alte Darstellung des Gänseorakels

Dezember

Landarbeit im Christmonat

Aus dem Lahrer Hinkenden Boten

Man kann alle Samen säen, welche ohne Schaden die Winterkälte vertragen können, als: Ackerbohnen, Erbsen, Gelberüben, Petersilien, Rettich, Salat usw. Man vertilgt die Raupennester. Die Gänse und alles Federvieh muß vor Weihnachten reichlich, hernach aber etwas kärglicher gefüttert werden, damit es zum Eierlegen nicht zu fett werde.

Christmonat ist (neben dem eher heidnischen Julmond) der alte Name des Dezembers.

Barbarabäume in Unterfranken

Aus „Der fränkische Merkur“ (1795)

Die Gewohnheit, am Barbaratag Bäume in die Stube zu stellen, um solche am Weihnachtsabend, zur Freude der Kinder, als ein Christgeschenk, mit allerlei Zuckerwaren und andern zu behängen, oder nach gemeiner Sprache zu putzen, ist meines Wissens in ganz Franken noch stark gebräuchlich. Hier wenigstens sind um diese Zeit wenig Häuser, darin nicht ein solcher Baum steht. Zur Zeit ist es weder gesetzlich, noch strafmäßig verboten. Diese gewöhnlichste Art der Bäume zu diesem Gebrauch sind Weichsel und wilde Kirschenbäume, auch junge Tannen und Fichtenbäume bei geringen Leuten, die sich solche selbst

Bis heute übt man gerne, wenn man sich dabei auch nicht streng an das Datum hält, den Brauch der Barbarazweige.

holen; auch werden Holunderstauden von blauem oder weißem Holunder dazu gebraucht.

Eduard Fentsch schreibt dazu um 1870:

In der Oberpfalz wird am Nikolaustag da und dort der Barbarabaum, ein am Tag der heiligen Barbara abgeschnittenes Weichsel- oder Kastanienreis, das im Wasser aufbewahrt und zur Blüte gebracht wird, an diesem Abend mit etlichem Zuckerzeug und „Leckerln" behangen, den Kindern zu Nutz und Lust.

***Leckerln:** Bonbons, Süßigkeiten*

Der „Klosklomp" im Rheinland

Friedrich Wilhelm Brücker (1895)

Das eigentliche Fest der Kinderbescherung ist St. Nikolaus (6. Dezember). Aus einer Möhre, oft auch aus Holz, wird ein Schuh zurechtgeschnitzelt und die innere Höhlung weidlich mit Hafer versehen, damit das Pferd des heiligen Nikolaus etwas zu fressen findet. Dieser „Klosklomp" wird besonders den Paten ins Haus gebracht. Am andern Morgen, nach einer meist schlaflos verbrachten Nacht, begibt man sich zu den Paten, um zu sehen, „wat Klos gereihe hät". Die strahlenden Kinderaugen wiegen die kleinen Auslagen reichlich auf. Oft erscheint auch der heilige Nikolaus in phantastischem Aufputz mit langem Flachsbart in der Wohnstube, um sich nach dem Verhalten der Kinder zu erkundigen und seine mit Nüssen und Äpfel bespickten Taschen zu entleeren.

***selvs wat kope:** selbst was kaufen*

„Sinter Klos, hellige Maan,
Breng die kleene Kender watt,
Loat die groote loope,
Die könne sech selvs watt kope."

Ein fränkischer Nikolausbrauch

J. Ludovicus Gotofredus (1649)

Vornehmlich aber stehen zwei Heilige bei den Franken in Ehren: St. Martin und St. Nikolaus; zu Ehren des letzteren verrichten sie in den Kirchen an den Altären Gebete, den Martinstag feiern sie im Wirtshaus durch Zechen. Auch Jagdspiele werden aufgeführt; in ein Gehege werden zwei wilde Eber eingesperrt, die aufeinander losstürzen und sich gegenseitig mit ihren Hauern verwunden und zerfleischen: Ein Teil davon fällt dem Volk, das übrige den Behörden zu.

An St. Nikolaus wählen die Schulkinder drei aus ihrer Mitte aus; den einen nennen sie „Bischof", die zwei andern seine Diakone. Der „Bischof" wird von den andern Knaben in die Kirche geführt, und zwar gehüllt in ein Priestergewand, und nimmt so am Gottesdienst teil. Ist dieser vorüber, dann gehen er und seine Diakone, begleitet von einigen anderen Knaben, den sogenannten Akolythen, singend von Haus zu Haus und sammeln Geld; doch sehen sie dies nicht als Almosen, sondern als mildtätige Gabe, auf die der „Bischof" Anspruch hat.

__Akolyth:__ Begleiter; katholischer Kleriker im letzten Grad der niederen Weihen

An St. Nikolaus werden auch die kleinen Kinder schon ans Fasten gewöhnt; damit sie dies um so lieber tun, stecken die Eltern den Kindern heimlich, wenn diese schlafen, ein kleines Geschenk in die Schuhe und sagen dann: „Das hat euch St. Nikolaus gebracht". Dadurch nehmen dann die Kinder das Fasten so ernst, daß man sie nachher zum Essen wieder zwingen muß.

Wetterregeln für den Dezember

Dezember kalt mit Schnee –
niemand sagt oweh!

Wenn's nicht vorwintert,
so wintert's nicht nach.

Dezember warm – daß Gott erbarm.

Dezember kalt mit Schnee, gibt Korn auf jeder Höh'.

Frost und Schnee in der Adventszeit
bringt viel und gutes Wintergetreid'.

Im Dezember sollen Eisblumen blüh'n,
Weihnachten sei nur auf dem Tische grün.

Die Erde muß ihr Bettuch haben,
soll sie der Winterschlummer laben.

Je dunkler es überm Dezemberschnee war,
desto mehr leuchtet Segen im künftigen Jahr.

Natürlich werden etwa gleiche Regeln mal so, mal etwas anders formuliert...

Im Dezember trocken und eingefroren, macht, daß der Weinstock mehr Kälte als ein Fichtenbaum ertragen kann.

Weißer Dezember, viel Kälte darein,
bedeutet, das Jahr soll fruchtbar sein.

So kalt wie im Dezember –
so heiß wird's im Juni.

Donnert's im Dezember gar,
kommt viel Wind im nächsten Jahr.

Viel Wind und Nebel in Dezembertagen
schlechten Frühling und schlechtes Jahr ansagen.

Fließt im Dezember noch der Birkensaft,
dann kriegt der Winter keine Kraft;
bricht der Spatz in Pfützen ein,
wird's ein milder Christmond sein.

Ist's im Dezember kalt,
wird zwar der Winter hart,
doch der Frühling kommt bald.

Je tiefer der Schnee,
desto höher der Klee.

Wenn's nicht recht wintert,
sommert's auch nicht.

Der ganze Winter bleibt ein Kind,
wenn Dezember veränderlich und lind.

Eine gute Decke von Schnee
bringt's Winterkorn in die Höh'.

Ist der Winter warm,
wird der Bauer arm.

Sturm im Dezember und Schnee:
da schreit der Bauer juchheh!

Wie der Dezember pfeift,
so tanzt der Juni.

Soll man den Winter loben,
so muß er frieren und toben.

Ein dunkler Dezember bringt ein gutes Jahr,
ein nasser aber macht's unfruchtbar.

Weht der Dezemberwind aus Ost,
den Kranken bringt er schlechten Trost.

Bringt der Dezember Kält' ins Land,
dann wächst das Korn selbst noch auf Sand.

Nikolausbrauchtum in Baden und anderswo

Elard Hugo Meyer (1900)

Das größte Kinderfest ist noch immer wohl der Mehrzahl der badischen Jugend das St. Nikolausfest, an dem die Paten so freundlichen Anteil nehmen. Der Heilige stellt sich in Rottweil, Grunern und Krozingen, wenn auch nicht in jedem Haus, als Bischof dar. In Wolfach schnitzen sich die Kinder schon 2–3 Wochen vorher ein vierkantiges Stäbchen, das „Klausenhölzle", das Kerbholz, worauf sie täglich die Zahl der gebeteten Vaterunser getreulich einschneiden. Am Vorabend des Klaustages wird das Hölzle vor die Haustür gelegt. Nikolaus riecht dann daran und erfährt dadurch, ob die Kinder auch wirklich so viele Vaterunser gebetet haben, als Einschnitte gemacht sind. Dann tritt er oft selbst mit seiner Bischofsmütze und Rute oder seinem Stabe ein, prüft in Religion, legt je nach dem Ausfall der Prüfung Geschenke ein und scheidet mit der Mahnung zum Gehorsam. Auch in Klein-Laufenburg erscheint er in weißem Gewande und mit weißem Barte, eine Krone auf dem Haupt. Ihn begleitet manchmal der schwarze „Rubelz" mit einer langen eisernen Kette, an die er die bösen Buben anketten soll. In Unterlenzkirch, wo er gleichfalls weißbärtig mit einer Glocke, einem Sack voll Äpfel usw. und einer Rute ins Haus kommt, teilt er nach der Prüfung Geschenke oder Schläge aus. Das Klausenholz wird vor dem Zubettgehen neben eine Schüssel, in die er nachts seine Gaben trägt, auf den Tisch gelegt. Hat das Kind mehr Schnitte gemacht als Vaterunser gebetet, so macht der Heilige das Holz in der Nacht schwarz. Ähnlich bei Überlingen. Überhaupt kehrt das Klausen- oder Betholz (in Grunern und Menzingen), das Sametklaushölzl (in Unteralpfen) durch das ganze Land wieder. Weil St. Nikolaus oft mit einem Esel, der die Gaben trägt, kommt, wie in Holland auf einem Pferd, so wird in Buchholz (Waldkirch) Hafer und Roßmist vors Haus gebracht, damit der abhanden gekommene Hafer und der zurückgebliebene Mist beweisen, daß der Esel wirklich vor der Tür war. In Achdorf (Bonndorf) setzen sie sogar zum Heu Branntwein vors Fenster, in Berau (Bonndorf) zu einem Becken ein Gläschen „Hung" (Honig) und ein Gläschen Schnaps. Nach dem Glauben in Unteralpfen (Waldshut) hat er einen Glaspalast im Bodensee und spricht mit den Eltern auf dem Markt in Waldshut,

Für die Kinder war es geradezu wichtig, daß sie etwas „auf dem Kerbholz hatten"...

„So sprechen die Kinder und drüken sich schnell,
Da zeigt sich vor ihnen ein alter Gesell:
Nur stille Kind! Kinderlein stille!

wo die Marktleute in seine „Wanne“ Geld werfen. In Hugstetten (Freiburg) wohnt St. Nikolaus auf dem Kirchturm und reitet, durch den Hausvater dargestellt, in Aschentuch eingehüllt auf dem Knecht herein, der auf allen Vieren kriechend den Esel macht. Der Pickesel in Mietersheim (Lahr) aber ist ein schwarzer, vermummter Mann, der zum Nikolaustage mit dem gekrönten oder bekränzten Christkind umgeht.

In Öflingen begleitete vor dem Siege des Christbaums den Heiligen außer dem Esel noch ein Büttel. Gewöhnlich hat sich aber der Heilige in einen oft schellenrasselnden Pelznickel oder Pelzbuob (Boizebue) oder Benzenickel d. h. in einen vermummten wilden Mann verwandelt, von Tegernau im Kleinen Wiesental über Hornberg bis ins Unterland und fränkische Bauland hinein, oder in einen Rupelz, z. B. im Kaiserstuhl, im Unter-Bühlertal, in Ober-Harmersbach, oder in einen Knecht Ruprecht in Todtmoos, in Bernau (St. Blasien), oder in einen ebenso weit, von Konstanz und Villingen über Gutach bis ins Unterland verbreiteten Pelzmärte oder Belzmörde (d. h. Pelzmartin), wie denn überhaupt das Martins- und das Nikolausgabenfest an manchen Orten Deutschlands verschmolzen und beide dem Christfest unterlegen sind. So erging es auch den Martins- und Nikolausschmäusen und andern Bräuchen, die auf Weihnachten, bzw. den Stephanstag verlegt wurden.

Büttel: Knecht, auch amtlich bestellter Helfer

Nur an einigen Orten hat sich länger eine über das Kindesalter hinausgreifende Bedeutung des Nikolausfestes erhalten, wie in Reichenbach (Gengenbach), wo man auch die Dienstboten am „Klaustag“ mit Kleidern beschenkte. In den meisten Orten, namentlich in den protestantischen, ist der volkstümliche Heilige vor dem Christkindle in stetem Rückzuge. [...]

Weitverbreitet ist der Brauch, daß ein weißgekleidetes verschleiertes Mädchen als Christkindle, oft vom Pelznickel in furchtbarer Vermummung begleitet, am Christabend die Geschenke der Eltern in die Küche oder eine Nebenstube legt oder selber den Kindern überreicht, oder es kommt mit einem Mädchen oder Burschen, die, mit einem Aschen- oder Leintuch über einer Heugabel bedeckt, einen Esel, in Fußbach (Offenburg), „Eselsbock“ genannt, darstellen sollen, oder es hat wenigstens eine Rute bei sich. Die Weißgekleidete läßt die Kleinen beten und singen, auf den Esel müssen die bösen sitzen und bekommen die Rute, so in Tiefenbach (Eppingen). In Unzhurst (Bühl) reitet sie auf einem

Esel und kommt, wie man sagt, vom Gebirge und vom Himmel her. In Häg im Wiesental hat das Christkindle sogar ein eselbespanntes Wägelchen, dem man vielfach abends vor dem Haus den Weg bahnt, eine Stiege zum Fenster, hinter dem der Gabenteller steht, erbaut und Futter richtet. In der Bruchsaler und Brettener Gegend legt man abends vor die Haustür oder häufiger auf den Mist ein Bündel Heu, das am Christmorgen dem Vieh zum Fressen gegeben wird.

Um Bamberg kam um 1850 vor Weihnachten die eiserne Bertha und nach Weihnachten der Hel-Niclos, ein in Erbsenstroh gehülltes Schreckbild, das aber Äpfel spendete. In Untersteiermark läßt zu Weihnachten die Pudelmutter oder Perchte die Kinder beten und schlägt sie mit der Rute oder schenkt ihnen Nüsse, Äpfel, auch kleines Geld. In den 60er Jahren ging am Weihnachtsvorabend in den Straßen und Häusern der auch in Thüringen bekannte Erbsenbär mit Schellen verziert herum.

Nicht nur in Holland, sondern auch in manchen norddeutschen Landschaften stellte man sich Nikolaus zu Pferde vor …

Wetterregeln für die Lostage im Dezember

Neben dem Nikolaus- und dem Weihnachtsfest, dessen zweiter Feiertag dem heiligen Stephan geweiht ist, sind im Dezember Lostage der 1. (Eligius), der 2. (Bibiana), der 4. (Barbara), der 13. (Luzia), der 21. (Thomas), der Tag der unschuldigen Kinder am 28. und schließlich Silvester als Beschluß des Jahres.

Barbara, eine der beliebtesten Heiligen, zählt zu den Vierzehn Nothelfern und ist Patronin für viele Gewerbe; Luzia trat vielfach an die Stelle einer germanischen Lichtgöttin, und in Schweden symbolisiert die „Luzienbraut" noch heute das Licht, das nun wieder die Dunkelheit verdrängt.

Fällt auf Eligius ein starker Wintertag,
die Kälte leicht vier Monat' dauern mag.

Regnet's an Bibianas Tag,
regnet's vierzig Tage und eine Woche danach.

Auf Barbara die Sonne weicht,
auf Luzia sie wieder herschleicht.

St. Barbara soll Blütenknospen zeigen.

Geht Barbara im Klee,
kommt's Christkind im Schnee.

Regnet es an Nikolaus,
wird der Winter streng und graus.

Kommt die heilige Luzia – findet sie schon Kälte da.

Wenn Luziä die Gans geht im Dreck,
so geht sie am Christtag auf Eis.

Wenn St. Thomas dunkel war,
gibt's ein schönes neues Jahr.

Friert's am kürzesten Tage,
ist's immer eine Plage.

Am Thomastag wächst
der Tag um einen Hahnenschritt.

Ist gelind der heil'ge Christ,
der Winter drüber wütend ist.

Der Thomastag ist der kürzeste Tag des Jahres.

Grüne Weihnachten, weiße Ostern.

Steckt die Krähe zu Weihnachten im Klee,
sitzt sie zu Ostern oft im Schnee.

Hängt zur Weihnacht Eis von den Weiden,
kannst du zu Ostern Palmen schneiden.

Offiziell gedenkt man am 24. 12. der Ureltern Adam und Eva.

Im Kirchenkalender ist der zweite Weihnachtsfeiertag Stephanus, dem ersten Märtyrer, gewidmet. Manchenorts, so etwa im mittelfränkischen Hopfenort Spalt, finden am Gedenktag des Heiligen auch Stephansritte statt.

Je dicker das Eis um Weihnacht liegt,
je zeitiger der Bauer Frühling kriegt.

Wenn Christkindlein Regen weint,
vier Wochen keine Sonne scheint.

Ist Weihnachten hell und klar,
hofft man auf ein fruchtbar Jahr.

Ist's windig in den Weihnachtstagen,
sollen die Bäume viel Früchte tagen.

Wenn's auf Weihnacht ist gelind,
sich noch viele Kält' einfindt.

Weihnachten naß,
gibt leere Speicher und Faß.

Vom Eise eine Brücke muß
zu Weihnachten haben Bach und Fluß.

Finstere Metten, lichte Scheune;
helle Metten, dunkle Scheune.

Ist's in der Heiligen Nacht hell und klar,
so gibt's ein segenreiches Jahr.

Wie's Adam und Eva spend't,
bleibt das Wetter bis zum (Jahres)-End'.

Weihnachten klar, gutes Weinjahr.

Scheint am Stephanstag die Sonne,
so gerät der Flachs zur Wonne.

Am Stephanstag muß es windstill sein,
sonst fällt die Hoffnung auf den Wein.

Wind in St. Silvesters Nacht,
hat nie Wein und Korn gebracht.

Bringt Sankt Stephan Wind,
die Winzer wenig glücklich sind.

Haben's die unschuldigen Kindlein kalt,
so weicht der Frost noch nicht so bald.

Silvesterwind und warme Sonnen
wirft jede Hoffnung in den Bronnen.

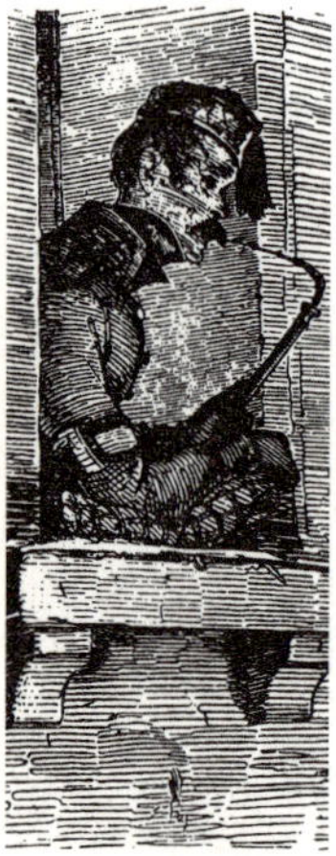

Von der Anklopfet

Aus „Nördlingische Wöchentliche Nachrichten“ (1766)

Die Anklopfet oder „das Klöpfeln“, von dem auch die Klöpflesnächte ihren Namen haben und für das der nebenstehende Bericht auch den Ursprung schildert, war auch anderweitig weit verbreitet.

Die Feierlichkeit dieses Tages ist zwar im Kalender nicht angezeigt; auch in unserer Stadt völlig aufgehoben, so daß wenige mehr den eigentlichen Tag wissen; auf dem Lande hingegen ermangeln die häufigen Bettelscharen nicht, jedweden Hauswirt an dieses Altertum zu mahnen, ohne es ganz sich verjähren zu lassen. Es ist dieses jederzeit der Donnerstag vor dem vierten Adventssonntag, der diesmal auf den 18. Dezember gefallen ist. Die Bettler, die sich in den beiden vorigen Adventswochen schon einmal gemeldet haben, nennen dieses die dritte und letzte Anklopfet. Wir wollen mit Wenigem den Ursprung dieser Gewohnheit aufsuchen. Die ganze heilige Adventszeit ist von den gottseligen Alten zur würdigen Vorbereitung auf das Christfest ausgesetzt worden, so wie die Passionszeit eine Vorbereitung auf das Osterfest sein sollte. Wie man von Mitfasten bis Ostern 25 Tage zählt: so zählen wir heuer, da der Sonntagsbuchstabe keine Änderung macht, gerade auch 25 Tage von Advent zu Weihnachten. Übers Jahr werden zwar 26 Tage herauskommen; sie steigen aber nie auf vier volle Wochen, oder 28 Tage. Diese Vorbereitung bestünde vornämlich im Fasten, daher jene Zeit der Osterfaste, und diese die Christfaste hieß. Was aber diese vierwöchentliche Christfaste anbetrifft, so ist, vielleicht um der strengen Kälte willen, in der ersten Mainzer Kirchversammlung beschlossen worden, daß die Fasten nur in der letzten Woche vor dem Christfest gesperrt sein sollte. Die Faste ging also ordentlich mit dem gemeinen Wochenfasttag (Freitag) an, und daher mag es gekommen sein, daß die Anklopfet auf keinen eigentlichen Monatstag, sondern auf einen unveränderlichen Wochentag in der dritten Adventswoche (Donnerstag) gesetzt worden. Gleichwie nun von jeher üblich, aber niemals löblich gewesen, daß man den letzten Tag vor der traurigen Fastenzeit sich noch zu guter Labung recht lustig machte, welches unsere sogenannte Fastnacht nicht ohne Bedeutung hat: so hat man sich auch vor der Christfaste noch geletzet.

Wenn es daher den Feiertagen zuging: so gab man den Armen jedes Orts die besondere Freiheit, vor den Türen ihrer wohlhabenden Mitbürger anzuklopfen, und auf die Feiertage Brot einzusammeln. In Augsburg und anderswo geht man noch mit einem Hämmerlein vor den Türen herum. [...]

Hieraus entstand eine allgemeine Backerei und Nascherei, als das zweite, was zu dieses Tages Feier gehört hat. Man gab jedem, der kam, und unter dem Schein, den Kindern eine Freude zu machen, behagte es den Alten.

Ein böhmischer Adventsbrauch

Theodor Vernaleken (1873)

Warnsdorf ist heute Grenzort zwischen der Tschechischen Republik und Sachsen.

In Warnsdorf bei Rumburg besteht wie in vielen anderen Ortschaften Böhmens der Brauch, daß während der Adventszeit zehn- bis zwölfjährige Kinder, den heiligen Christ und dessen Begleiter vorstellend, des Abends die Häuser des Dorfes besuchen. Sie vereinigen sich zu Gesellschaften, deren jede wenigstens aus fünf Mitgliedern bestehen muß. Jedem wird eine bestimmte Rolle zugeteilt; der eine stellt den heiligen Christ, der andere den heiligen Nikolaus, der dritte den heiligen Petrus, der vierte einen Engel und der fünfte den Ruprecht vor. Die Verkleidung der Kinder ist einfach. Sie wandern von Haus zu Haus und an die Fenster klopfend fragen sie: „Darf der heilige Christ hineinkommen?“ Wird ihnen mit einem „Ja!“ geantwortet, so geht zuerst derjenige in die Stube, der den Engel vorstellt, und spricht:

„Vom hohen Himmel kommen wir her
Und bringen von dort viel Neues euch her:
Der heilige Christ steht vor der Tür.
O heiliger Christ, komm doch herein!
Der Stuhl wird dir schon bereitet sein."

Der heilige Christ tritt nun in die Stube. Er zeichnet sich von den übrigen dadurch aus, daß er eine Krone von Goldpapier auf dem Kopf und ein Körbchen, mit Nüssen gefüllt, am Arm trägt ...

Nacheinander sprechen oder singen auch die andern ihre Texte, die hier aus Platzgründen entfallen müssen; die Kinder in der Stube werden vom Ruprecht ermahnt, vom „heiligen Christ“ mit Nüssen belohnt, und dann ziehen die fünf, mit ein paar Kreuzern beschenkt, weiter.

In der Luziennacht

Otto von Reinsberg-Düringsfeld (1898)

Da der Name der heiligen Luzia, welcher aus lux, Licht entstanden sein soll, dem der heidnischen Perchta, Lichte, entspricht, so ist es natürlich, daß die Heilige im Volksglauben viele Züge der alten Göttin angenommen hat. Deshalb bringt auch in Tirol die Luzia ganz ebenso den Mädchen die Bescherungen, wie der heilige Nikolaus den Knaben; bei Meran schneidet man, wie anderwärts am Barbaratag (4. Dezember), so am Luziatage Kirschzweige ab, um sie hinter den Ofen ins Wasser zu stellen, wo sie dann am Christtag blühen, und namentlich in Mank in Niederösterreich fürchtet man sich vor der Luziennacht, wo man den Zaubersprüchen und Hexenflüchen ausgesetzt ist, ohne daß geweihte Gegenstände, wie sonst, davor einen wirkungsvoll schützen könnten.

Im Böhmerwalde geht am Vorabend des 12. Dezember die Luzia umher, welche die Kinder zum Beten ermahnt und an gute Obst verteilt, schlimmen aber droht, ihnen den Bauch aufzuschlitzen und Stroh und Kieselsteine hineinlegen zu wollen. Gewöhnlich zeigt sie sich als Ziege mit übergebreitetem Bettuch und durchstehenden Hörnern, von einer Art Nikolo geführt.

Teils um die heilige Luzie zu verehren, teils um den Haß der Hexen sich nicht zuzuziehen, wird in den Spinnstuben, sobald es Abend ist, nicht mehr gearbeitet. Denn wagte es eine Magd, bis spät in die Nacht am Rocken zu sitzen und die Spindel zu drehen, würden ihr gewiß tags darauf sämtliche Spindeln verdreht, die Fäden zerrissen und das Garn in Verwirrung sein.

Hat die Hausfrau mit den dazu versammelten Kindern und Mägden das Abendgebet verrichtet, welches heute länger als gewöhnlich dauert, da um besonderen Schutz für die Nacht gebetet wird, nimmt sie Judenkohle (eine Kohle von dem am Ostersamstag verbrannten geweihten Holze), Weihrauch und Holz vom Schlehenstrauch, legt alles in eine eiserne Räucherpfanne, zündet es an und geht betend dem ganzen Gesinde voran durch alle Räume des Hauses, indem sie vom Kuhstall

angefangen bis zum Wohnzimmer alles „ausraucht“. Bei diesem Zuge spricht jeder nach einem Vaterunser den Spruch:

Voarn Drudendruga, Hegsnhoagsen,
Daifslbroazen, Zauwrafoagsen
B'schitz mich d' halche Luzie,
Bis ich muaring fruh oafsteh!

Wie schon erwähnt, verband sich die Gestalt der heiligen Luzia, die um 304 in Syrakus den Martertod erlitt und dort, aber auch in anderen italienischen und spanischen Städten als Patronin verehrt wird, bei uns mit einer germanischen Lichtgöttin.

(Vor Drudendrücken, Hexenfüßen, Teufelspfoten, Zaubersmachwerk, beschütz' mich, heilige Luzie, bis ich morgen früh aufsteh!) und hat wohl acht, nichts fallen zu lassen oder gar zu verlieren, indem es sonst in der Folge stets Mangel daran haben würde.

Nach dem Zuge betet man abermals, und geht dann zu Bett, macht aber, ehe man ins Bett steigt, mit dem linken Fuße ein Kreuz, damit keine Hexe zum Bett heranschleichen könne.

Kaum ist jedoch Mitternacht vorüber, so gehen die Dirnen, ein Messer oder „Schnitzer“ im Busen verborgen, an einen Bach, wo Weiden stehen, schneiden die Rinde eines Weidenbaumes an der Sonnenseite nach aufwärts halb weg, machen das Luzienkreuz (zwei oder drei schräg liegende römische Zehnen) auf die innere Seite des Schnittes, und befeuchten es mit Wasser aus dem Bache, legen dann den oberen Teil des Schnittes wieder um, und befestigen ihn und eilen so schnell als möglich wieder zurück. Denn alles muß zwischen 11 und 1 Uhr geschehen. Verspätet sich die Dirne, findet man sie am nächsten Morgen tot unter dem Baume. Am Neujahrstag wird der Schnitt aufgemacht, und aus den rätselhaften Zeichnungen die Zukunft vorhergesagt.

Die Burschen dagegen legen sich nach 11 Uhr an einen versteckten Ort, meist auf den Heuboden, und warten dort Mitternacht ab, wo sich der Luzieschein zeigen soll. Dies ist ein zitterndes Licht, das sich langsam über Dächer und Häuser bewegt und verschiedene Gestalten annimmt, aber nur für gewisse Leute sichtbar ist. Ein Bauer sah einst dieses Licht über dem Hause seines Schwiegervaters auftauchen, wo es sich in einen Kranz und dann in einen Totenkopf verwandelte. Bald darauf heiratete er und verlor seine Schwiegermutter, seitdem sah er das Luzielicht nie wieder. Schläft aber ein Bursche, der den Luzieschein sehen will, während der Zeit ein, so rächt sich die heilige Luzie an ihm, indem sie ihn durch Krankheit und anderes Unglück bestraft.

Allerlei Aberglauben am Thomastag

Ignaz Zingerle (1857)

Wenn man am Vorabend des Thomastages in Österreich nach dem Zeltenbacken am Backofen horcht, so hört man in demselben beten oder weinen, singen oder pfeifen. Hört man das erstere, so wird man im Laufe des Jahres sterben, hört man singen oder pfeifen, so wird man gesund bleiben und Freuden erleben (Unterinntal).

Der Gedenktag des Apostels Thomas war bis 1969 der 21. Dezember; dann wurde er offiziell auf den 3. Juli verlegt.

Am Thomastag abends ist das Schuhwerfen üblich. Man setzt sich auf dem Boden eines Zimmers nieder und wirft die Schuhe von den Füßen weg, rücklings über sich gegen die Tür. Schauen die Schuhspitzen gegen die Tür, so wird man aus dem Hause kommen, sind sie von der Tür weggewandt, so hat man noch ein Jahr im Hause zu bleiben (Unterinntal).

Die Mädchen schreiben Buchstaben auf einzelne Zettel und legen sie unter das Kopfkissen. Welchen Buchstaben eine in der Nacht hervorzieht, mit dem beginnt der Name ihres künftigen Bräutigams (bei Hall).

Der Brauch des Schuhwerfens – eine alte Illustration

Liegt am Thomastag mittags der Nebel auf den Gebirgskämmen, so sterben im folgenden Jahr viele Leute aus den höheren Ständen; liegt der Nebel im Tale, so sterben viele arme Leute (Pradl bei Innsbruck).

In der Thomasnacht soll man Blei in ein mit Wasser gefülltes Gefäß gießen. Die dadurch entstandenen Figuren zeigen, was der Gießer werden, oder wie sein Lieb gestaltet sein wird (Wipptal, Inntal).

Christkindchen wiegen

Johann Georg Landau

Ein soviel mir bekannt sonst nicht vorkommender Brauch, dessen schon in der Mitte des sechzehnten Jahrhunderts gedacht wird, besteht im Waldeckischen noch bis heute in Wildungen und Korbach. Am Abend vor Christtag steigen die jungen Leute auf die Umgänge der Kirchtürme und lassen unter Musik und Gesang und helle papierne Laternen schwingend eine Menge Lichter durch die dunkle Nacht leuchten. Man nennt das „das Christkindchen wiegen". Ebenso findet dort auf einzelnen Dörfern in der Christnacht das sogenannte Beiern statt. Man setzt nämlich den Glockenklöpfel nach einem bestimmten Takte mit der Hand in Bewegung und erzeugt dadurch ein eigentümliches Geläute, eine Sitte, die früher auch anderwärts in Übung war.

Allgemeine Wetterregeln

Wenn eine Amsel im Haus,
so bleibt der Blitz daraus.

Wenn es blitzt von Westen her,
deutet's auf Gewitter schwer;
kommt vom Norden her der Blitz,
deutet es auf große Hitz'.

Wenn Ostwind lange weht,
ein teuer Jahr entsteht.

Wenn es regnet und die Hühner
treten unter, so regnet es fort;
bleiben sie aber im Freien,
so hört es bald wieder auf.

Wenn Gott will, regnet es bei jedem Winde.

Wenn nach Sonnenuntergang ein dicker Nebel über Flüssen, Bächen, Wiesen liegt, deutet's auf anhaltend gutes Wetter.

Wenn's auf den trocknen Boden donnert,
dann blüht eine Hitz',
und wenn's auf den nassen Boden donnert,
so blüht ein Regen.

Mit „Wenn..." beginnen die meisten Wetterregeln ... Wen wundert's!

Wenn's viel donnert und blitzt,
wenig Korn am Buchweizen sitzt.

Wenn's viel Eicheln gibt,
fällt um Weihnacht viel Schnee.

Wenn Schäfchen am Himmel stehen,
kann man ohne Schirm spazieren gehen.

Wenn sich die Schafe auf der Weide mit den Köpfen zusammenstellen, folgt Gewitter.

Wer auf jede Wolke acht hat,
versteht sich wohl aufs Wetter.

Wer im Heuet nicht gabelt,
in der Ernt' nicht zabelt,
im Herbst nicht früh aufsteht,
der schau' wie's ihm im Winter geht.

Wer nicht geht mit dem Rechen,
wenn die Fliegen und Bremsen stechen,
muß im Winter gehn mit dem Strohseil
und fragen: Hat niemand Heu feil?

Wenn Gott es nicht regnen läßt, so läßt er es tauen.

Wenn der Kohl gerät, verdirbt das Heu.

Wetter, die langsam ziehen, schlagen am schwersten.

Wie der Hirsch in die Brunft tritt,
so tritt er wieder heraus.

Wie der Hollunder blüht,
so blüht auch der Wein.

Wie viel Tage vom ersten Schnee bis zum Neumond fallen,
so oft soll im Winter das Wetter auftauen.

Wind aus Ost,
bringt den Kranken schlechten Trost.

Wind vom Niedergang
ist Regens Anfang;
Wind vom Aufgang,
schönen Wetters Anfang.

Weihnachtsbrauch im Spessart

Valentin Pfeifer (1934)

Gerade heute sind die Christmetten oft überfüllt, weil auch Leute, die normalerweise dem sonntäglichen Gottesdienst fernbleiben, in dieser Nacht doch das Bedürfnis zum Messebesuch haben.

Dem Erwachsenen galt der Besuch der Christmette als strenges Gebot. Wer dieses verschlief, wurde von unsichtbaren Mächten aus dem Bette geworfen. Einer freilich durfte daheim bleiben und das „Haus hüten". Er führte ehemals im Kahlgrunde während des Mettegottesdienstes die Kühe um das Gehöfte. Dann gab's im folgenden Jahre reichen Kälbersegen. Noch ein anderer Brauch erstand aus dem Glauben an die Wunderkraft der Christnacht. In Faulbach, Schollbrunn (Amt Marktheidenfeld), ferner in Sommerau (Amt Obernburg) legte man Schweinefett und Salz ins Freie und gab später von solchem Gewürz und Fett den täglichen Mahlzeiten bei. Die Essenden erfreuten sich dann ungestörter Gesundheit. Eine Frau sagte mir, daß ihr das Weihnachtsfett nie ausginge. Früher wurden auch um elf Uhr in der Weihnacht Heu und Stroh in den Garten gelegt und hierauf vom Bauer in kleinen Rationen unters Viehfutter gemengt. So blühte der Viehstand in bester Weise, und weder eine Seuche noch sonstiges Unglück wagten sich in den Stall. Gleich dem Christnachtsfett enthielten auch die Ostern- und Pfingstbutter besondere Kräfte.

An Weihnachten gaben zwölf mit Salz bestreute Zwiebelschalen das Wetter für die folgenden zwölf Monate kund.

Heiligabend bei den sächsischen Bergleuten

Christian Gottlob Wild (um 1809)

***Spekulativ:** nachdenklich, erfindungsreich; **illuminieren:** beleuchten, auch bestätigen*

Während der ganzen Adventszeit arbeitet und schnitzt der fleißige und spekulative Bergmann an allerlei mechanischen Spielereien, welche meistenteils allerlei Modelle des Bergbaues sind und ihm manchen Schweißtropfen kosten. Diese illuminiert er zur Freude seiner Familie am Heiligen Abend. So findet man hölzerne Steiger, in deren Bauche man ein ganzes, wohllöbliches Bergamt mit den Köpfen nickend Session halten sieht, und 4–5 Stock hoche Pyramiden, wo man das ganze Bergbauwesen, auch die Eisenhämmer, Wasserkünste in völligem Gange sieht.

Aber der Heilige Abend selbst, wie illuminiert wird er gefeiert. Zu dieser Zeit hat es mir vorzüglich in Schneeberg gefallen, wo man abends auf dem sogenannten Gebirge hinter Neustädtel und auf den Mühlberge fast alle Häuser an den Fenstern sehr hell erleuchtet sieht, welches in dem Dunkel der Nacht sehr schön in die Augen fällt. Dazwischen tönt immer ein beständiges Lärmen und Singen, auch die Bergsänger gehen des Abends mit Stangen, Laternen und Zithern herum und singen allerlei Bergmannslieder. Die gewöhnlichen Speisen am Heiligen Abend sind Semmelmilch, Hering mit Milchbrei oder mit Äpfelsalat, oder Sauerkraut mit Wurst, wobei das Gläschen Schnaps nicht fehlen darf. Zu dieser Mahlzeit brennt ein großes, bunt bemaltes Licht, auf welchem oft Name und Jahreszahl zu sehen ist oder ein Spruch.

Das Ehrenknallen am St. Stephanstag

Anton Birlinger (1861)

In den zwischen der Echaz und Steinlach (zwischen Tübingen und Reutlingen) liegenden Ortschaften ist am Stephanstag der Dienstbotenwechsel. Ist ein Knecht mit seinem Bauer gut ausgekommen, hat er sich wohl gehalten, ist er ein guter Kamerad den andern gewesen und kommt in einen Dienst wiederum, so holen ihn seine Kameraden, jeder mit einer Peitsche mit seidenen Bändern geziert, ab und begeben sich an einen freien Platz des Fleckens. Daselbst stellen sie sich im Kreise auf und beginnen ganz taktmäßig zu knallen in Gegenwart des ganzen Volkes. So geschieht es an mehreren Plätzen des Orts. Nach diesem wird der Knecht in seinen neuen Dienst begleitet unter Knallen, wobei er selbst auch mitknallt. Ist das Diensthaus in einem andern Ort, so begleiten ihn seine Kameraden nach stattgehabtem Ehrenknallen im Heimatort auch über Feld in aller Ruhe, feierlich-ernst, und führen, im fremden Ort angekommen, das Ehrenknallen ebenso wieder auf. Dieses Fest wird jedesmal erst nach schultheißenamtlicher Erlaubnis abgehalten.

Schwäbischer Johannisbrauch

Ernst Meier (1852)

Für den 27. Dezember, den Namenstag des Evangelisten Johannes, Lieblingsjüngers Christi, ist kaum Brauchtum überliefert; früher wechselten an diesem Tag auch Mägde und Knechte ihre Stellung.

Am 27. Dezember, am Tage Johannis des Evangelisten, wird in katholischen Gemeinden der Wein geweiht und teils in der Kirche, teils zu Haus getrunken. Jeder bringt ein beliebtes Maß Wein mit in die Kirche; der Pfarrer spricht etwa: „Trinkt aus diesem Kelch wahre christliche Bruderliebe!“ Den Rest verteilt man daheim unter alle Hausgenossen. Dieser „Johannissegen“ schützt die Trinkenden vor allem Schaden, ebenso wie Johannes beschützt ward, als die Heiden ihm vergifteten Wein vorsetzten. Er machte bloß das Zeichen des heiligen Kreuzes darüber, worauf eine Schlange aus dem Weine fuhr, den er alsdann ohne Schaden trank. In Friedingen an der Donau hat man das Sprichwort:

„An Santi Hans Seaga
Ist älles gleaga."

Bauernweisheiten

In die Angel der Wahrheit beißen nur kleine Karpfen,
mit dem Netz der Lüge aber fischt man große Lachse
(Lettland).

Das beste Wappen in der Welt
das ist der Pflug im Ackerfeld.

Wer sich auf die Welt verlaßt,
hat den Aal am Schwanz gefaßt.

Wer sich nicht kann wehren, wird sich nicht lang nähren.

Fremde Weidegründe sehen immer fetter aus
als die eigenen (Bulgarien)

Nimm der Wein den Kopf dir ein,
sind auch die Füße nicht mehr dein.

Die Welt wäre schon gut,
wenn nur die Leute was nutz wären.

So geht es in der Welt: der eine hat den Dill,
der andere die Gurken (Rußland).

Willig Pferd soll man nicht spornen.

Was man mit wenigem kann schlichten,
soll man mit vielem nicht verrichten.

Wer allzeit auf den Wind will sehen,
der wird nicht säen und nicht mähen.

Der Witwer findet leicht ein Weib,
aber die Waisen finden schwer eine Mutter.

Von Müllers Henn' und Witwers Magd
ward selten Hungersnot geklagt.

Der Wolf ändert das Haar und bleibt, wie er war.

Der Wolf ist immer bereit,
sich ohne Lohn als Schäfer zu verdingen (Rußland).

Mit Zank und Streit kommt man nicht weit.

Goldner Zaum macht's Pferd nicht besser.

Während ihrer zwei zanken um ein Ei,
steckt's der dritte bei.

Was nützt der Zaun, wenn die Tür ist offen?

Zeit macht aus einem Gerstenkorn eine Kanne Bier
(Lettland).

Die Zeit hat starke Zähne (Norwegen).

Zertritt den Dorn nur, wenn du Schuhe trägst.

Dampfbad und Zwiebel heilen jedes Übel.

Ob Lettland oder Bulgarien, Rußland oder Norwegen: das Leben der Bauern war überall gleich, und das galt auch für die Erfahrungen, die sie in solchen Weisheiten weitergeben konnten.

Der Pfefferleins- oder Fitzelstag

Philipp Ernst Spieß (um 1780)

Der „Tag der unschuldigen Kinder" am 28. 12. dient der Erinnerung an den bethlehemitischen Kindermord des Herodes, mit dem er auf die Weissagung der Heiligen Drei Könige reagierte.

Der unschuldige Kindleinstag wird an manchen Orten auch der Pfefferleins- oder Fitzelstag genannt. In Franken ist der Gebrauch, daß die Eltern von den Kindern gefitzelt werden. Ees ist auch kein Unterschied in Ansehung der Religion, sondern das Fitzeln ist bei den Protestanten ebenso üblich wie bei den Katholiken. Die Ruten werden von solchen Gewächsen gebunden, welche um diese Jahreszeit noch grün sind, oder es werden auch nur einzelne Zweige von Buchsbaum, Rosmarin, Lorbeer, Pomeranzen etc. etc. genommen und damit gefitzelt. Indem man fitzelt, welches gemeiniglich auf die Hände geschieht, so spricht man dazu: „Schmeckt der Pfeffer gut? Schmeckt der Pfeffer gut? oder auch: „Ist das Pfefferleinsbrot gut? Ist's gesalzen? Ist's geschmalzen?" Das Bauernvolk hat an manchen Orten ein besonderes Reimsprüchlein beim Fitzeln, welches also lautet:

Frischa, Frischa, gruna	Frische, frische, grüne
Solltmer olsig lona,	Sollt mir jetzo lohnen,
Pfeffernüß und Brondawei	Pfeffernüß und Brandtewein
Und an ganzen Dohler drei	Und einen ganzen Taler darein,
Getmer olsig müt.	Gebt mir ihn gleich mit.

Andernorts findet dieses Fitzeln, wie Eduard Fentsch (siehe unsere Beiträge) überliefert, am Stefanstage statt.

Man gibt hierauf den Kindern einen sogenannten Fitzelslohn an Geld oder Eßwaren. Es fitzeln auch erwachsene Personen einander, besonders Eheleute, Anverwandte und Bekannte vornehmen und niederen Standes. Zuweilen wird auch das persönliche Fitzeln vornehmlich von Personen höheren Stands unterlassen und nur eine schöne Fitzelsrute überschickt, zum Zeichen, daß man aneinander denke.

An manchen Orten wird umgewechselt und am unschuldigen Kindleinstag das weibliche Geschlecht von dem männlichen, an dem Neujahrstag aber das männliche vom weiblichen gefitzelt.

Die Zwölf Nächte

Eugen Mogk (um 1880)

Die Tage am Schlusse des Jahres waren unseren Vorfahren Geistertage, und an ihnen fand das große Totenfest statt. Wir nennen diese Tage die Zeit der Zwölf Nächte. Diesen Ausdruck hat uns die Kirche aus Griechenland über Rom gebracht und bezeichnete damit die Zeit zwischen dem Jesusgeburts- und Erscheinungsfeste. Unser Volk nennt diese Tage

Das Turmblasen (Abbildung gegenüber) fand manchenorts an Weihnachten, andernorts an Silvester statt.

im Vogtlande „Unternächte", d. h. Zwischennächte, vom Erzgebirge bis in die Lausitz Lostage, d. i. Schicksalstage. Diese Tage sind im Volksglauben die wichtigsten des ganzen Jahres. Und was das Volk an ihnen denkt und tut, hängt mehr oder weniger mit altem Seelenglauben zusammen. An ihnen braust der wilde Jäger mit seinem Gefolge vor allem durch die Lüfte, an ihnen erscheint Frau Holle den Kindern oder bestraft Frau Perchta die faulen Spinnerinnen, an ihnen werden drei Kreuze an Stall und Tor angebracht, damit die herumziehenden Hexen Menschen und Tier nicht schaden. In dieser Zeit läßt man vielenorts auch Speise auf dem Tisch während der Nacht stehen, damit die Abgeschiedenen davon genießen können. In der Annaberger Gegend reinigte man sogar die Tenne in der Scheune, damit die Geister in der Mitternacht des Christfestes dort tanzen oder ihre Mette abhalten könnten. Ihnen zu Ehren werden auch gewisse Speisen genossen, von denen sie natürlich ihren Anteil erhalten.

Ganz besonders sind aber die Zwölf Nächte die Tage der Weissagung und geben sich auch dadurch als echte Geistertage kund. Die Seelen der Abgeschiedenen sind es, die nach altgermanischem Glauben die Zukunft der Menschen vorauswissen und die sie diesen mitteilen können. Es ist daher vieler Menschen Streben, die Sprache der Geister zu verstehen. Das weibliche Geschlecht, alte Frauen wie junge Mädchen, strebt vor allem danach. Durch den Zauber vermögen sie die Geister zu locken und sie zu zwingen, ihnen Rede und Antwort zu stehen. Die Weissagungen wurden daher einest in erster Linie bei Todesfällen und in den Tagen der Geisterumzüge getrieben. Heute ist dieses alte Fragen nach dem Schicksal zum unschuldigen Zeitvertreib junger Mädchen und der Kinder geworden, das besonders am Andreas-, Christ- und Silvesterabend die Stunden kürzt. Bald wird aus einem Erbschlüssel Blei gegossen, bald werden Apfelschalen oder Partoffeln geworfen, bald Tonkügelchen mit beschriebenen Zetteln ins Wasser geworfen, bald Nußschalen mit brennenden Lichtern auf das Wasser gesetzt und anderes mehr. Nicht wie einst will man heute bei solchen Versuchen die Summe der Ereignisse des künftigen Jahres erfahren, sondern es herrscht in diesen Schicksalsfragen eine gewisse Einseitigkeit: ob man sich im nächsten Jahre verheiraten werde und was der Geliebte seinem

*Ein **Erbschlüssel** war ein großer, alter Schlüssel, der wirklich ererbt sein mußte und auch beim Ermitteln von Übeltätern wirksam sein sollte.*

Ehre sey Gott in der Höhe
Friede auf Erden.
A. GABER.

Berufe nach ist, das ist in der Regel der Angelpunkt dieser Schicksalsfragen. Zuweilen freilich sucht man auch zu erkunden, ob man das nächste Jahr am Leben bleiben, ob man den Aufenthaltsort ändern, ob man Glück oder Unglück haben werde. Die Orakelfragen der Männer schwinden jetzt mehr und mehr bei unserem Volk. Kaum daß man noch hier und da am Silvesterabend zwölf Näpfchen mit Salz auf den Tisch stellt, um zu erfahren, welches die feuchten und die trockenen Monate des neuen Jahres sein werden.

Der Silvesterkönig

Theodor Vernaleken (1859)

Der durch sein Fest am letzten Tag des Jahres volkstümlich gewordene Silvester war Bischof von Rom; in seiner Amtszeit (314 - 335) wurde das Christentum Staaatsreligion.

Am Silvesterabend ist in Niederösterreich das Bleigießen, Losen, Holz- und Schuhwerfen im Gebrauch, und zwar wird es eifriger getrieben als in den übrigen heiligen Nächten. An diesem Abend wird in Mank und anderwärts der Silvesterkönig gekrönt. Dem tölpelhaftesten aus dem Hausgesinde wird ein Strohkranz aufgelegt und ein Strohbüschel in die Hand gegeben. Die übrigen jagen dann den Silvesterkönig mit einer aus Stroh geflochtenen Peitsche durch Tür und Tor. Er muß so lange vor der Tür stehen, bis sich die jüngste Dirne seiner annimmt und ihn hereinführt. Diese Dirne ist nun das Haupt des Gesindes für das kommende Jahr.

Register

Adam und Eva (24. 12.) 286
Advent 287/88
Aequinoctium 73
Afra (7. 8.) 184, 197
Agathe (5. 2.) 34, 43
Ägidius (1. 9.) 218
Alexius (17.7.) 171
Allerheiligen (1. 11.) 253, 256
Allerseelen (2. 11.) 253, 254
Almabtrieb 247
Alpfahrt 134
Ambrosius (4.4.) 104
Andreas (30. 11.) 257, 276
Anklopfet 287
Anna (26.7.) 169, 172
Antonius (v. Padua, 13. 6.) 141
Antonius Eins. (17. 1.) 15, 22
Apollinaris (23. 7.)
Apollonia (9. 2.) 43
Aprilschicken 86
Aschenbraut 70
Aschermittwoch 39, 71
Aufpeitschen 97
Augustinus (28. 8.) 198
Ausdrisch 228
Barbara (4. 12.) 277, 285
Barnabas (11. 6.) 141
Bartholomäus (24. 8.) 184, 197, 202
Bauernweisheiten 24, 81, 119, 157, 165, 200, 206, 243, 274, 296
Benedikt (21.3.) 73
Benno (16. 6.) 148
Bibiana (2. 12.) 285
Blasius (3. 2.) 43, 44
Bohnenkönig 21
Bonifatius (14. 5.) 126
Christi Himmelfahrt 127, 129
Christian (3. 4.) 104
Christophorus (24.7.) 169
Dionys (9. 10.) 238
Döll 50
Dorothea (6. 2.) 43
Drachenstich 199
Dreifaltigkeitssonntag 127
Dreikönig (6. 1.) 14, 15, 16, 21
Dreschflegelhängen 231
„Drischlleg" 228
Dürkheimer Wurstmarkt 128
„Dürrer Kranz" 167
Eierhärten 94
Eierritt 95
Eiersingen 98
Eisheilige (12. - 14. 5.) 126
Eligius/ Eulogius (1. 12.) 169, 285
Elisabeth (19. 11.) 257
Erhard (8. 1.) 15
Erntedank 238, 247
Erntefeste 209 - 226
Eulalia (12. 2.) 43
Fabian und Sebastian (20. 1.) 15
Fasching, Fastnacht 35 - 60
Fastenzeit 39, 58
Fastnachtsgilden 40, 260
Fastnachtsschimmel 45
Felix (30. 8.) 198
Fischerstechen 188
Fitzeln (fizeln) 38, 299
Flachsbrechen 226, 240
Florian (4.5.) 126
Freinächte 112
Fridolin (6.3.) 72
Fronleichnam 148, 155
Frühlingsfeiern 58, 61, 67
Funkenringziehen 69
Gallus (16. 10.) 238
Gangolf (11. 5.) 126
Gänsreißet 270
Georg (24.4.) 105 - 112
Georgiritte 107
Gertraud/Gertrudis (17. 3.) 73
Gervasius (19. 6.) 140
Gorgon (9. 9.) 218
„Graskönig" 144
Gregor (12. 3.) 73, 80
Grüner Montag 169
Haberfeldtreiben 50
Hammeltanz 249
Hansele 43, 49
Hedwig (17. 10.) 238
„Hermannl-Schutzen" 184
Hilarius (13. 1.) 22
Holepfannsonntag 69
Holzäpfeltanz 194
Hopfenernte 226
Hundstage 170, 172
Hussitenfest 169
Hutschießen 210
Jakobus (25. 7.) 169, 172 - 175
Johannes Ev. (27. 12.) 296
Johannis (24. 6.) 139 - 158
Josef (19. 3.) 73
Judasbrennen 88
Kassian (13. 8.) 197
Katharina (25. 11.) 257
Kerzenwallfahrt 154
Kilian (8. 7.) 168, 171
Kirchweih 241, 247, 248
Kirschenfest 169
Kissentanz 248
Klemens (23. 11.) 257
Klootschießen 26
„Klosklomp" 278
Königsreiten 153
Konrad (26. 11.) 257
Kräuterweibleins Ratschläge 52
Krautsetzen 150
Kreuzauffindung (3. 5.) 124
Kreuzerhöhung (14. 9.) 218
Kunigunde (3. 3.) 72
Kunkelstube 22
Lambertus (17. 9.) 218, 220
Lantpert (18. 9.) 218
Lätare 61, 62, 63
„Laubmännchen" 144
Laurentius (10. 8.) 184, 188, 197
Lehnausrufen 116
Leodegar (2. 10.) 238
Leonhard (6. 11.) 169, 256
Leonhardiritte 108, 186, 266
Leopold (15. 11.) 256
Lichtmeß (2. 2.) 32 - 34
Lukas (18. 10.) 239, 247
Lukasmarkt 247

Lullusfest 247
Luzia (13. 12.) 285, 289, 290
Magdalena (22. 7.) 169, 171
Magnus (6. 9.) 218
Maibaumraub 122
Maigehen 70
Mailehen 118
Maitänze 121
Makarius (2. 1.) 15
Mamertus (11. 5.) 126
Margarete (v. Antiochia, 20. 7.) 171
Margarete (v. Schottl., 10. 6.) 140
Mariä Geburt (8. 9.) 218
Mariä Heimsuchung (2.7.) 170
Mariä Himmelfahrt (15. 8.) 194, 197
Mariä Namen (12. 9.) 219
Mariä Opferung (21. 11.) 257
Mariä Verkündigung (25. 3.) 74
Markus (25. 4.) 105
Martin (11. 11.) 257, 267, 271
Martina (30. 1.) 16
Matthäus (21. 9.) 219
Matthias (24. 2.) 43, 44
Mauritius (22. 9.) 219, 226
Medardus (8. 6.) 140
Michaelis (29. 9.) 219
Neujahr 8, 14, 15
Nikolaus (6. 12.) 278, 281–284, 285
Oculi 74
Oktoberfest 234
Osterbrauchtum 86 - 109
Osterbrunnen 99
Osterfeuer 100, 106, 107
Ostermann-Verbrennen 88, 96
Osterwasser 99, 106
Oswald (5. 8.) 183, 197
Palmesel, Palmsonntag 86, 87
Pankratius (12. 5.) 126
Pauli Bekehrung (25. 1.) 16
Paulus Eins. (10. 1.) 15
Perchtenlauf 50
Petersdreck 56
Petri Kettenfeier (1. 8.) 197
Petri Stuhlfeier, Peterstag (22. 2.) 43, 44, 56, 59
Petronilla (31. 5.) 127, 134
Petrus und Paulus (29. 6.) 149
Pfefferleinstag 299
Pfingstbutz, Pfingsthagen 138
Pfingstel 136
Pfingsten 136 - 154
Pflugumzug 78, 80
Philippus und Jakobus (1. 5.) 124
Plantanz 245
Prozessionen 168
Regine (7. 9.) 218
Remigius (1. 10.) 238
Ringreiten 142
Rochus (16. 8.) 196
Rockenstube 22
Rosamunde (11. 3.) 73
Rumpeltopf (Rummelpott) 12
Rupert (27. 3.) 74, 84
Rutenfest 202
Schäferlauf 178
Schäfersprung 188
Schauteufellaufen 42
Scheibenschlagen 55, 61
Schützenfeste 175
Schwerttanz 54
Schwörtag (Ulm) 189
Sebastian (20. 1.) 15, 23
Seeräuber fangen 159
Servatius (13. 5.) 126
Severin (23.10.) 239
Sichelhenke 210
Sieben Brüder (10. 7.) 171
Siebenschläfer (27. 6.) 149
Silvester (31. 12.) 8, 286, 301
Simon und Juda (28. 10.) 239, 248
Snatgang 163
Sommergewinn 74
Sonnwendfeuer 55, 61, 150, 151
Sophie (15. 5.) 126/27
Spiegeltanz 248
„Spitzltag“ 254
Spuk-Leuwert 56
Stanislaus (7. 5.) 126
Stephan (26. 12.) 285/86, 295
Sternsinger 16
„Stroh raus!“ 102
Tag- und Nachtgleiche 73
Therese (15. 10.) 238
Thomas (21. 12.) 285, 291
Tiburtius (14. 4.) 104
Todaustragen 61, 63, 71, 74
Todbegraben 84
Tonnenabschlagen 159
Totenbretter 263
Traubensegnung 223
Ulrich (4. 7.) 168, 171
Unschuldige Kinder (28. 12.) 285/86, 298
Urban (25. 5.) 127, 129/30
Ursula (21. 10.) 239
Valentin (14. 2.) 43
Verworfene Tage 30, 57, 84, 116, 134, 160, 182, 203, 226, 252
Viehaustrieb 147
Vierzig Märtyrer/Ritter (10. 3.) 73
Vinzenz (22. 1.) 16
Vinzenz Ferrer (5. 4.) 104
Vitalis (28. 4.) 105
Vitus, Veit (15.6.) 141
Walpurgisnacht (30. 4. auf 1. 5.) 114
Wasservogel 136
Weihnachten 285 - 295
Weinlesebrauchtum 229
Wendelin (20. 10.) 239, 247
Wenzel (Wenzeslaus, 28. 9.) 219
Wetterregeln allgemein 19, 77, 161, 187, 212, 250, 270, 292
Wetterregeln Lostage 15, 43, 72, 89, 104, 124, 148, 170, 218, 238, 256
Wetterregeln Monate 10, 47, 64, 112, 132, 152, 180, 193, 224, 232, 264, 279
Winterverbrennen 61
Wolfgang (31. 10.) 239, 252
Zwölf Nächte 300